古田武彦
古代史コレクション
26

# 邪馬一国の証明

古田武彦著

ミネルヴァ書房

# 刊行のことば

いま、なぜ古田武彦なのか――

古田武彦の古代史探究への歩みは、論文「邪馬壹国」（『史学雑誌』七八巻九号、一九六九年）から始まった。その後の『「邪馬台国」はなかった』（一九七一年）『失われた九州王朝』（一九七三年）『盗まれた神話』（一九七五年）の初期三部作と併せ、当時の「邪馬台国論争」に大きな一石を投じた。〈今まで「邪馬台国」という言葉を聞いてきた人よ。この本を読んだあとは、「邪馬一国」と書いてほしい。しゃべってほしい。……〉（『「邪馬台国」はなかった』文庫版によせて）という言葉が象徴するように、氏の理論の眼目「邪馬一国論」はそれまでの定説を根底からくつがえすものであった。

しかも、女王の都するところ「博多湾岸と周辺部」という、近畿説・九州説いずれの立場にもなかった所在地は、学界のみならず、一般の多くの古代史ファンにも新鮮な驚きと強烈な衝撃を与えたのである。

こうして古田説の登場によって、それまでの邪馬台国論争は、新たな段階に入ったかに思われた。古田説とは、(1)従来の古代史学の方法論のあやうさへの問い、(2)定説をめぐるタブーへのあくなき挑戦、(3)真実に対する真摯な取り組み、(4)大胆な仮説とその論証の手堅さ、を中核とし、我田引水と牽強付会に終始する従来の学説と無縁であることは、今日まで続々と発表されてきた諸著作をひもとけば明らかであろう。古田氏によって、邪馬台国「論争」は乗り越えられたのである。しかし、氏の提起する根元的な問いかけの数々に、学界はまともに応えてきたとはいいがたい。

われわれは、改めて問う。古田氏を抜きにして、論争は成立しうるのか。今までの、古田説があたかも存在しないかのような学界のあり方や論争の進め方は、科学としての古代史を標榜する限り公正ではなかろう。

ここにわれわれは、古田史学のこれまでの諸成果を「古田武彦・古代史コレクション」として順次復刊刊行し、大方の読者にその正否をゆだねたいと思う。そして名実ともに大いなる「論争」が起こりきたらんことを切望する次第である。

二〇一〇年一月

ミネルヴァ書房

# 復刊のご挨拶

人にとって幸せとは…

このたびの『邪馬一国の証明（昭和五十五年初版）』復刊にあたり、古代史に不似合いな一種青臭い問いを持ち出すことをお赦しいただきたい。その理由はと言えば、父古田武彦にとってこの著書の発刊に至る時期は間違いなく至福の時期であったと思うためです。

古田武彦は昭和四四年『史学雑誌（七八巻九号）』にて「邪馬壹国」を発表。その後『「邪馬台国」はなかった』『失われた九州王朝』『盗まれた神話』と初期三部作を出版。以降ほぼ年一冊のペースで書をまとめ自説を世に問い続けるわけでありますが、まさにこの『邪馬一国の証明』発刊に至るまでの時期は様々な形の世の反応が古田武彦に向けられた時期でもありました。著名ないわゆる大家と言われる方々の古田武彦説批判や、また当時その主張のあまりに斬新なことから興味半分で軽くあしらわれた論説など多種多様、一人で日本中の研究者を敵にしていた感もあったほどです。しかし確実に世の反応が数多くあった唯一とも言える時期でもあり、父古田武彦はそのことを無上の喜びと感じ喜々として全エネルギーをかけ再反論に向き合っていたと思います。

当時子供心にその一種独特の熱を帯びた喜びようが不思議で仕方がなかったものです。しかし今にして思うと、自身の方法論への揺るぎない自信、その方法論による時間と労力を惜しまない裏付け作業に基づいた確信、そして何よりもその方々との真剣勝負とも言える緊張感に溢れた論戦とそのやり取りの中で毎日のごとく生まれる新しい発見の喜び、それらを思うとまさに父古田武彦にとって至福の時期であったと思わずにはいられません。

私もこの『邪馬一国の証明』復刊にあたり論戦における双方全ての論文を探し求めその応酬をあらためて再読して見たのですが、そこには当時の熱いやりとりが息づかいと共にはっきりと感じられまことに心地よい感動がありました。父と論戦いただいた方々は既に鬼籍に入られている方も多くおられますが、改めまして父になり代わり深く謝意を述べさせていただきたいと思います。

そしてそれら論戦のいくつかは第四書である『邪馬壹国の論理（昭和五〇年初版）』（ミネルヴァ書房古田武彦・古代史コレクション所収）に載ることとなるのですが、そこに掲載を逃した論文や時期を少し後にした論文が本書に多く取り纏められ、古田武彦の古代史関連の著書としては珍しい論文集という形になっています。

そういった背景のもと世に出た本書でありますからおのずと醸し出される熱気はもちろんのこと、古田武彦が当時日々発見に至った重要なテーマが数多く語られ、今もなおまったく色褪せる事なく厳然たる輝きを保持しています。是が非でも今再び世の議論の俎上に載せなければと意を強くいたしました。

この書を開けばいつでも幸せな父古田武彦に会える。これもまた残された遺族として無上の幸せと思う次第です。

末尾になりましたが「古田武彦・古代史コレクション」シリーズ再開に少し時間が掛かりました事をお詫びいたしますと同時に、復刊にあたり寄稿文を頂戴した荻上紘一様、谷本茂様、また出版に多大なご尽力を賜りましたミネルヴァ書房様に厚く御礼申し上げます。

二〇一八年十二月

古田光河

# 復刊に寄せて

公益財団法人大学セミナーハウス理事長　荻上紘一

古田武彦先生がお亡くなりになって三年が過ぎた。このたび、しばらく途絶えていた「古田武彦・古代史コレクション」の刊行が再開されることになり、喜ばしい限りである。

本書は、角川文庫から一九八〇年に刊行された『邪馬一国の証明』の復刊であり、その内容は、一九七四年から一九八〇年の間に『歴史と人物』『野性時代』『文化評論』『季刊邪馬台国』『読売新聞』『毎日新聞』等に掲載された論文を収録し、一部加筆修正したものである。

三世紀、卑弥呼の時代に、日本列島を代表して国際交流の表舞台に立っていた国はどこにあり、何という名前だったかという素朴な疑問に関して、非常に長い「論争」の歴史がある。その国が、「『三国志』に「邪馬壹国」と書かれている国」であることには、異論を唱える人はいないであろう。したがって、「『三国志』に「邪馬壹国」と書かれている国」が、三世紀に日本列島を代表して国際交流の表舞台に立っていたことは「史実」であると言ってよいと思う。

「わたしの学問研究の方法について」の中に、中小路駿逸氏の言葉として「『三国志』に、邪馬壹国とあるのだから、そう書いたり、そう使う者には、何の説明もいらん。そうでない、『邪馬台国』だ、と言う方がいろんな証明をしなければならない。それがどうも、逆になっていますな。古田さんに〝邪馬壹国が正しい〃という証拠をあげろ、などと言うのは」が紹介されている。一方、「『後漢書』に「邪馬臺国」と書かれている国」があり、「『三国志』に「邪馬壹国」と書かれている国」と同一であると思われる。さらに、「ヤマト」と結びつけたい「願望」があるために、話がややこしくなってしまった。そこに鋭く「論理のメス」を入れたのが古田先生である。

さらに、その国の位置については、いまだに諸説が存在するようであるが、古田先生による『三国志』の精確な解読の結果、「魏使が九州の北部において卑弥呼に面謁した」ことが、科学的、論理的に解明されている。したがって、「『三国志』に「邪馬壹国」と書かれている国」の位置が九州北部であることは間違いない。『三国志』以外の資料や発掘の結果なども九州北部であることを補強している。新たな発掘が行われるたびに「一喜一憂」があるようだが、現時点で知り得る情報の中に九州北部であることに矛盾するものは見つかっていない。

『隋書』俀国伝によれば、「日出処の天子、書を日没処の天子に致す、恙無きや」の国書を送って隋の煬帝を怒らせた多利思北孤の国は「竹斯国」で、その都は「邪靡堆」である。古田先生は、三世紀の卑弥呼の国「邪馬壹国」から五世紀の倭の五王の国を経て七世紀の多利思北孤の国「竹斯国」まで、日本列島を代表して国際交流の表舞台に立っていた国、すなわち「倭国」は筑紫にあったことを、十分な説得力を持って示している。現時点で知り得る情報の中に、このことに矛盾するものは見つかっていない。さらに、古田先生は、『隋書』においては、「俀国」は九州王朝が統治する国（すなわち「倭国」）を表わし、「倭国」は近畿天皇家が統治する国（すなわち「日本国」）を表わしていることを論証している。

古田先生は、東北大学を卒業して直ぐに長野県松本深志高等学校に国語の教員として就職された。この学校名は、しばしば「長野県立松本深志高等学校」と書かれ、古田先生もそのようにお書きになっていたようであるが、それは間違いで、正式名称には「立」は付かない。私は、この学校の第十一回の卒業生であるが、入学した時には残念ながら古田先生は既に転出された後だった。しかし、校長は岡田甫先生だった。岡田校長は「逆ボタル」という愛称で親しまれ、入学式、卒業式のみならず、毎学期の始業式には三十分を超える垂訓を常としていた。その中に、古田先生の学問と生涯の運命を決したと言われる一語「論理の赴くところに行こうではないか。たとえそれがいずこに到ろうとも。」が含まれていたことはよく覚えている。

「論理の赴くところに行こうではないか。たとえそれがいずこに到ろうとも。」と並んで古田先生が大切にした言葉が「師の説にななづみそ」である。したがって、我々は古田先生の本や論文を批判の目を持って読まなければならない。「古田先生の本に書いてあるから正しい」という判断をすれば、学問ではなく宗教になってしまう。

学問には「科学」と「科学でない学問」とがある。科学は、元々は自然科学を意味していたと思われるが、昨今は人文科学、社会科学などと言われるように、広義化されている。科学は、共通の前提に立ち一定の手順を経れば誰でも同じ結論が得られる学問であるから、客観性が確保される。自然科学以外の学問分野においても、科学的な手法の必要性が認識されてきたということだろう。我が国の大学において、歴史学は文学部における一つの分野として存在し、「科学でない学問」と位置づけられてきたと思われるが、史実を確認する過程は可能な限り科学的であるべきだと思う。確認された史実に対する評価や意見が論者によって異なることは当然あり得ることであるが、評価や意見、ましてや願望が先にあって、それに合うように「史実」を作り上げることは、学問としては、断じて許されない。古田先生の偉大な業績は、一言で言えば、それまで我が国にはなかった科学的・論理的な古代史学の方法論を確立し、その手法を駆使して膨大な成果を積み上げたことである。

古田先生の方法論は実に単純明快で、「論理的かつ客観的な手法に徹すること」である。論理こそが古田先生の学問研究の生命線である。論理を展開するには、議論の出発点つまり前提が正しいことを確認することが必要である。前提が正しくなければ、いくら厳格な論理を展開しても、正しい結論は得られないからである。さらに、論理には客観性が不可欠である。また、論理の飛躍も許されない。客観的で飛躍のない論理が展開されている限り、その内容は誰にでも理解出来るはずである。論理の飛躍があると指摘された場合には、その飛躍を埋めなければならない。「明らかである」や「理解出来ないはずがない」では説明にならない。

本書の「私の学問研究の方法について」の中に、昔古田先生から国語を学んだ「教え子」の一人から「先生、古代史の本を書いておられるそうですけど、いいですねえ。だって、大昔のことでしょ。何書いたって証拠なんて、どうせないんですもの。」と言われたという記述がある。この方が言われるように、大昔のことについて「一〇〇パーセント確実な証拠」を求めるのは至難の業である。しかし、これまでの古代史学においては、証拠の確認をしないまま「倭王武は雄略天皇である」、「日出処の天子は聖徳太子である」等のように九十九パーセント間違いであることを「史実」としてきた（一〇〇パーセントといいたいところであるが、大昔のことだから、九十九パーセントとしておく)。人物Aと人物Bが同一であることを証明することは簡単ではないが、別人であることの証明は簡単である。人物Aと人物Bの属性を比較して、一致しないものが一つでもあれば両者は同一人物ではないと断定できる。生年月日が違う、出生地が違う、性別が違う、…、どれか一つあれば十分である。一般に、「〇〇が史実である」ことを主張するためには、その時点で知り得る情報の中に〇〇と矛盾するものが皆無であることが必要である。将来新たな資料の発見や新たな発掘により情報が増えれば、結論が変わる可能性があることはいうまでもない。さらに言えば、科学としては、〇〇と矛盾するものが皆無であることが確認された時に、「現時点では、〇〇が史実である可能性が高いことが確認された」あるいは「現時点では、〇〇が史実であることを否定できない」等と言うべきである。

古田先生の読者には、「古田武彦(の思想や歴史観)」に主として関心を持つ人と「古田武彦の方法論を用いた古代史学」に主として関心を持つ人がいると思われる。二種類に分類することには無理があるかも知れないが、主たる関心の違いにより生じていると思われる誤解や議論のすれ違いが見られるのは残念である。

「わたしの学問研究の方法について」の最後に、「前代の、また同代の探求者に対し、烈しい言葉、厳しい批判の数々を積み重ねてきたこと、それを深くここに謝したい。ただ未来に学問の大道の開けんこと、それのみを願ったからである。私怨は一切ない。何とぞ寛恕されんことを。」と記されている。古田先生が開いた古代史学の大道が、どこまでも続くことを願って已まない。

絶版になっていた古田先生の著書の多くが復刊され、真実の古代を知るための扉が開かれた。ミネルヴァ書房の英断に敬意を表するとともに、我が国の古代の姿を全ての日本国民が共有できる日が近付きつつあることを実感する。

二〇一八年十二月五日

## 〝邪馬一国《やまいち》のすすめ〟

——邪馬一国の証明——

今まで「邪馬台国《やまたい》」という言葉を聞いてきた人よ。この本を読んだあとは、「邪馬一国」と書いてほしい。しゃべってほしい。

なぜなら、「台」は「臺」の当用漢字だ。ところが、『三国志』の原本には、どこにも「臺」や「台」を使ったものはない。みんな「邪馬壹国《やまいち》」または「邪馬一国」だ。それを封建時代の学者が「ヤマト」と読むために、勝手に直したものだった。

それがわかった今、あなたが真実を望むなら、この簡単明瞭な「邪馬一国」を、誰の前でも恐れず使ってほしい。

たとえば、東京の静嘉《せいか》堂文庫にある『三国志』（明《みん》代に復刻された北宋本《ほくそうぼん》）にも、「邪馬一国」と版《はん》刻《こく》されている（なお、この本の中では、字形の論証のために必要なとき、「邪馬壹国」の方が用いられている）。

# はじめに

どれほど遠い道をわたしは歩いてきたことであろうか。ふりかえってみて、時にぞっとすることがある。

江戸時代以来、日本の古代史の「定説」として公的にきめられてきた道、それと全く異なった、ひとりの道を、四十代から五十代にかけてこつこつと、わたしは歩みつづけてきたのであるから。

そこには従来、日本古代史界の学者たちがしめしつづけていた姿、その看板とするところとは全く相貌を異にした世界が開けてきた。

だがそれは、奇をてらう異流の世界ではない。なぜならわたしにとって、人間の理性のさししめすところ、認識の自然な大道、それ以外の何物でもなかったのだから。

一個のわたしの頭脳が狂っているのか、それとも従来の〝万人の認識〟が狂っていたのか。新しい局面をしめす発見に接するたびに、このような問いを深夜ひそかに発し、慄然としたこと、それは稀ではない。しかし窓外の竹林の葉ずれの音がこれに答えてくれるのみであった。

けれどもこのさい、言うべきことがある。わたしの研究は、終始わたしひとりの探究に尽きたにもかかわらず、望外にも少なからぬ「知己」をえたことである。東京・大阪や博多・下関・小倉と、各地に熱心な読者の方々が生じ、講演会の開催はもとより、読者の会による冊子（「市民の古代――古田武彦とともに」）の発行まで再度に及んだ。また読者の方々の熱心なお便りは日に月に山積し、御返報の暇なきに苦慮しているけれども、そこからうる励ましはわたしにとって何物にも代えがたい。ある方など、〝あなたはいつも孤独の探究云々と書いているが、わたしはこれほど支持しているではないか〟とお書き下さって、うれしさは身にあふれた。

わたしのような者の〝身のほどにも似ぬ〟このような事態は、なぜおこったのだろうか。思うに、それは〝わたし〟そのもののせいではないであろう。たとえばわたしのような「身心昏昧《こんまい》」の者の目にも、ありありと映じてきた道理の大道、それが人々をひきよせているのではあるまいか。もとより一個のわたしなどは、未来の数多くの探究者のささやかな〝露はらい〟にすぎぬ。

一方、学界の反応は冷たかった。もちろん文化人類学者・哲学者・国文学者、さらに宇宙物理学者・地球物理学者から医学者・哲学者に至るまで、各界の諸学者から手厚い御理解の言葉をいただいた。さらにわたしの研究は「正しい方法」とのべられた古代史学者（水野祐氏）、またわたしの名前こそあげね、沖の島の三角縁神獣鏡（菅谷文則氏）や大和の弥生遺跡（Ⅳ末〜Ⅴ期）の激変（寺沢薫氏）についての論文など、わたしのすでに提起していたテーマ（『ここに古代王朝ありき——邪馬一国の考古学』朝日新聞社刊／ミネルヴァ書房復刻）とまさに呼応すべき、考古学者側の論文もようやく出現してきた。

これらの現象は、ひときわ刮目せられる。が、概して言えば、古代史学界はわたしの問題提起に対して正面から〝答えてきた〟とは言いがたいようである。

ところが反面、興味深い現象がはじまった。わたしに対する〝篤実な批判〟や〝情熱的な攻撃〟やさらには〝悪罵〟と〝嘲弄〟の数々の出現だ。

たとえば藪田嘉一郎氏は、京都の商人（書肆）にして篤実な研究者という、この地の伝統を体現された方だ。この方との緊迫した論戦、またその途次における氏の急逝、それは哀《かな》しく忘れえぬ思い出となった。この論戦においてわたしは『隋書』において「俀《たい》」と「倭」がハッキリ書き別けられている事実を確かめえた。

また文献統計学の専門家たる安本美典氏との論争も、わたしにとって楽しき収穫を生んだ。たとえば「周朝の短里」の発見などがそれである（「歴史と人物」昭和五十五年七月号、対談）。

「意見の対立はよい。正面からの論争、それはさらによい」。この自明の道理を、この方々との論争の中で確認できたのである。

本書の題名*とするところ、それは〝ことの逆〟であるかもしれぬ。なぜなら、『三国志』の全版本には一つとして例外がない。すべて邪馬壹（一）国と書かれている。このような状況下で、「証明」を要するのは、原文（現版本）とちがった表記に〝奔《はし》ろう〟とする「原文改定者」側、すなわち「邪馬台国」論者の方であって、原文のまま、邪馬一国として記述する、わたしの方の責務ではないからである。

たとえば『三国志』の原文のまま、「卑弥呼」として使う研究者にその「証明」はいらない。これに反し、たとえば「卑弥乎」（後代〈十三世紀〉成立の『三国史記』）とか、あるいは「貴弥呼」の類に直して使おうとする論者がもしあったとすれば、その論者にこそその「証明」が厳格に課せられねばならぬ。それと同じだ。

従って〝すべての「原文改定者」側が結局、有効な改定理由を提出できない〟この事実を厳正に確認すること、それにまさる「邪馬一国の証明」はありえないのである。

最後に、文庫本という、若い読者にとってなじみやすい形で、従来の「文庫本」の概念にはない、このような形の論集が出版されること、それをことに喜びとしたい。なぜなら、未来の日本古代史を真に方向づける者、それは一にぎりの現在の〝定説メーカー〟たる大家たちではない。今はまどいと夢に満ちた、しかし新しい真実をうけ入れることを決して恐れぬ若い探究者たち、この人々にほかならないのであるから。

＊「文化評論」（一九八〇・四）所載論文名による。

**参考文献**

水野祐「九州王朝と倭の五王」（『ゼミナール　日本の古代史』下、光文社刊、所収）
菅谷文則「三角縁神獣鏡をめぐる諸問題」（同右）
寺沢薫「大和弥生社会の展開とその特質――初期ヤマト政権成立史の再検討」（『橿原考古学研究所論集』第四集所収）

邪馬一国の証明

目次

復刊のご挨拶……古田光河……i
復刊に寄せて……荻上紘一……iii
〝邪馬一国のすすめ〟——邪馬一国の証明——……ix
はじめに……x
倭国紀行……1
筑紫の真相　天の下の秘密　卑弥呼の年齢　その一　卑弥呼の年齢　その二
関東に大王あり　その一　関東に大王あり　その二　韓国陸行　陳寿反対派の証言
子供でも分かる謎　その一　子供でも分かる謎　その二　卑弥呼と俾弥呼　その一
卑弥呼と俾弥呼　その二　壁画古墳と石馬　九州王朝——卑弥呼の後裔
わたしの学問研究の方法について……39
はじめに　「母の国」親鸞研究　村岡史学への傾倒　『古代史疑』からのスタート
わたしの研究方法　なかほどに　おわりに
邪馬壹国の論理性——「邪馬台国」論者の反応について——……95
問題意識の初源　至高文字の存在　たゆまぬ検証の成果　文字の機能と文章

史料に依拠するものの勁さ

「謎の四世紀」の史料批判 …… 111

はじめに　『南斉書』の証言　「倭の五王＝九州」説の根拠　邪馬嘉国の問題
「傍国」説と史料分析　表意訳と表音訳　大胆な省略　『広志』の成立年代　結論

古代史の虚像――その骨組みを問う―― …… 129

〝日出づる処の天子〟の謎　『異称日本伝』の見事な割り切り
同時代史としての『隋書』　〝倭王武―雄略〟は正しいか　稲荷山鉄剣銘文が語るもの
古墳のあり方にみる近畿と九州と関東　さて卑弥呼の国は？

邪馬壹国の証明 …… 147

皇国史観の三世紀　国名問題　里数問題　その他

古代史を妖惑した鏡 …… 167

問題のキイ・ポイント　舶載と仿製　富岡四原則と私の公理　黄金塚古墳を訪れる
動詞の重用　「之」の用法　作者の〝身元〟　「論語・千字文伝来前」の状態
鋭い一つの問題提起　主観主義的方法との訣別　大きな反省を
在野の研究者の偉大な直観　鏡の再点検の重要性　鏡は語る

九州王朝の史料批判――藪田嘉一郎氏に答える――……189
はじめに　「天下の孤証」について　史料批判と「多数決の論理」
「臺」は卑字か貴字か　魏における「臺」の用例　「俀」と「倭」の異同
『北史』と『南史』の「俀」と「倭」　「遂に絶つ」の主体は何か
藪田氏の誤解について　藪田氏への質問
邪馬壹国と冢……219
はじめに　個々の論点を駁す　「邪馬台国一所不住説」について
「径百余歩」の問題　おわりに
古代船は九州王朝をめざす……233
飛鳥の海流　航海実験の時代　「謎のX区間」の設定　文章読解のルール
「以北略載の論理」　瀚海と東まわり航路　三世紀、倭人は帆を使った
卑弥呼の後裔　軽率なルート比定　「其」の用法と解釈
「基準点が指示領域に入らない」事実　九州王朝――多利思北孤の国――
九州王朝――火の山は語る――　むすび　本稿後記
あとがきにかえて……281

初出一覧……284
解説にかえて　魏志倭人伝と短里――『周髀算経』の里単位――……谷本　茂……285
『邪馬一国の証明』復刻版解説……谷本　茂……293
地名索引
事項索引
人名索引

＊本書は『邪馬一国の証明』（角川書店、一九八〇年）を底本とし、「復刊のご挨拶」「復刊に寄せて」「『邪馬一国の証明』復刻版解説」を新たに加えたものである。なお、本文中に出てくる参照ページ、及び再販出版社については適宜修正を加えた。

# 倭国紀行

## 筑紫の真相

それは敗戦の年だった。昭和二十年十月、わたしは広島の家を出て西へと向かっていた。行く先は佐世保近く、針尾の海軍病院分室だった。そこに海軍軍医だった兄（孝夫）がいるはずなのに、連絡がない。心配した父母の意を受けて訪れたのである。わたしの最初の「倭国紀行」。十九歳を迎えた秋だった。

着いてみると、病院とは名ばかり、バラックの検疫所だ。だが、兄は意気軒昂《けんこう》としていた。赤痢症状の患者をたくさん抱えているから、帰るわけにはいかない、と言い切った。院長ご自身も病人、二十三歳の兄がとりしきっていた。特攻機に乗りこむ直前、赤痢症状となった青年達が〝どうせ死ぬんです。軍医殿、行かせて下さい〟と言いはる。〝馬鹿〟と張り飛ばす。ふっ飛ぶ。何日間も食べていないのだから。話す兄に涙があった。わたしは兄の心事を諒《りょう》としてひきかえした。肥前から筑紫へ。だが、ここ筑紫が倭国の中枢部であろうとは、そのときは夢にも思わなかったのである。

「倭国」を意識した旅行は、それから二十余年も後だった。兄はすでに亡くなっていた。その頃、博多の郊外春日市にいた親友の家に泊めてもらって、連日歩き廻った。太宰府《だざいふ》、糸島郡、基山等。少しでも土《と》地鑑《ちかん》がほしかったのである。歩いてみて何が判るというものではないけれど。〝犬も歩けば棒に当たる〟と言うではないか。

「棒」は親友の家にあった。中学生の可愛いお嬢さんがさし出してくれた。筑紫丘高校のことを「ツクシガオカ」と言うと、彼女はクスッと笑った。そして言った。「チクシガオカなんです」と。筑紫野市・筑紫神社、みな「チクシ」だ。意外だった。近畿に住むわたしは「ツクシ」と思いこんでいた。現地の文化人の方で、「ツクシが本来だ。現地のチクシはなまり」そう力説される方があった。けれども、わたしにはそうは思えなかった。確かに『万葉集』巻五（八六六）には「都久紫（ツクシ）」とあるけれど、これは近畿（奈良）人の歌だ。これに対し、『隋書』俀国伝《たいこくでん》では、

○（隋使《ずいし》）又、竹斯国に至る。

これはどう見ても、「ツクシ」ではない。「チクシ」だ。七世紀前半、隋使が九州を訪れ、現地で耳にした発音を表音表記したものだ。すなわち、現地ではすでに「チクシ」と発音していたのである。万葉は八世紀後半、ずっとおそい。従って文献の前後関係を冷静に処理する限り、「ツクシ→チクシ」説は成り立たないのである。

では「チクシ→ツクシ」か。否。わたしは両方とも〝正しい〟と思う。「チクシ」の「チ」は「千万」の「千」。美称だ。〝美しい「クシ」の地〟の意だ。「ツクシ」は「津クシ」。津島（対馬）のように。〝港のある「クシ」の地〟だ。いずれも本来の地名部分は「クシ」である。前者は現地の人間が自己の地をほめたたえた美称。後者は他地の人間からの称呼。いわば自称と他称だ。ちょうど日本とジャパン

のように——。

真の問題はそのあとに来た。「筑紫」という字面はどちらの人間が作ったものだろう。当然、現地の「チクシ」と発音する人間だ。なぜなら「筑」(楽器)の音は「チク」であって「ツク」ではないのだから。筑前・筑後を考えても判るだろう。逆にもし、「ツクシ」と発音する近畿人間が字面を作ったら、どうなるか。それが「都久紫」だ。

このような問題は筑紫だけではない。たとえば天照大神もそうだった。わたしたちはこれを「アマテラスオオミカミ」と読み馴れてきた。ところが、対馬(上県郡東南端)を訪れた日、そこには延喜式《えんぎしき》通り「阿麻氐留(アマテル)神社」の額が今もあった。「アマテルオオカミ」だ。すなわち、かの高名なる「天照大神」も、この海域を原産地とする〝現地仕立て〟の字面、そう見ればピッタリなのである。

しかもこれらは、『古事記』、『日本書紀』神代巻の最頻出《ひんしゅつ》地名・最中枢神名ではないか。ここには、『記・紀』を専ら近畿人風に訓読した本居宣長や記・紀神話を近畿人(天皇家の史官)の「造作」とのみ見なした津田左右吉、さらにそれをうけついだ戦後史家、彼等の〝夢にだに見ぬ〟歴史の真相が潜んでいる。

「倭国」現地の旅は、だから楽しいのである(この点、古田『関東に大王あり——稲荷山鉄剣の密室』創世記刊/新泉社復刻、参照)。

## 天の下の秘密

数年前、壱岐《いき》を訪れて記憶に残ったことがある。そこでは「上る」という言葉が日常語として使われていた。〝この御神体は、もとあちら（道祖神）にあったのが、上ってきたもの〟といった風に。

京都に住んでいるわたしには、この用語はなじみ深い。碁盤縞《ごばんじま》の京都市街では必須《ひっす》だ。「四条河原町上ル」など。〝汽車の時刻表も〟。そういう声もあろう。その通りだ。

だが、これは古代史の世界でも重要な用語である。むしろ、現代の用法の淵源《えんげん》が、『記・紀』に現われている、といってもいいだろう。例の「天降る」という言葉がそれだ。

本居宣長は『古事記伝』で、これを文字通り〝天からこの地上へ降りる〟意に解した。天照大神などのいる「天国（アマクニ）」は、文字通り天上だ、というのである。そして神代には、いかなる不思議があったか人智では測り知れないから、なまなかな人間のさかしらでこれを疑うな、と繰り返し書きつけた。

しかし、人間に疑いを禁ずることほど、愚かな行為はない。いかなる権威も〝疑うを禁ずる〟という越権を犯したとき、腐敗しはじめるのである。

宣長の〝禁令〟は、敗戦まで続いた。戦前の国史の教科書の冒頭を飾った「天孫降臨」図がそれだ。宣長の没後の門人、平田篤胤《あつたね》の〝過激な〟弟子たちが明治維新の新政府の教部省を支配し、その影響が明治・大正・昭和（戦前）の三代に及んだのである。

今、そのような〝喜劇〟は背後におしやり、記・紀解読の一アイデアとして「宣長試案」を見ると、一の長所と一の短所をそなえている。長所とは、『記・紀』においてAからBへ「天降る」とき、その途中経過地を記さない。ストレートにB地に到着している。この点、天上説に有利だ。地上へ降りるのに、途中経過地などいらないからである。

ところが、明白な短所がある。『記・紀』神代巻において「天降る」とされた到着地は、筑紫、出雲、新羅《しらぎ》の三領域に限られている。文字通り「天上」なら、こんなはずはない。大和や関東や四国に〝天降って〟もいいはずだ。しかし、それはない。やはり「天上」説は無理だ。

一方、新井白石以来の中国や朝鮮半島説では、はじめの「途中経過地抜き」問題において矛盾するのである。

わたしの答え。筑紫、出雲、新羅に内接するところ、すなわち壱岐・対馬を中心とする海上領域、それが「天国」なのである。この点、天之狭手依比売（対馬）・天比登都柱（壱岐）といった古地名がこれを裏づけた。この海上領域の島々のみ、「天の――」という形で語られていたのである（「天一根」〈姫島〉はそれからの分枝）。

以上は、すでにわたしの第三書『盗まれた神話』（朝日新聞社刊／角川文庫・朝日文庫所収／ミネルヴァ書房復刻）でのべたところ。今は新しい局面にすすもう。

実は、『記・紀』とも、神武巻では、異なった「天降る」の用法が現われている。「九州→近畿」という方向の進路をとった神武やニギハヤヒにこの動詞が使われている。つまり九州は〝拡大天国圏〟とも言うべき領域なのである。そこから外圏（近畿）へ平和的もしくは武力的に進出するとき、その行為を「天降る」と呼んでいるのだ。では、〝天降った〟先を何と呼んだか。――それが「天の下」だ。「天降る」は動詞、「天の下」は名詞。一対《いっつい》の用法なのである。すなわち「天の下」とは、何も大層な意味ではなかった。九州外の「新植民地」、それを指す用法だったのである。

このような帰結に達したとき、わたしははじめて『記・紀』の秘密の基本軸にふれた思いがした。なぜなら、第一代の神武だけでなく、以降（二～九代）の各代とも、必ず「～宮に、天の下治《し》らしき」と書かれている。〝大和を出た〟形跡が一切ないのに。宣長はかまわず、代々の「全日本統治」を主張し、津田左右吉はこれを「後代造作」として疑惑した。しかし実は、宣長も左右吉も、「天下」を「テンカ」という中国語、その日本列島版と解していた。それがあやまりだったのである。これは「天降る」の名詞形。九州から武装植民した神武と後継者たちの支配する、ささやかな村々、大和盆地の一隅《いちぐう》を指す用語だった。

わたしたちは長く目を蔽《おお》われてきた。しかし記・紀説話は、その基本において、古代的な宗教的・政治的術語によって語られ、明晰《めいせき》に記述されていたのである。

## 卑弥呼の年齢　その一

今年（一九七九）のはじめだった（二月十一日）。NHKテレビで〝ヤマタイ国幻想〟という番組があった。若い卑弥呼と年老いかけた卑弥呼と、それぞれ二人の女優さんに扮装《ふんそう》させていた。〝視覚に映った卑弥呼〟に視点をおき、テレビの本領を生かした好企画だった。

その中で、わたしが注目したのは、実は〝もう一人の〟卑弥呼像だった。一彫刻家（富永朝堂氏）の手になる苦心の彫像とのこと、見事な出来ばえだった。

それを見て、わたしが——正確にはわたしたち夫婦が——〝アッ〟と言ったのは、他でもない。その彫像の顔が妻の友人のAさんに〝そっくり〟だったからである。

切れ上がった目、秀《ひい》でた眉《まゆ》など、関西の美人とは、またちがったタイプで、〝卑弥呼って、あんな感じの人ではなかったかな〟かねがね、わたしたちがそうささやいていたのが、Aさん。わが家では「筑紫の女王」とひそかに仇名《あだな》していたのである。彼女は博多出身、二十代からすでに歴年、司法界にあって活躍しておられる。

テレビの解説によると、この彫刻家は、九州大学に保管されている、弥生《やよい》の女性などの人骨を何十体も参照・渉猟されたという。その結果がこれ、ということだったから、Aさんと相似たのも、偶然ではないかもしれぬ。芸術家の〝迫真の技〟は、こわいものだと思った。

×　　×

さて、その卑弥呼の女王時代は、何歳くらいだったか。この問いに対して、幸いにわたしは今、実証的に答えることができる。即位したのが三十代半ば、それから約十年くらい在位したようである。

その証拠は「年已に長大」（倭人伝《わじんでん》）の表現だ。『三国志』にこの表現はしばしば出てくる。なかでも、

○丕《ひ》（曹丕《そうひ》）の、業を継ぐに逮《およ》ぶや、年已《すで》に長大。（呉志七）

の曹丕（魏《ぎ》の文帝）は、このとき三十四歳（文帝紀）。『三国志』の著者陳寿は、この表現を三十代半ばをさす用語として使っているのだ。同類の用例は他にもあり、同じ年齢をさししめしている（他の例については古田『ここに古代王朝ありき』参照）。従って魏使が面謁した卑弥呼は、女盛りのさ中にあり、彼等に鮮烈な印象を残したと思われるのである。

×　　×

もっとも、卑弥呼が出てくるのは、『三国志』の倭人伝だけではない。高麗《こうらい》で十二世紀に成立した『三国史記』にも、一か所出ている。

○（阿達羅尼師今）二十年夏五月、倭女王の卑弥乎、使を遣わして来聘《らいへい》す。

わたしはかねがね、この項に注目してきた（第四書『邪馬壹国の論理』朝日新聞社刊／ミネルヴァ書房復刻参照）。ことに注意すべきは、この史料が倭人伝とは異なった、独自の史料であることだ。決して倭人

伝からの〝孫引き〟ではないのである。なぜなら、
第一、「中国―倭」間の記事でなく、「新羅《しらぎ》―倭」間の記事であること。

第二、「卑弥呼」でなく、「卑弥乎」と表記していること。

以上の二点から、この史料が独自の性格をもっていることがわかるであろう。

ところが、問題は「年代」だ。もし、この時期（阿達羅王二十年、一七三）にすでに卑弥呼が在位していたとしよう。すると、倭人伝に最初に現われる景初二年（二三八）までに、すでに六十五年間もたっていることとなってしまう。とても「三十代半ば」どころの話ではない。

この点、『三国史記』を「信用」して、わたしの説（三十代半ば）に不審をいだかれた方もあるから（平野雅曠氏、季刊「邪馬台国」2号、一九七九・十）、次にこの問題を追跡してみよう。

## 卑弥呼の年齢　その二

前にとりあげた、『三国史記』に出てくる卑弥乎の「年代」についてのべよう。少し数字でゴタゴタするのを、お許し下さい。

もし、この朝鮮半島側の史書の記述通り、阿達羅王二十年（一七三）にすでに卑弥呼が在位して朝鮮半島側に通交していたとすれば、はじめて中国の魏朝《ぎちょう》に使いを送った景初二年（二三八）までにすでに六十五年の経過があったことになる。もし在位時三十代半ばとすれば、百歳くらいとなろう（たとえ十歳くらいで即位したとしても、七十五歳の老婆だ）。

この問題を考えてみよう。

先ず「六十五年」という在位年数は、当然一見しても〝長すぎる〟。その上、さらに十年以上在位しているから、なおさらだ。さらにおかしいのは、この六十五年間、一回も中国史書側に姿を現わさないことだ。一体、こんなことがありうるだろうか。いろいろ理由を〝つけて〟みることは当然できる。だが、率直に言って〝おかしい〟のだ。

× ×

だが幸いに、この謎《なぞ》も、今は解けた、とわたしは感じている。

問題解決の鍵《かぎ》は、『後漢書《ごかんじょ》』の次の記事がにぎっていた。

○桓《かん》・霊の間、大いに乱れ、更々《こもごも》相攻伐《あいこうばつ》し、歴年主無し。一女子有り、名を卑弥呼と曰《い》う。……是《ここ》に於《お》いて共立して王と為す。（『後漢書』倭伝）

この記事は有名だ。考古学の本で「倭国大乱」という言葉を使うとき、右の記事をもととしている。そしていまだに桓帝（一四六〜一六七）と霊帝（一六八〜一八九）の間頃、倭国に大乱が勃発《ぼっぱつ》した、そう考えている考古学者がいる。

しかし、この記事の内実は〝架空〟だった。厳正な史料批判の立場に立つ限り、そう言わざるをえない。というのは、

238−（70〜80）＝158〜168

この数式がこの問題の一切を解くカギなのである。右の数値を説明しよう。

A　景初二年（二三八）
　卑弥呼の第一回遣使。

B　住《とど》まること、七、八十年

男王の在位期間（二倍年暦＝注）

右のBは、『三国志』の倭人伝で、

○其の国、本亦《また》男子を以て王と為し、住まること七、八十年。倭国乱れ、相攻伐すること歴年、乃《すなわ》ち共に一女子を立てて王と為す。名づけて卑弥呼と曰《い》う。

の一句だ。『三国志』の著者、陳寿は、

○（孫登）頼郷に到る。……住まること十余日。（呉志十四）

のような語法で書いているのだから、ここも、当然男王の在位期間を指す。

これを「倭国の大乱」期間と誤解したのが、范曄《はんよう》だ。そこで右の数式計算にもとづいて「桓・霊の間」（一六七〜一六八前後）という一句を〝創出〟したのである（この点、詳しく知りたい方は、古田『邪馬一国への道標』講談社刊／ミネルヴァ書房復刻、に詳述したので、参照して下さい）。

不幸にも、この〝あやまれる范曄の判断〟に依拠《い》したのが、今問題の『三国史記』だった。そのため、この桓帝末・霊帝初の時点を「大乱」期と解した上、その直後に「卑弥乎」の記事を「設定」したのである。

すなわち、貴重な断片史料を保存していた『三国史記』であるが、その「年代」の〝あてはめ〟という点に関しては、大きな狂いをもっていたことを認めざるをえない。

×　　×

〝卑弥呼はやはり鬼気迫る妖婆《ようば》であった方がにつかわしい〟〝いや、十歳くらいの少女時代にすでに「共立」された、と考えた方が面白い〟――このような想像は随意だ。またそこにこそ、古代史好きの人々の味わいうる醍醐味《だいごみ》もあろう。

わたし自身も、かつては何となく〝老婆めいて〟考えていたことがあったのである(『邪馬一国への道標』ミネルヴァ書房版、七〇ページ)。

しかし、〝倭人伝《わじんでん》に出現する単語・成句は、『三国志』全体の用例に従って解する〟。この王道を守るかぎり、わたしたち各自の〝主観〟のいかんにかかわらず、倭人伝の卑弥呼は「三十代半ばから四十代半ばまで」の盛りの日に、倭国の女王の位についていた。そう考えるほかないようである。

(倭人は、一年に春秋二回、年齢《とし》をとる、独自の年齢計算をしていた。古田『「邪馬台国」はなかった』朝日新聞社刊/角川文庫・朝日文庫所収/ミネルヴァ書房復刻、参照)。

## 関東に大王あり　その一

先般(一九七九年十一月十日)、日帰りで上京した。東京大学で史学会大会があり、その第一日に公開の記念講演があった。井上光貞氏。現今、日本古代史学会の〝ナンバー・ワン〟と目される学者だ。論題は『稲荷山鉄剣と古代史学』。目下、わたしにとって〝熱い〟テーマだから、是非、と思ったのである。もちろん、当方の提出している論点に触れられることなどあるまい、と予想しながら、新幹線に乗った。

当方の論点とは、〝埼玉稲荷山の鉄剣銘文に現われた「~大王」とは、近畿の天皇家の人物ではない。もちろん、雄略天皇などではない。関東内部で「統一権力」を行使していた関東圏の大王だ〟そういう主旨だった。

ところが、幸いにも、わたしの予想は〝裏切られ〟た。

氏は「関東に大王あり、などとは、とんでもない。絶対にありえない」と力説され、冒頭の二～三十分間をわたしの説への反論についやされたのであった。わたしは最前列でこれに聞き入りながら、ようやく〝時勢の移りつつある萌芽《ほうが》〟の現われたことを痛感せざるをえなかった。かつて山田宗睦氏、野呂邦暢氏など、〝古田説に反論しない〟ことの責任を学者に問う、切々たる高文を発表して下さって、当方恐懼《きょうく》するほかなかった。が、ようやく〝反応〟が現われはじめたようである。もっとも、その論旨・論点そのものは従来（昨年〈一九七八〉、「諸君」十二月号、井上論文）通りだったけれども。この講演の二、三日後、わたしの新著『関東に大王あり』は、井上氏の机下にとどけられたはずだ。氏の重ねての反論を切望しよう。

思えば、わたしにとって、この稲荷山鉄剣銘文の解読には、たび重なる「倭国紀行」のおかげが大きかった。

たとえば、博多のベッド・タウン春日市をおとずれたとき、そこに御笠《みかさ》川の流れているほとりに立ち、ここにも〝春日・御笠〟という重層地名があるのに愕然《がくぜん》とした。近畿に住むわたしには、大和なる〝春日・三笠〟しか頭になかったからである。ここから有名な「天の原ふりさけ見れば……」の阿倍仲麻呂の歌は、この春日原近辺のことを歌ったものかもしれぬ、という発想が生じたのであった（右、新著参照）。

このことは、日本列島内の「同音地名」の問題に、わたしの目を開眼させることとなった。そのため、鉄剣銘文内の「斯鬼宮」に対し、直ちに大和なる「磯城」に〝飛びつく〟ことの危険の深さを、みずからに戒めることとなったのである。

つまり、埼玉近辺にも「シキ」の地名はないか。もしあれば、そこをさておいて、〝大和なるシキ〟

ある)。

をさす場合、「大和なる」の枕詞《まくらことば》が〝ほしい〟、そう考えたのである(事実、埼玉県南辺に「志木」市がある)。

この点、さらに近く、埼玉稲荷山の〝お膝元《ひざもと》〟と言いたいようなところに、「磯城宮」のあることが見出された。栃木県藤岡町の大前神社、稲荷山から東北二十キロの地点である。

研究史上の事実。――それは昨年の毎日新聞九月十九日夕刊で、「雄略天皇が日本統一」として、第一報が報ぜられたとき、井上光貞氏も、岸俊男氏も、〝お膝元に「磯城宮」がある〟のを、全く〝知らなかった〟ことである。知っておられれば、当然「地元に『磯城宮』があるが、それはかくかくの理由で妥当しえない。やはり大和の磯城だ」という類の「論証」が、たとえ一片でも、必ず付せられていたはずだ。が、それはなかった。

そして昨年の十月二十七日の夕方、わたしの本の読者にして地名研究家、今井久順氏が、わたしに電話を下さって、その事実を知らせて下さったのである。関東の地に「磯城宮」の字名《あざな》のあることを。

その何日か前、大阪の読者の会(「古田武彦を囲む会」)の席上で、わたしが〝この銘文の「大王」が関東内部の王者なるべき論理〟を、「左治天下」の語の解明をもとにして、今井氏等にお話しした。その貴重な、すばやき反応だったのである。

その十一月半ば、わたしは同地をおとずれた。平和な関東平野の一画、ひそやかなたずまいの大前神社。その境内に、「大前神社、其の先、磯城宮と号す」と記された石碑を見出した。明治十二年の建碑であった。

その帰途、西南の方、稲荷山古墳へと向かいながら、「同音地名」の不思議を思うて茫然《ぼうぜん》としたのである(ただ、雄略天皇の宮は「ハツセのアサクラの宮」であって、「磯城」ズバリではない)。

## 関東に大王あり　その二

前にひきつづき、稲荷山鉄剣問題についてふれさせていただく。

わたしが関東なる「磯城宮」に吸いよせられていった、もう一つの背景もまた、「倭国紀行」の経験にあった。はじめて糸島郡に行き、高祖山《たかす》の麓《ふもと》、高祖神社に訪れたとき、その鳥居の前で、わたしはハッとした。そこに「高祖宮」という額がかかっていたからである。中に入ると、石製の大きな八咫《やたの》鏡《かがみ》があり、そこにも同じ文字が鮮やかに躍っていた。

近畿に住むわたしには、神社の額にこんな表記は見なれなかった。「～宮」というと、すぐ、天皇の居所を思い浮かべるのだった。

さらに住吉神社を訪れると、ここにも「住吉宮」。この種の表記は、この地帯に氾濫《はんらん》していた。もちろん、近畿でも、探せば類例はあろう。第一、神社のことを「お宮さん」と言うのであるから。けれども、ここ「倭国の地」では、一段とその表記は日常的であり、来訪者の眼前に〝露骨に〟呈示されていた。〝「宮」号は、天皇家の住居用に特定される以前に、より一般的に用いられていたのではないか〟――そういう示唆をわたしは得たのである。

『古事記』にも同種のテーマを暗示する説話がある。雄略天皇が河内に行ったときのこと。「堅魚《かつを》を上げて舎屋を作れる家あり。天皇、その家を問ひ、『その堅魚を上げて作れる舎は、誰が家ぞ』と問ひしかば、答へて曰《いは》く、『志幾《しき》の大県主《おほあがたぬし》が家なり』と白《まを》しき。ここに天皇詔《の》りたまはく、『奴《やつこ》や、おのが家を、天皇の御舎に似せて造れり』とのりたまひて、すなはち人を遣《つかは》して、その家を焼かしむる時に……」

右では〝河内の大県主が、不謹慎に天皇家「専用」の堅魚を用いており、天皇がこれをとがめた〟という話になっているけれども、この堅魚は、果たしてはじめから天皇家専用だったものを、敢えて〝自家用に使った〟のだろうか。わたしにはそんな〝迂闊《うかつ》で馬鹿げたふるまい〟は理解できない。――むしろ〝時間の順序〟は逆なのではないだろうか。

この種の堅魚は、はじめ在地権力者が用いていた。だのに、新しくこの領域を統一した、新来の権力者（天皇家）が、これを〝禁止〟し〝独占〟化しようとした。そのさいの〝新旧の衝突〟、それを暗示する事件。わたしにはそのように見える。

「宮」号も同じだ。かつてはそれは在地権力者の住居に使用されていた（その跡地が「〜神社」の類だ）。それを後来、天皇家は、自家の「独占使用」するところ、とした。――こういう時間の流れだ。その流れの中の、原初的な形態の痕跡《こんせき》、それが倭国に氾濫する、これらの「宮」号額なのではないか。これが、わたしの「倭国紀行」が与えてくれた貴重な示唆だった。

この探究経験をもつわたしだったから、今回の稲荷山鉄剣銘文に「斯鬼宮に在り」という一文を見たとき、これを直ちに近畿なる天皇家の独占禁令下の「宮」号とは、到底〝速断〟できなかったのである。安閑紀にも、〝武蔵国造《くにのみやつこ》の位をめぐって、笠原直使主《あたいおみ》と小杵《おき》が争い、最初、後者が上毛野《かみつけの》の君、小熊を、のちに前者が天皇家をバックにした〟という、有名な記事がある。やっとこの時点（五三四）で、近畿天皇家がこの地域の政治支配に介入しえたように書かれているのだ。

『日本書紀』は虚実まじえた性格の史書だ。他（九州王朝）の神話を転用して自家のもののように使用している（古田『盗まれた神話』参照）。その『書紀』ですら、右のていだ。それを現代の学者が自分の手かげんで、時間軸を遡《さかのぼ》らせ、安閑から六代前の雄略時代にも、〝関東に「宮」号使用の権力者なし〟と断ずるとは。『書紀』の作者をも驚倒させるていの〝天皇権拡大史観〟、そう言われても、仕方ないのではなかろうか。

わたしはそう考え、そのような先入見にわずらわされず、ただ原文面を漢文としての意義通り、解そうとした。すなわち銘文のキイ・ポイント「左治天下」とは、〝名目上の主権者が幼弱もしくは女性であるため、ナンバー・ワンの実力者が代わって統治権を執行する〟一貫してそういう用法だ（周礼《しゅらい》・倭人伝）。すなわち、銘文中の「〜臣」と「〜大王」とは〝同一朝廷内にいる〟と見なさざるをえなかった。

そして果然、稲荷山の〝お膝元〟に「磯城宮」の地が見出されたのである（関東における、他の「宮」号地については、古田『関東に大王あり』参照）。

## 韓国陸行

かつては、わたしにとって異国だった九州の地も、近年は訪れることが多くなった。たとえば「北九州古代史ツアー」といった企画で、解説役を仰せつかったりする。考えてみれば、「異邦人」たるわたしだ。大それた話である。当然ながらわたし自身も、同行の皆さんと同じ一探究者だ。そのたびに新しい発見に出会う。

時に困ることがある。運転手さんも、ガイドさんも、「道順」を知らず、わたしに聞かれるときだ。たとえば、筑後の石人山古墳。もちろん、あの石室には何回も訪れた。最初、一人で行ったとき、鉄格《てつごう》子《し》の外からのぞいたら、何やら文字らしいものが見え、驚いて、カギを求めて町役場に走った。といっても、御存知の通り、歩くには長い道のりだ。やっとお借りしてひき帰して、中に入ってみると、円形文様の中に「三」とか「中」とかの字が〝刻み入れて〟あったが、同時にローマ字まで反対側に刻んであって、ガッカリした。これではかりに、本来、文字があったとしたところで、識別できない。心ないことをするものだ。

爾後《じご》、何回も足を運んだけれども、バスの上で「道順」を聞かれると、〝判らない〟のである。おそらく車を自分で運転して行ったのではない、せいであろうか。

もっとも、わたしは日常生活では〝方向音痴〟の部類に属するらしい。一回通った道でも、後日、反対側から通ってゆくと、もう判らない。おそらく道を歩いているときも、何やら〝考えごと〟にふけっていることが多く、あまり〝道筋の人相〟に注意をはらっていないのかもしれない。「そんなことで、よく倭人伝の道筋の解読ができたね」そう、家人に言われることがある。

考えてみると、わたしの行路解読の方法は〝道路かんの冴《さ》えでピタリ〟などというものではない。そんなかんのない人間だからこそ、一つのルールだけを頼りに、行路記事を辿《たど》ってみたのだ。そのルールとは、〝『三国志』全体の用例に従って倭人伝を読む〟こと、それに尽きた。

たとえば一つ、例をあげよう。

倭人伝の行路記事において、「韓国水行」というのが、従来の「定説」だった。帯方郡治（ソウル付近）を出て、そのあと釜山まで、朝鮮半島西岸、南岸を〝舟で〟廻るのである（あの野性号一号が、このコースを通ったのは、この「定説」に従ったものであろう）。

では、次の記事を見よう。

○（帯方郡治〈ソウル付近〉より）其の（倭の）北岸、狗邪韓国に到る、七千余里。
○（韓国）方四千里。（韓伝）
もし、韓国の西岸と南岸を全水行したとしよう。そうすれば、それだけで、計「八千里」になろう。その上、帯方郡治から韓国西北端までの、文字通りの水行分（約千五百里くらい）をあわせれば、なおさらだ。

以上によって判るように、「韓国を歴《へ》るに」とは、〝陸上経由〟、『三国志』全体の用例もそれ（領域内経由）をしめしている。たとえば、
○白檀（地名）を経《へ》、平岡（地名）を歴て鮮卑の庭を渉《わた》る。（魏志一）
のように。このように理非明白なのに、わたしの『「邪馬台国」はなかった』以来、「賛成」を言う論者をあまり見ないのは、どうしたことだろう。

逆にもし、この一点で、わたしの論を非とし、従来説（韓国全水行説）を再立証すれば、そのとき、わたしの説の全体系はガラガラと崩れ去らざるをえないのだ。

なぜなら、「水行十日・陸行一月」を〝帯方郡治から倭都までの全行程〟と解するのがわたしの立場だ。その「陸行一月」の大半は〝韓国内陸行〟、そう考えている。すなわちわたしの「博多湾岸」説にとって、この「韓国陸行」説は、まさに〝一蓮托生《いちれんたくしょう》〟のキイ・ポイントなのであるから。

それゆえわたしは、心ある全論者に対し、この一点への厳たる反論を望むのである（なお、付言すると、わたしの「韓国陸行ルート」は、西北端から東南端（釜山付近）まで、「階段式行路」を想定した。約五千五百里だ。これに対し、韓国内陸行の〝道路かん〟から、ある論者は、次のように言うかもしれぬ。「道路はそんな階段の形についていない」と。当然だ。しかし、これは『三国志』の著者たる、「陳寿の算

法」の問題なのである（古田『「邪馬台国」はなかった』第四章四参照）。

## 陳寿反対派の証言

倭人伝をくりかえし読み抜くうち、この伝の行路記事の骨骼が透けて見えたような気がした。その経験が二つある。

その第一は、島廻り半周読法だ。『三国志』全体の表記ルールから、

〈主線行程〉帯方郡治→狗邪韓国（七千余里）狗邪韓国→対海国（千余里）対海国→一大国（千余里）一大国→末盧国（千余里）末盧国→伊都国（五百里）伊都国→不弥国（百里）

計――一万六百里

〈傍線行程〉伊都国→奴国（百里）不弥国→投馬国（水行二十日）

という構成になることは、分かっていた。しかし、

○郡より女王国に至る、万二千余里。

と書かれた総計まで、主線行程の部分合計「一万六百里」では、まだ「千四百里」足りない。これが悩みだった。

一九七〇年の夏のある日、

対海国―方四百里（半周、八百里）

一大国―方三百里（半周、六百里）

計――千四百里（半周は二辺）を見出したとき、〝分かった！　分かった！〟とこおどりしながら、階

下の家人のところへと駆けつけたのであった。

その第二は、「倭都到着」問題だ。
○正始元年（二四〇）、太守弓遵《きゅうじゅん》、建中校尉梯儁《ていしゅん》等を遣わし、詔書・印綬を奉じて、倭国に詣《いた》り、倭王に拝仮し、并びに詔《みことのり》をもたらし、金帛《きんぱく》……を賜う。
この明文による限り、魏使が倭都に到着し、卑弥呼に会ったことは、疑いない。とすると、倭都の入り口まで里程が書いてあるはずだ。それはどこか。――不弥国だ。

ここから、〝不弥国は邪馬一国の玄関〟という、わたしの命題が生まれた。これに対し、従来の読解は次のようだった。

前半（不弥国以前）――里程
後半（不弥国以後）――日程（水行十日・水行二十日・陸行一月）

しかし、ことの道理をよくよく見つめれば、〝倭都に到着しているのに、前半だけしか里程で書かない〟そんなはずはないのである。

この点、『ここに古代王朝ありき――邪馬一国の考古学』で力説した。ところが次のような反論があった。

〝「倭王に拝仮し」と、「仮」の字を使っているのは、魏使が卑弥呼に会っていない証拠だ〟と（橋本文男氏、「世界日報」一九七九、八、一八）。

そこで『三国志』を調べ直してみると、
○帝（明帝）寝疾す。乃《すなわ》ち爽《そう》（曹爽《そうそう》）を引きて臥内《がない》に入れ、大将軍を拝し、節鉞《せつえつ》・都督中外諸軍事・録尚書事を仮す。（魏志九）

という一文があった。明帝（卑弥呼に詔書を与えた魏の天子）が死ぬとき、腹心の曹爽を病床に呼んで、官位を授けたのだ。そのさい、「拝…仮」の語が使われている。“会っている”ときに「拝仮」が使われうる明証だ。“枕《まくら》もとで会う”ほど、密接な対面はないのだから。

思うに、天子が洛陽《らくよう》の宮殿の公式の場で、正式に授与するのでない点を「仮」と言っているのであろう。卑弥呼の場合も、同じだ。卑弥呼自身が洛陽の宮殿内に詣《いた》って、天子から直接授与されたのではないから、「仮」の字が使われたのであろうと思われる。

やはり“魏使は倭都に至り、卑弥呼に会った”この命題を否定することはできない。とすると、不弥国（博多湾岸西端、姪の浜付近）を最終到着地、すなわち倭都の入り口、と見なすほかはないのである。

この点、実は思いがけぬ証人がいる。西晋《せいしん》朝内の反陳寿派の面々である。陳寿の晩年、彼の庇護《ひご》者だった張華が失脚し、ライバルの荀勗《じゅんきょく》が政権を握った。ためにすでに完成していた『三国志』は、散々あら探しされた。陳寿の死後、名誉回復の時が来て、やっと『三国志』は真価を認められ、西晋朝の正史とされたのである（晋書陳寿伝）。

従ってもし、従来の論者の見てきたように、「前半里程・後半日程」「部分里程の総和が全里程に足らぬ」といった支離滅裂さをしめすのが倭人伝の文章だったとしたら、当然荀勗派の熾烈《しれつ》な攻撃をうけたであろう。また名誉回復に力を尽くした范頵《はんいん》等はこれを合理的に「改定・補正」したことであろう。しかしその気配はない。ということは、洛陽の当時の読者は、現代の（わたし以前の）全論者のような“支離滅裂な”読み方をしていなかった、たとえ反対派といえども。——そういうことになろう。

これが“陳寿反対派の証言”である。

## 子供でも分かる謎　その一

電話がかかってきた。大阪の読者の会のNさんからだ。古代史に造詣《ぞうけい》深く、庭に「ミニ仁徳陵」を作っておられるという方である。

「倭人伝には銅鐸《どうたく》の記事がありませんね。近畿説をとる人たちは、これをどう考えているんでしょう」

こういう問いだった。確かに、子供でも分かる矛盾点だ。そしてそのような矛盾にハッキリ対面することこそ大切なのである。現代のわたしたちには、「邪馬台国」論争に酔い痴《し》れて、それがかえって見えなくなっているようだ。

たとえば百年のちの人々が、今日の「邪馬台国」論争を見たら何と言うだろうか。〝なぜ、こんな分かり切ったことに千万言を費やしていたのだろう〟そういぶかるのではないか。――そう思うことがある。

なぜなら、倭人伝の中には〝これ一つで決め手〟といったポイントがいくつもあるからだ。列記してみよう。

（一）卑弥呼は「女王」だと書かれている。ところが『古事記』『日本書紀』の初期の天皇には女性はいない。出現するのは七・八世紀になってからだ（推古・斉明・元明等）。三世紀の卑弥呼をまさかこれらのずっと後代の女帝に当てることはできまい。とすると、結局、卑弥呼は近畿の天皇家内の誰《だれ》かではありえない。すなわち、邪馬一国を「邪馬台国」などと〝手直し〟して、大和に当ててみても、もともと駄目《だめ》なのである。

この点に、最初に〝苦慮〟したのが、他ならぬ『日本書紀』の作者（舎人《とねり》親王等）だったように思われる。彼等は「神功皇后紀」を特立し、その末尾に該当事項を〝おし当てた〟のである。

「四十年。魏志に云う。正始元年、建忠校尉梯携《ていけい》等を遣わし、詔書・印綬を奉じて倭国に詣《いた》らしむるなり。

四十三年。魏志に云う。正始四年、倭王、復使大夫伊声者・掖耶約等八人を遣わして上献す。

六十六年。是年《このとし》、晋《しん》の武帝泰初二年。晋の起居注に云う。武帝泰初二年十月、倭の女王、重訳を遣わして貢献せしむ」

のように。だが、事実は頑固《がんこ》だ。そこには肝心の「卑弥呼」や「壱与」の名が出ていない。いや出せないのだ。神功皇后にはそんな名前がないのだから。現代の研究者のように、天皇にもあらぬ「倭姫《やまと》命」や「倭《やまと》迹《と》迹《と》日《ひ》百《もも》襲《そ》姫命」を「倭王」に当てはめる、そこまで「大義名分を平然と無視する」手法をとることは、さすが『書紀』の作者にはできなかったのである。

（二）Nさんの問いのように、倭人伝には「銅鐸」の記事がない。倭国の風土・産物等、要領よく摘記しているのに。三世紀（弥生《やよい》期）の日本列島に巨大銅鐸（後期銅鐸）が分布していたことは、今日、考古学の通念だ。瀬戸内海岸・大阪湾岸等にも分布している。もし魏使《ぎし》が近畿なる大和へ行ったとすれば、途中でこれらの特色ある器物（祭祀品）を見聞しなかったはずはない。しかるに、全くこれについての記載がない。ということは、「邪馬台国」と原文を改定してまで大和に当ててみても、所詮《しょせん》駄目だ、ということである。

この点、〝魏使は伊都国にとどまっていて、倭都へは行かなかった〟という使い古された弁明をしてみても、無駄だ。伊都国は「一大率」のいるところ、倭国の一大軍事拠点である。その倭国とは、近畿説に立つ場合、東は静岡県から西は広島県に至る「銅鐸圏」を当然ふくむはずだ。その一大拠点に「中・後期の大銅鐸」が一切姿を現わさぬ。――到底弁じえぬ矛盾なのだ。

まして「魏使の倭都未到着」説など、〝そんな中枢記事を否定しておいて、他の好みの記事だけ、よくも手前勝手に利用できたもんだね〟。後代の人々から、そのように評されるのではあるまいか。――「倭王に拝仮す」と明記されているのであるから。

(三) 一方、卑弥呼の宮室は「兵」で守衛されていたと書かれている。「兵」とは兵器。「矛《ほこ》や弓矢」を指す、と倭人伝内に記されている。すなわち卑弥呼の国は、「矛の国」なのである。では、三世紀(弥生期)の日本列島で「矛」の中心地はどこか。文句なく、博多湾岸だ。何より「矛の鋳型」が百パーセント、この領域に集中しているのである。全く銅矛を出土しない近畿は〝論外〟だが、出土する九州でも、大分・筑後・島原等、幾多の「邪馬台国」候補地も、博多湾岸とは全然比較にならない。――〝今後出るだろう〟そのような遁辞《とんじ》がいつまで純真な古代史愛好者を〝なだめおおせられる〟ものだろうか。おそらくある日、子供が叫ぶであろう。〝あの王様は裸だ〟と。これは子供でも分かる事実なのだから。いや、未来人たる子供の目こそ真にこわいのである。

## 子供でも分かる謎　その二

前につづいて書く。

(四) 卑弥呼の宮室は「兵」に守衛されていて、その「兵」は「矛《ほこ》と弓矢」だ。「矛」についてはすでにのべたが、一方の「弓矢」も重大だ。竹製や木製部分は腐蝕《ふしょく》しても、鏃《やじり》は残る。「骨鏃《こつぞく》或《あるい》は鉄鏃」

とあるが、縄文《じょうもん》にはない。弥生《やよい》の花形は何といっても、「鉄鏃」だ。

ところが、近畿の大和には、全く鉄鏃の出現を見ないのである。弥生全期を通じて、そうだ。この事実を考古学者は何と見ているのだろう。鏃は戦の道具だ。山野に散乱する。すなわち「弥生の山野」に分布したはずだ。もし大和が卑弥呼の都の地だったとしたら、なぜそこに鉄鏃の出土が皆無なのだろう。全く理解できぬ。これに対し、「鉄鏃」をふくむ全弥生鉄器の出土中心、最密集地は、やはり筑前中域（糸島郡・博多湾岸・朝倉郡）なのだ（古田『ここに古代王朝ありき――邪馬一国の考古学』参照）。

後世の人々は〝これほどハッキリしているのに、あの頃はなぜ〟とそれをあやしみ、好奇の話題とするであろう。

（五）卑弥呼を描く人々は、彼女のよそおいを〝野卑に〟仕立てすぎる。これがわたしの不満だ。先にのべたＮＨＫの〝ヤマタイ国幻想〟や篠田正浩氏の監督された映画〝卑弥呼〟など、いずれもそうだった。

たとえば、弥生の日本列島中で、卑弥呼の都の繁栄を証《あかし》するものは「錦《にしき》」だった。魏《ぎ》の明帝が卑弥呼に贈った品の中には、おびただしい「錦」類がある（絳地交龍錦。紺地句文錦など）。また卑弥呼や壱与も「倭錦」「異文雑錦」を魏の天子に贈っている。倭国は当時の東アジア中、中国周辺の「夷蛮《いばん》」の地では、出色の〝錦の産地〟だったのである。してみれば、彼女等が公式の席に立つとき、誇らしげに倭錦や中国錦を身につけていたこと、それを疑うことはできない（錦は〝繻子《しゅす》などによる飾り絹〟である）。

では、弥生期の日本列島で「絹」を出土するところはどこか。全部で九例だ。そのうち筑前が八例、島原に一例。筑前では博多湾岸（春日市）が五例、東隣の立岩に三例。しかも、博多湾岸中の一例は、明白に紺地の中国絹であり、房糸をともなっているのだ（右書参照）。

しかも、問題は次の一点にある。弥生期の日本列島には「木綿」が一般的だ。到る所に出る、といってもいいくらいだ。そのおびただしい大量例の中で、「絹」は右の九例だけなのである。この事実ほど、卑弥呼の都のありかをズバリさししめしているものはない。卑弥呼の宮殿は、織る絹の色あでやかに匂うがごとく繁栄した「錦の都」の中心にあったのである。

(十六)〝魏使を乗せた舟は、なぜ博多湾に直接入港しなかったのか〟これも、問題の核心を突く問いだ。倭人伝によると、魏使は末盧国(唐津付近)においてはじめて九州本土に上陸した。そして東南五百里の陸行ののち、伊都国に到り、そのあと博多湾岸なる不弥国へ着くのである。〝ではなぜ、ストレートに舟のまま博多湾岸に来て上陸しなかったのか〟中学生や一般の読者から、しばしばこう聞かれたことがある。これは至当の問いだ。

もし博多湾岸からあと、さらに「水行二十日」(投馬国まで)や「水行十日・陸行一月」の長途の旅にのぼるとしたら、その直前の「陸行六百里」(末盧国─伊都国─不弥国。従来説では「伊都国─奴国」百里を加えて七百里)の意味は何か。全く、ナンセンスだ。旧来のあらゆる「邪馬台国」説は、この問いに対して答えるすべをもたないのである。

これに対し、わたしの博多湾岸首都説の場合。〝首都への直接入港〟を避けるのは、当然だ。外国の使者団が首都に直接上陸する、それは軍事的には〝危険〟であり、外交的には〝非礼〟である。首都の前面の地で「郊迎」の礼をとるのが、当時の国際慣例であった(『失われた九州王朝』朝日新聞社刊/角川文庫・朝日文庫所収/ミネルヴァ書房復刻、第一章二参照)。『三国志』夫余伝にも、その例が記されている。

○正始中、幽州の刺史・毋丘倹《かんきゅう》句麗を討つ。玄菟《げんと》の太守王頎《おうきん》を遣わして夫余に詣《いた》らしむ。位居(夫余王)、大加(高官)を遣わして郊迎せしむ。

倭国の場合、それが伊都国の地であった。かくしてその「郊迎」の地に到るための「陸行六百里」はきわめて〝自然（ナチュラル）〟となるのだ。推理小説好きの中学生なら、すぐ気づくこの謎《なぞ》、ここにも卑弥呼の都のありかを解く、あざやかなカギが秘められていたのであった。

## 卑弥呼と俾弥呼　その一

今回は新しい探究へ手をのばそう。

〝『三国志』に卑弥呼という名前は何回出てくるか〟これは一見、簡単なクイズだ。

古代史通の方なら、すぐ答えを出されるかもしれぬ。そうでなくても、倭人伝の載った本を書棚からとり出して、〝勘定〟しはじめる人もあろう。たとえば、わたしの『「邪馬台国」はなかった』にも、各編冒頭に紹《しょう》熙《き》本（二十四史百衲《ひゃくのう》本）の倭人伝の写真が分割して掲載されている。やがてその答え「五回」を出されることであろう。だが、これは正解ではない。――「六回」だ。ミソは〝倭人伝に〟でなく、〝三国志に〟と言ったところ。

実は『三国志』では、倭人伝以外にもう一か所ある。しかも冒頭だ。

○（正始四年）冬十二月、倭国女王俾弥呼、使を遣わして奉献す。

中国の史書は、帝紀（天子の各代別）・列伝（主要な臣下・夷蛮の国等の編目別）の二つに別れている（他に「志」のあるものもある。各種の事項別だ）。夷蛮《いばん》伝などは列伝の末尾にあるのが普通。倭人伝は夷蛮伝（烏丸《うがん》・鮮卑・東夷伝）の最末にある。

さてその『三国志』冒頭の帝紀に出てくるのが右の記事だ。ところがここでは「卑弥呼」ではない。

「俾弥呼」なのである。なぜだろう。

はじめ、わたしはこれを重要視していなかった。〝「共用」であって、他意はない〟そう思ってきたのである。ちょうど「倭」を志賀島の金印では「漢委奴国王」と刻してあるように。〝帝紀の「俾」が正式の用字法で、倭人伝の「卑」はその略用だろう〟あるいは、そんな風にも思っていた。

×　×

ところが、よく考え直してみると、これはおかしい。なぜなら、問題は倭人伝の中にのせられている、魏の明帝の詔書だ。卑弥呼あての、かなりの長文である。そのはじめに、

「親魏倭王卑弥呼に制詔す」


とあって、ここでは明らかに「卑」だ。「俾」ではない。

「天子の詔書」に出てくる文面、これは何物にもまさる〝正規の文面〟だ。だから倭人伝は他の四回とも、その〝正規の文面〟によって書いているのである。周辺の諸民族を、「夷蛮」として下目に見下していた、中国側の中華意識にとって、この「卑」の字面はまことにふさわしい。倭人伝以外にも、「卑離国」(韓伝)「卑弥国」(同上)といった形で頻出《ひんしゅつ》する。「俾」ではない。この字は「しむ・せしむ」という使役の助動詞や「したがう・つかさどる」といった動詞などであって、必ずしも下目に見た「卑字」(いやしい文字)ではない。

これは一体、どうしたことだろう。疑いはじめると、気になった。気になったまま、数年がすぎた。

ところがある日、また倭人伝を読みかえしているうち、次の一節が目にとまった。

○(正始元年)倭王(卑弥呼)、使(魏使)に因《よ》って上表し、詔恩を答謝す。

明らかに卑弥呼は上表文を書き、魏使に託しているのだ。言うまでもないことだが、上表文は手紙の

一種。およそ「自署名」のない手紙はない。まして上表文となると、〝自署名抜き〟など考えられぬ。当然、卑弥呼の上表文には「卑弥呼の自署名」があったのだ。彼女の自筆にせよ、文字官僚の代書にせよ、それは必須《ひっす》である。では、その自署名には、どんな字が使ってあったのだろう。

ここまで考えがすすんだとき、わたしは年来封じこめられていた暗がりの部屋から一歩を踏み出した思いがした。――「俾弥呼」だ。この上表の直後の記事、それが問題の、帝紀「正始四年」の記事なのだった。

ではなぜ、彼女は「卑」でなく「俾」を使ったのか。まず考えられるのは、文字通り〝「卑字」をきらった〟ということだ。だが、これだけでは、いやしくも天子の詔書の文字を〝斥《しりぞ》ける〟理由としては、弱すぎる。再び思いあぐねて何か月かたった。

（念のために、倭国における「卑弥呼前」の文字習得史を大観すれば、次のようだ。建武中元二年〈五七〉後漢の光武帝は博多湾岸の倭奴《いど》国王に金印を授与した〈志賀島出土〉。少なくともこの時点において倭国側がここに刻された文字を「文字」として認識したこと、それを疑うことはできぬ。そしてその半世紀あまり後、延光四年〈一二五〉に倭国側の手で銘版に文字が書かれた。――博多湾岸出土の「室見川の銘版」だ）。（この点、『ここに古代王朝ありき――邪馬一国の考古学』参照）。

## 卑弥呼と俾弥呼　その二

前につづけて「俾弥呼」問題を書く。

ある日、『尚書《しょうしょ》』を読んでいた。いや、正確に言えば調べていた。『尚書』は中国古代の帝王たちの言説を集録した本。古代統治の根本の書とされている。

渉猟の動機は、昨年(一九七八)日本列島を震駭《しんがい》させた埼玉稲荷山の鉄剣銘文の解読問題だった。当初から「定説」のように流されていた「ワカタケル＝雄略＝倭王武」の説に、わたしがうなずけなかった根本原因、それは「左治」の一語にあった。

すでに書いたように、この用語の淵源《えんげん》は〝周朝第二代の天子、成王(幼少)と叔父の周公〟の間に用いられたもの。「摂政」と同意語だ。従って「大王」を近畿の雄略天皇、「乎獲居臣」を埼玉の豪族、としたら、決定的に矛盾する(『関東に大王あり』参照)。

この「左治」の語を求めて『尚書』を探索するうち、はからずも次の一句にぶつかった。
○「海隅、日を出だす。率俾《そつぴ》せざるはなし」。(周公の条)
右の「率俾」は〝天子に臣服する〟意だ(諸橋の大漢和辞典)。つまり〝海の果て、日の出るところまで、臣服しないものはいなくなった〟というのである。これは何を意味するか。

この『尚書』の冒頭部には「島夷《とうい》」の記事がある。
○島夷皮服(注、海曲、之を島と謂《い》う。其の海曲、山有り。夷、其の上に居るを謂う)。
と書かれている。当然、右の言(周公)は、この島夷に関する記事だ。そう思ったとたん、わたしは気づいた。

「長老説くに、異面の人有り。日の出づる所に近し、と」

これは『三国志』東夷伝序文の一節。わたしが〝倭人記事〟として指摘したものだ、(『「邪馬台国」はなかった』参照)。ところがこの記事の淵源が、何と右の『尚書』中にあったのだ。また倭人伝の先頭に、
○(倭人)山島に依りて国邑《こくゆう》を為す。

とあったのも、実は先にあげた『尚書』冒頭部の「島夷」の項を背景にしていたのだ。

これらは、よく考えてみれば、別段驚くべきことではなかった。なぜなら三世紀の陳寿も、その読者（洛陽《らくよう》のインテリ）も、共にその教養の基礎に『尚書』があったこと、火を見るよりも確実なのだから。けれども、わたしは『「邪馬台国」はなかった』を書くとき、これに気づかなかった。わたしに〝『尚書』の素養〟がなかったからである。

では、三世紀倭国のインテリ（卑弥呼の朝廷の文字官僚）はどうだろう。やはり洛陽の場合と根本は同じだ。彼等の勉学の〝目標〟は、『尚書』にあったはずだ。何しろ『尚書』の知識なくして一国の文字官僚など勤まりはしない。とすれば彼等が〝『尚書』を読んでいた〟のは当然だったのだ。そしてその『尚書』中、東方海上の「夷蛮」のことを書いた部分は数多くない。右にあげた二か所くらいだ。従って彼等がこの個所に注目したのは当然。そしてそこに現われた由緒深い「率俾」の文字の中の一語、「俾」を使ったのだ。

この、倭国からの上表文中の、典拠ある文字使用を見た中国の天子と朝廷の官僚たちは、いっせいに『尚書』中の、周公の時代の「率俾」の故事を思い出したことであろう。

（後漢の王充の論衡には、「成王の時……倭人、暢草《ちょうそう》を貢す」とあり、倭人が成王のとき、貢献したことがのべられている。このとき、「佐治」し、「摂政」の任にあったのが周公である。『邪馬一国への道標』参照）。

×　　×

〝三世紀倭国の朝廷内において、すでに『尚書』が読まれていた〟これは、従来の日本古代史界の認識水準から見れば、何とも〝とてつもない〟事態であろう。だが、先入観を排し、史料事実をおしつめてゆく限り、この結論に至るほかはないようである（研究の方法論については、「わたしの学問研究の方法について」本書三九ページ参照)。

このことはまた、卑弥呼の都のありかを、スッパリと割り出す、絶好の〝決め手〟をもふくんでいる。なぜなら、そのとき次のような問いを発しさえすればよいのであるから。

〝日本列島の全弥生遺跡中、文字遺物が大量かつ集中して出土し、その地帯に文字認識のあったことを明確に証拠づけている領域はどこか〟と。

それは糸島・博多湾岸を中心とする「筑前中域」だ。そこからは前漢式鏡・後漢式鏡あわせて一一九面が出土し、全漢式鏡(一六八面)の約八割を占めている。そしてその半ばには〝文字が刻されている〟のであるから。

そのような〝文字認識ある〟地帯は、全日本弥生列島広しといえども、ここ筑前中域しかないのである。

## 壁画古墳と石馬

この十一月(一九七九)、肥後の装飾(壁画)古墳をまわった。博多の読者、西俣康さんの運転される車に乗せていただき、南は八代《やつしろ》の田川内《たのかわち》から、北は石貫《いしぬき》の穴観音横穴まで歴訪した。その中で感じたことを二つ、三つあげてみよう。

古墳・横穴の壁画に描かれている器物(所在地は各一例のみ)をあげてみる。

武器=矛《ほこ》・弓・矢(鍋田横穴)・刀(石貫ナギノ横穴)・靫《ゆき》(城本横穴)・頭椎《くぶつち》の太刀(千金甲《せごんこう》古墳)

鳥船=鳥船塚古墳

馬＝五郎山古墳

旅を終え、家に帰ってから、『古事記』の中で〝「天国《あまくに》」の器物〟として書かれている品名を抜き出していた。そのとき、ふと気づいた。壁画中の器物と意外に共通しているのである。

武器＝天沼矛《あめのぬぼこ》・天之尾羽張（刀）・天之波波矢・天之麻迦古弓・天之石靫《いわゆき》・頭椎之大刀

船＝天鳥船

動物＝天斑馬《あめのふちこま》

もちろん、すべて共通というわけではない。たとえば、壁画古墳出色のシンボルたる同心円文や蕨手文《わらびてもん》など、『古事記』にそれとして出現している風ではない。

やはり『古事記』中で〝「天国」の器物〟とされているものは、弥生期、それも「弥生期前半」の様相をしめす（たとえば、「木綿」〈白丹寸手《しろにきて》・青丹寸手《あおにきて》〉は出てきても、「錦《にしき》」はない。これに対し、「弥生期後半」と見られる、三世紀卑弥呼の時代に「錦」の存在したことは、すでにのべた）。

にもかかわらず、――不思議にも――神話世界とこの壁画世界とは、明白に共有部分があるのだ。この点、〝記・紀神話は、九州王朝の内部で、五・六世紀に記録され、『日本旧記』に集録されたもの〟と見なす、わたしの立場に対し、興味深い〝裏づけ〟となっている。

これに対して津田史学（及びそれにもとづく戦後史学）のように、記・紀神話を〝六―八世紀の近畿天皇家内の史官の造作〟と見なす立場からは、どうだろう。近畿には壁画群は存在しないけれど、高松塚一つとってみても、すぐ感ぜられるように、『記・紀』の神話世界とは〝似ても似つかぬ〟風貌《ふうぼう》なのだ。

ここにもまた、戦後の教科書を支配してきた津田史学の理念が、〝実地の実証にそぐわぬ〟現実――その鋭い亀裂《きれつ》がある。

次に石人・石馬。

〝石造物をもって墓を守衛する」この思想において、南朝劉宋《りゅうそう》と九州は共通する。同一の政治文明圏たる証《あかし》だ。すなわち南朝下の「倭の五王」の墓は、近畿天皇家の陵墓ではない。九州の石人・石馬をもつ古墳群だ〟これがわたしの立場だった（『ここに古代王朝ありき――邪馬一国の考古学』参照）。

これに対し、貴重な「反論」を提供して下さったのが森浩一さんだ。〝しかし、南朝に「石馬」はない。前漢（前二世紀）の霍去病《かくきょへい》の石馬やこれを「模作」した大夏（五世紀）の石馬、いずれも「北」にある。従って九州の「石馬」は、南朝の系列下の文物とは言えない〟と（『古墳の旅』芸艸堂刊、参照）。

だが、この森さんの視角には、二つの〝盲点〟があるのではないかと思われる。

第一、南朝に現存する「獅子《しし》」の石獣は、「天子」の陵墓にふさわしい。これに対し、九州に現存する「石馬」は「将軍」たる身分にふさわしい。現に倭の五王たちは、安東大将軍等を授号されている（霍去病も前漢の将軍）。すなわち、〝位取り〟がそれぞれ双方に適合しているのだ。

第二、南朝劉宋では、しばしば石人・石獣の禁止、とりこわし令が天子から出されている（宋書）。これが、南朝側に〝配下の将軍たち〟の「石馬」の現存しない理由である。以上だ。やはり、中国の南朝側と九州側、各々の墓を守衛する石造物群は、〝両々相対応して〟いたのであった。

近畿の「天皇陵」古墳が南朝の文物と異なる点を指摘された森さんの、その問題提起に感謝したい（詳しくは「東アジアの古代文化」二二号、対談「日本古代の石造遺物」参照）。

## 九州王朝――卑弥呼の後裔

いよいよ最終章をむかえた。

昨年（一九七八）の埼玉稲荷山の鉄剣銘文発見の余波をうけ、忙しい一年半がつづいた。だが、探究者冥利《みょうり》に尽きることもあった。

たとえば、銘文中に「～大王寺、斯鬼宮に在り」とあって、すべての学者は困惑した。当然のことながら「～宮に在り」とあればその主語は天子名や大王名そのものでなければならぬのだから。「明帝、東宮に在り」（魏志九）のように。「寺」を役所や朝廷に解しただけで、おさまる話ではない。

しかし幸いにも、わたしにとっては何の困難もなかった。「夷蛮《いばん》」の国王が〝中国化〟されてくると、中国風一字名称を名乗る。そのさいの定形は烏累若鞮《うるいじゃくてい》（民族名称）＋単于《ぜんう》（称号）＋咸《かん》（中国風一字名称）（『漢書』匈奴《きょうど》伝下）だと指摘してきたからである（『失われた九州王朝』第二章二）。

そして隅田《すだ》八幡の人物画像鏡にも「日十《ひと》大王・年」として、その定形が現われている、と指摘していた。従って今回も、何のまどいもなく、「加多斯鹵《かたしろ》大王・寺」として〝定形通り〟に読みえたのである（なお、「寺」は「時」〈シ。まつりのにわ。天地の神霊を祭る処〉などの省画という可能性もあろう。「左治」が「佐治」の省画であるように）。

倭国における中国風一字名称は「壹与《いち》」にはじまっている。卑弥呼をついだ女王だ。「壹」は「倭《ゐ》」に代えて国号に用いたもの。〝天子に対し、二心なく忠節〟の意義をこめたものである。前回にのべた、『尚書』の「率俾《そっぴ》」（天子に臣服すること）に基づく「俾弥呼」の用字法の伝統を継いだものと言えよう

（「邪馬壹国」の「壹」も、この国号としての「壹」だ。「狗邪韓国《こや》」「閩越」などと同類の〝中国表現法〟なのである。倭国側で「ヤマイ」と発音し、一般に常用していたのではない）。とすると、「壹与」の「与」の字は、〝中国風一字名称〟、そのはじまりだ（のちの「倭讃」〈宋書〉と同タイプ）。

このような、わたしの積み上げてきた認識の石にピタリ〝適合〟する新発見に出会う。——これは探究者冥利《みょうり》に尽きた。

×　　×

未見の世界へ一言、手をさしのべよう。

第一、「邪馬壹国」は卑弥呼の時代の名称か、壹与の時代の名称か。

第二、「邪馬壹国」の名称は、中国側がつけたものか、倭国側がつけたものか。

これらの問いに答えてみよう。

第一、「邪馬壹国」の名称は、壹与の時代の名称だ。なぜなら、この国号は「景初二年」といった魏《ぎ》の紀年項に現われるのでなく、「南、邪馬壹国に至る」という地の文に現われるからである。従って魏代（卑弥呼当時）でなく、『三国志』成立時点たる西晋《せいしん》代（壹与当時）の国号だということになる（『後漢書』の地の文の「邪馬台国」も三世紀時点でなく、『後漢書』成立時点〈五世紀〉の国号）。

第二の問題は一層微妙だ。論理の歯車をおしすすめてみよう。答えはズバリ、〝倭国側で作った「中国風国号」〟だ。なぜなら、

①「壹」は〝中国の天子への二心なき忠節〟をしめす字だから、倭国側造字にふさわしい。

②先述のように、「壹与」の名も、倭国側造字だ。

従って〝「邪馬壹国」は「壹与」側の作った字面〟そういう性格が濃いのである。

〝「邪馬壹国」の字面は、『三国志』の一版本だけ〟いまだにそう信じている論者さえいるのだから、右の問題はあまりにも立ち入った分析かもしれぬ（当然ながら『三国志』は全版本とも、例外なく「壹」もしくは「一」）。

しかし、反面、間断なく研究史は前進しつつある。先日も、愛媛大学の中小路駿逸さんからお便りをいただいた。中小路さんは「始めて知る、更に扶桑《ふそう》の東あることを」という、「日本」の使者に贈られた唐詩（八世紀）を紹介して下さった方だ（『関東に大王あり』参照）。これは〝日本国（大和朝廷）は古来の倭国とは別国〟という『旧唐書』の記述を裏書きする直接史料である。この「扶桑」とは倭国の雅名だ。

今回のお便りに「いつか、ほんとに夜が明けるでありましょう」とあった。心ある人々の目には、在来説の無理が目立ってきているようである。たとえば、「日出づる処の天子、書を日没する処の天子に致す、恙《つつが》なきや」。この名文句は、多利思北孤《たりしほこ》という「男王」の国書だ。〝その国は阿蘇山下にあり〟とまで『隋書《ずいしょ》』は明記している。卑弥呼の後裔《こうえい》、九州王朝だ。その首（主語）だけをすげかえて「推古女帝」や「聖徳太子」の事蹟であるかのように、強引な〝書き変え〟を行なってきたのだ。かくも近畿天皇家一元主義のイデオロギーにぬりこめられた今日の教科書が、やがて書き直される日、それは意外にも、遠くないのかもしれぬ。――わたしにはそう思われる。

〈補〉「邪馬壹国」は、常用するときは「邪馬一国」でよい。

# わたしの学問研究の方法について

## はじめに

古代史の読者の会合のときだった。一人の年輩の方が言われた。

「わたしは古代史が好きで、書店に出る本はたいてい買って本棚に並べています。ところが、読めば読むだけいよいよ混乱してわけが分からんようになってきました。みんな、ちがうことが書いてあるものですから」

その当惑されたような顔を見つめながら、わたしは答えた。

「確かに『結論』から言えば、そうですね。ですから、『方法』に注目してみられたら、いいと思います。その著者がどういう方法で、その結論に到着したか、それを一つ一つ比べてみられることです。そしたら、おのずからまちまちの『結論』群の中から、ご自分になっとくのゆく方法で導かれたものがどれか、段々分かってこられるでしょう」

これはささやかな一夜の経験だったけれど、思うに多くの古代史ファン、さらには世間一般の人々の

〝通念〟がよく反映された話ではないだろうか。

〝ちょっと書店をのぞいただけでも、古代史のコーナーがあって、いろんな著者の、いろんな説が並んでいる。同じ時代の、同じ国についても、意見がいろいろあるみたいだ。前は「邪馬台国《やまたいこく》」だけだったけれど、もう今では古代史全般に異論百出の状態がひろがってしまったようだ。とても、いちいちおつきあいしきれないな〟

こんな感想をもつ人々が、案外、現代の〝圧倒的多数派〟なのではないだろうか。

わたしも、かつて学校で「国語」を教えたことのある〝教え子〟の一主婦から、無邪気に言われたことがある。

「先生、古代史の本を書いておられるそうですけど、いいですねえ」「どうして」「だって、古代史って、大昔のことでしょ。何書いたって証拠なんて、どうせないんですもの」

識者は笑うであろう。しかし、古代史の本の洪水《こうずい》を前にした、しかし読んだことのない庶民の、これは飾らぬ一つの声なのであろう。

このような〝喜ぶべき〟百花繚乱《りょうらん》の中で、季刊「邪馬台国」は発刊された。いかなる異論をも辞せず、歓迎する、その編集方針と共に、今回「歴史を研究する人のために」という連載特集をはじめられたことは、きわめて意義深い。

## 「母の国」親鸞研究

わたしの学問研究の「母の国」は親鸞《しんらん》研究である。三十代全般を通して、親鸞史料の研究に明け暮れた。当時神戸の森学園、神戸市立湊川《みなとがわ》高校、京都市立洛陽《らくよう》高校の教師をしていたわたしにとって、二十四時間の過半はこれにさかれていた。いや、四六時中、このテーマの追求が頭から離れたことはなかった、と言っていい。

真宗教団やその信仰とは、全くかかわりのなかったわたしが、なぜこのような研究に没頭したか。いささか〝お門《かど》ちがい〟に見えるかもしれないけれど、わたしにとっての学問探究の意味を語る上で、不可欠のことだから、しばし容赦していただきたい。

なぜなら、わたしにとって「方法」が最初にあったのではない。わたしの抱いた問題意識、それがわたしの「方法」をおのずから規定し、生み出していったのであるから。

わたしの問題意識は敗戦の〝裂け目〟から生まれた。十八歳の青年だったわたしにとって、敗戦そのものは決して〝衝撃〟ではなかった。なぜならすでに旧制広島高校の恩師（岡田甫《はじめ》先生）からやがて敗戦の必至なるべきことを十六〜七歳頃のわたしはくりかえし告げられていたからである。わたしの目と心を奪ったものは、別にあった。〝人の心の移りよう〟だった。

昨日まで軍国政治の一端にあった政治人が一変して民主主義を説きはじめる。〝もはや迷うべきときではない。戦場に行って皇国のために死ね〟そう言って学生を鼓舞した有名大学の著名教授たちが、昨日までのことを忘れたように民主主義の宣伝家となっていた。彼等を〝信じて〟戦場に向かった友人たちは、もはや帰って来なかった。

何も政治家や学者だけではない。大、中、小さまざまの〝変節〟漢が日本列島にみちあふれていた。何しろ、死んでいった友人たちには想像もできなかった〝天皇とマッカーサー元帥の並び立つ〟写真が新聞の第一面を飾ったころなのであるから。

もちろん、今のわたしは知っている。「近きより」の雑誌を戦時中も発刊しつづけた正木ひろし氏や獄中十八年を耐え抜いてきた徳田・宮本・志賀の諸氏等のいたことを（大本教や創価学会も弾圧の中にいた）。

けれども、当時の社会全体の〝易々《いい》たる変節〟は、人生の初頭にあった青年の〝純潔な感受性〟には悪臭がきつすぎ、息苦しすぎた。〝どうせ人間や思想なんて、時代の変転に調子を合わせて変わるものだ。それがこの世の中というものだ〟知ったかぶりの〝断定〟は自棄の表現だった。さらに昭和二十年代を通して、日本列島内の思想状況は刻々と移り変わった。世界の政治状勢や国内の思想勢力にふりまわされるように。それに合わせて、たびたび言説を変える周辺の人々の存在が、わたしという青年の心を、いっそう〝投げやり〟にしてゆきそうであった。

そのとき、わたしの心にささやくものがあった。〝あの親鸞はどうだろう。彼もまた、そうなのか〟と。

この問いがわたしに生じたのは、他でもない。高校の「道義」（戦時中「倫理」を改称）の時間に恩師から語られた『歎異抄』の言葉が十六歳のわたしに深刻な衝撃を与えていたからである。

「親鸞は弟子一人ももたずさふらう」「たとひ法然聖人にすかされまひらせて、念仏して地獄に落ちたりとも、さらに後悔すべからずさうらふ」

四六時中聞かされる軍国主義ふうのお説教は、わたしのような一介の青年のささやかな心をとらえなかった。しかし、この言葉はわたしの内面に沁《し》みこんでいったのである。十三世紀から二十世紀までの時間の壁、宗派、教団などの空間の壁を突き抜けて、それはこちらにやってきたのだった。――こんな言葉を吐く、親鸞とはどんな人間だったのだろうか。

その記憶が、敗戦後の思想的混乱の中でよみがえってきた。そしてささやくような内心の問いとなったのである。〝あんな純粋な言葉を吐く人間でも、やはり時代や状勢にあわせて言葉を変え、調子を合わせるのだろうか〟〝いや、そんな人間には、あんな言葉は吐けないのではないか〟そのように、わたしの心の耳に聞こえてきた。けれどもわたしにはそれを確かめる方法がなかった。もちろん「親鸞聖人」に関する本は、たくさん出はじめていた。教団や著名な学者の名によって。しかし、それらは御多分にもれず、戦前と一変した調子で書かれていた。かつては〝護国思想の権化《ごんげ》たる親鸞聖人〟、今は〝民主主義の先達たる親鸞聖人〟だった。それがいずれも、同じ教団、同じ著者の名で出ていた。わたしはそれらを〝唾棄《だき》〟したのである。当時、信州松本の深志高校の教師をしていた二十代のわたしは、市の図書館で親鸞自身の著作にふれた。『歎異抄』以外のものも、そこにふくまれていた。しかし、十分ではなかった。

このような経緯を経たのち、わたしは神戸に出て、この港町で親鸞の著述に耽溺《たんでき》しはじめた。定期券を買って京都に通った。そこに親鸞の史料を多くもつ、京大や竜谷大、大谷大などの図書館があったからである。

わたしのとった方法は一つしかなかった。たとえば『歎異抄』の中の一語「悪人」という言葉が問題となった、とする。例の「善人なほもて往生をとぐ、いはんや悪人をや」の一句だ。その意味を確かめるには、親鸞の全著作中から「悪人」という語を全部抜き出してみる。そしてその文脈の中の用法をしらべる。そうすると、親鸞にとっての語がどういう意味で使われているかが判るのだ。わかりきった方法だが、このやり方しか、わたしにはなかった。

当時、「護国思想」論争というのがあった。親鸞の書簡中に、

「朝家の御ため国民のために、念仏をまふしあはせたまひさふらはば。めでたふさふらふべし」（御消息集二）

の一句があり、戦時中の教団は〝鬼の首をとったように〟この一句を証拠として、〝親鸞聖人の護国思想〟を宣伝してきたのだった。

ところが、一九四八年、服部之総は「いわゆる護国思想について」（『親鸞ノート』所収）において驚天動地の新解釈を出した。──〝「朝家の御ため国民のためにもっぱら念仏まふさるるめでたき人々」に対する、親鸞の痛烈な「反語」だ〟というのである。

これに対し、赤松俊秀が批判を加えた。

「念仏を通じて自他上下が一つに結ばれると考えている親鸞の社会国家観を端的に示したものである」（「親鸞の消息について──服部之総氏の批判に答えて」「史学雑誌」昭和二十五年十二月号）というのだ。戦前的解釈の〝延長〟である。

わたしは、いずれにも首肯できなかった。例によって「朝家の御ため国民のために」「めでたふさふらふべし」といった表明の類例を親鸞の全著作に求めた。そして親鸞の思惟体系全体の表現に照らした結果、

〝念仏弾圧に狂奔する、末法の朝家・国民に対して「非妥協的批判」を加え、その上に立って「ひがふたる、世の人々をいのる」念仏をなし、彼等を「不便《ふびん》」に思う「憐《あわ》れみ」の念仏をすすめたもの〟

という理解をえたのである。

一つの思い出がある。神戸時代、東大の史学会で親鸞の護国思想をめぐる討論が行なわれ、京大の赤松俊秀氏とわたしとが招待された。その直前、わたしが「史学雑誌」に「親鸞『消息文』の解釈につい

て——服部、赤松両説の再検討」（昭和三十年十一月号）を発表して、服部、赤松両説を批判していたからであるが、文書・書誌学に令名のある赤松教授と若いわたしとでは、研究経歴の差は大きかった。けれども、わたしは〝親鸞の全用例をしらべた〟という自信に立って、応答した。

そのあと、懇談会の席で、東大のA氏が赤松氏に向かって言った。「古田さんのは、何々の例が幾つ、これこれの例が幾つ、と数をあげて言うから、一見、まことにもっともらしく見えますよね」と。今思えば、先ほどわたしが何の遠慮会釈もなく、赤松氏の説を批判し抜いたので、招待者側としての〝とりなし〟であったであろう。

しかし、そのとき、わたしは思った。〝ああ、あのやり方が赤松氏にも、そしてA氏にも、やり切れない思いを与えたのだな。だから、皮肉らざるをえなかったのだな〟と。わたし自身の方法のもつ〝力〟と〝正当さ〟を、A氏の言葉がたくまずに裏書きしてくれたのである。

その結果、わたしはこの方法をさらに徹底し抜いた。その成果が「原始専修念仏運動における親鸞集団の課題（序説）——『流罪目安』の信憑性について」（「史学雑誌」昭和四十年八月号）だった。のちにわたしの『親鸞思想——その史料批判』（冨山房刊／明石書店復刻）に収録された。

かつて敗戦による、人々の〝変節〟が、わたしに親鸞研究のエネルギーを提供してくれたように、今回はA氏の言葉がわたしの学問研究の方法を確立させてくれたのであった。

## 村岡史学への傾倒

時間の流れを遡《さかのぼ》らしていただこう。

わたしの学問研究誕生の「父の国」は村岡史学である。昭和二十年四月、東北大学の日本思想史科、村岡教授の研究室の扉《とびら》をわたしはたたいた。――十八歳の新入生として。

その著書『本居宣長』には、すでに高校時代ふれていたものの、はじめてお会いする温顔だった。恩師のすすめと、村岡さんの本にふれた感激で、ここ仙台の地をめざしたのである。

「どんな単位をとったらいいですか」そう問うたわたしに対し、「何でも、自由にとって下さい」と答えられた。そして一瞬、間をおいてつけ加えられた。「そう、ギリシャ語とラテン語だけはとっておいて下さい」と。わたしは面くらった。〝何で日本思想史の専攻に、ギリシャ語やラテン語など〟そう思ったのだった。しかし、先生は何も解説されなかった。

あとで分かったことだったが、先生の信条はこうだった。「今は戦時中だ。軍国主義の真只中《まっただなか》で、世は皆狂信的《ファナティック》な道を歩んでいる。なかんずく日本思想史などを対象に研究する者は、ことに自分自身もそれに陥る〝危険〟がある。その例も多い。しかし学問の本道は、あくまでソクラテス、プラトンの学問とその方法にある。その方法から『日本の思想』を見る。それが学問だ」と。研究室の書棚には横文字のプラトン全集がギッシリと並んでいたのである。

わたしも、高校時代、恩師から聞いたプラトンの言葉が心に沁みていた。「論理の赴くところに行こうではないか、たとえそれがいずこに到ろうとも」――これは、わたしの学問と生涯《しょうがい》の運命を決した一語となった。

もうひとつ、印象に残った言葉がある。「師の説にななづみそ」(先生の説にとらわれるな)の一句だ。これは本居宣長の言葉だった。村岡さんは宣長研究を学問の出発点とされていた。宣長のことを話すとき、「本居さんは」「本居さんは」と、親戚《しんせき》か旧知の人のことを言うような響きがあった。その本居の学問の真髄がこの一句に現われている。これが村岡さんの見たところ、それは同時に「弟子」のわたしたちに告げる言葉であった。

わたしは、古代史研究に入ってきて不思議に思うことがある。わたしがある大家を明確に批判すると、人々（ことに学界周辺の人々）は、〝何と失礼な〟といった顔をするのである。わたしからすると、〝その大家の説を学び、その説を批判する。それこそその学恩に報いる道〟そう思っているのだが……。場合によると、〝何か貴方《あなた》はあの人に含むところがあるのか〟〝親しいあの人の説まで批判するとは〟などといった口吻《こうふん》をもらされて驚くことがある。学問というものに対する考え方の相違であろう。〝含むところがあるから〟批判するのではない。〝含むところなどないから〟安んじて批判できるのである。

村岡さんの授業は〝戦闘的〟だった。眼前に現に論敵がいるような面持ちで矢つぎばやに批判する。「津田（左右吉）氏はこう言われる。しかし、」「山田（孝雄）氏はかく述べておられる。しかし、」など。新入生のわたしには、内容はわからないながらも、その〝気迫〟だけは十二分に体内に吸いこむことができたようである。

わたしにとって忘れえぬ思い出がある。「古事記序文講義」の演習だった。二人だけの学生だったように思う。山田孝雄氏の講義案が対象だった。村岡さんはこの序文を「和文」を基調として見る、という立場。漢文風に理解する山田氏と対照的だった。ところがわたしは村岡さんの方向と逆の史料に遭遇した。『五経正義』（孔穎達《こうえいだつ》撰）である。そこには、

〝後漢の孝文帝が『尚書《しょうしょ》』の失われたのを惜しんでいたところ、「文を誦《しょう》すれば則《すなわ》ち熟す」という才能をもつ、伏生という者がよくこれを「習誦」していたのを知って、その絶えることを恐れ、学者晁錯《ちょうさく》に命じてこれを記録させることとした〟

と書かれてあり、例の『古事記』序文の記述（天武天皇と稗田阿礼《ひえだのあれ》と太安万侶《おおのやすまろ》）との関係の歴然たるものがあるのだ。

それを申し上げると、村岡さんは「面白い。学内発表会をもよおすから、そこで発表しなさい」と言われ、その会をもよおして下さった。〝自己と逆の方向の立論を敢然と歓迎する〟その学風を知ったのであった。

最後にもう一つ。村岡さんの教えを受けた日は短かった。昭和二十年、敗戦直前の四月末から六月始めまで、〝足かけ三か月〟だけだ。仙台の北、志田村へ勤労動員で授業中止。そのお別れ会があった。教授の間に学生がはさまったが、学生の方が少なかった。教授は口々にねぎらいの言葉を送り、農村で作業中は無理して勉強するな、と言われる方もあった。

村岡さんが立った。「今までの各氏の言葉は、それぞれ厚く理解しうる。その上でなおかつ、わたしは言いたい。〝『分刻《ふんこく》』を惜しんで学問すべし〟と。フィヒテは言っている。『青年は情熱をもって学問を愛する』と。わたしはこの四月来、この言葉の真実なるを知った」と。

その年の八月六日、原爆が広島に落ち、わたしは両親のいた廃墟《はいきょ》の地へ帰った。翌年四月、ふたたび仙台へ出てきたとき、すでに村岡さんは亡かった。その日からわたしの亡師孤独の探究がはじまったのである。

## 『古代史疑』からのスタート

昭和四十一年六月から翌年三月にかけて、松本清張さんの『古代史疑』が中央公論に連載された。当時洛陽高校の図書館に机を置いていたわたしは、同僚の先生と先を争って毎号愛読し、議論を楽しんだ。

そのうち、わたしは気づいた。問題の国名「邪馬台国」は原文にはないらしいことを。

岩波文庫（和田清・石原道博編訳）の『魏志倭人伝《ぎしわじんでん》』には、

「南、邪馬壹㈢国に至る、女王の都する所」

とあり、注に㈢邪馬臺の誤。とあるだけで、それ以上の説明はなかった。

啓蒙《けいもう》的にしてかつ権威ある解説書と見なされていた井上光貞氏の『日本の歴史1』（中央公論社）にも、

「南至邪馬壹（「臺」の誤）国」

という青山公亮・青山治郎両氏の校訂が掲載されてあり、ここにも改定の理由はなかった。

“果たして改定の手つづきはされているのだろうか”わたしがそう疑ったのは、わたしの親鸞研究の経験からだった。再びそれに触れることを許してほしい。

三十代を通して没入したわたしの研究は、もっぱら古写本へ、自筆本へと渉猟は傾斜していった。

昭和三十年代前半、次々と刊行されていった『親鸞聖人全集』（親鸞聖人全集刊行会刊）の中に、真宗各派の寺々に秘蔵されていた新しい史料が続々紹介されていた。そのような史料を古写本や自筆本にさかのぼって論ずる、それが当時の親鸞研究界の研究水準となっていたのである。戦前の辻善之助・藤田海竜、戦後の小川貫弌・赤松俊秀、さらに笠原一男・松野純孝等の各氏が各々その立論の根拠を古写本段階の実状況に求めたのであった。

　ことにそのハイ・ライトは親鸞のライフ・ワークたる『教行信証』をめぐる成立論争だった。昭和二十七年、結城令聞氏によって投ぜられた信巻別撰論（教・行・信・証・真仏土・化身土の各巻中、信巻のみ、のちに作られて追加された、という立論）によって火に油がそそがれ、昭和三十年代はじめの坂東本（親鸞唯一の自筆本、東本願寺蔵）の解体修理によって、その実体が報告された。

わたしも、藤島達朗氏の御好意をえて、一日中、坂東本原本を自由に閲覧することができた。しかも、専門の写真家と顕微鏡写真の撮影者（大沢忍氏）に同行していただいたのである。

その検証の中で、わたしは確認した。後序中の有名な一句、

「主上・臣下、法に背《そむ》き義に違し、忿《いかり》を成し、怨《うら》みを結ぶ。……猥《みだ》りがわしく死罪に坐《つみ》す」

が、八行本文の筆跡（坂東本の八割。六十三歳頃以前）のまま、九十歳の死に至るまで、何の改変も加えられていない姿を。六十歳代、七十歳代、八十歳代と、各時点の筆跡で〝完膚《かんぷ》なき〟ほどに推敲《すいこう》・改削し抜かれた、この草稿本の中で。この事実はわたしにとって意義深かった。右の一句は、親鸞三十八〜九歳、越後流罪中に執筆された上奏文中の一節だった。それがわたしの史料批判によって判明していた。その権力者批判の激烈の一句を親鸞は死に至る円熟の中でも、一字、一句も撤回しようとはしなかったのである。

わたしが少年の日にかいま見た、『歎異抄』中の親鸞の言葉の与えた鮮烈な感触、それは夢ではなかったのだ。わたしの親鸞研究の目的は〝達せられた〟と言ってよかった。

このような研究経験をもつわたしにとって、著者（『三国志』は陳寿の著）の自筆本もない『三国志』中の核心をなす一句を〝どういう手続きで「改定」しえたのだろう〟それが関心の的だった。〝ちゃんとした、実証的な手続きをふんだのだろうか〟古代史の学者には失礼ながら、そういった〝不安〟が生まれた。

わたしがこのような疑惑にとらえられた理由は、やはり親鸞研究にあった。『歎異抄』蓮如本《れんにょ》（現存最古の写本）の蓮如筆跡の年代を求めて東西各地に駆けまわっていたころ、学者が「ここは誤り」「こ

こ』は写しまちがい」と称して〝手直し〟した個所こそ、重大な意味をもっていた、それをいやというほど知らされていたのである。それも、一番いけないのは、江戸時代に成立した本願寺教学が背景になり、そのイデオロギーが予断となってそれに合わない写本の字句をいじる、これが一番〝危険〟だった。親鸞の自筆本・直弟子の自筆本、それらを渉猟してこれと対照すると、その「改定のあやまり」が次々と確認された。それらこそ、鎌倉時代に生きた親鸞の面目を知る上で、必須《ひっす》の個所だった。しかも中には室町から江戸にかけての書写者（学者）が行なったものがある。「これはおかしい」と考えると、その個所を削ったり、書き変えたりして「改定」して写すのである。それによって異なった文面をもつ写本、当時の本願寺教学と齟齬《そご》（くいちがい）しない写本が成立する。このような写本群に対して、〝原形への遡源《そげん》の探究〟に没頭してきたわたしにとって、右の岩波文庫本や、『日本の歴史1』の、無造作な「邪馬臺の誤」の一句を見たとき、〝これは大丈夫かな〟とあやぶんだのは、当然の成り行きだった。

けれども、日夜の親鸞研究に追われて果たすひまなく年も過ぎ、やがて一段落を迎えたとき、わたしは京大の尾崎雄二郎さんの研究室を妻と共に訪うていた。尾崎さんは妻の恩師であった。先の「原始専修念仏運動における親鸞集団の課題（序説）」の論文抜き刷りをお送りしたこともあった。

そこで教えていただいた『三国志』紹熙《しょうき》本（二十四史百衲《ひゃくのう》本所収）をはじめとして、各種版本を渉猟しはじめた。この分野では写本はほとんどなかった（呉志残片等）が、版本にはかなり恵まれていた（南宋の紹興本。清《しん》の武英殿本〈乾隆年間〉各種校合本。汲古閣本。『三国志補注』に校合された南、北宋本等。他に元《げん》本・明《みん》本等各種）。

そのすべてが「邪馬壹」だった。「邪馬臺」ではない。なかには「邪馬一」さえあった。明景《みんえい》（明代の再刻）北宋本たる静嘉堂文庫本がそれだ。他にもあるようである（右の『三国志補注』参照）。

この事実を知ったとき、わたしは〝危ないな〟と思った。なぜなら、〝全版本（もしくは写本）すべてAなのに、それをBに直す〟こんなやり方は、まず版本（写本）処理の常道ではない。よっぽどの根拠がなければ、なすべきものではないのだ。確かに理論上は、〝わたしたちの知らない、版本（写本）出現以前の段階で、まちがったために、以後の版刻者（書写者）はすべてそのまちがいを踏襲した〟というケースもありえよう。しかし、そんな現存史料のない時点のことを誰が見とおせるのか、と考えると、直ちに右の想定が実際上、大きな危険をはらんでいることが分かるだろう。なぜなら、そのとき幅をきかすのは、〝史料はなくてもわたしはこう思う〟という論法だ。

この「わたしは思う」が乱立すればどうなるか。当然、「肩書きのあるわたし」の意見が勝つ。――だが、これは学問ではない。

晩年の村岡さんは短い〝足かけ三か月〟、十八歳のわたしを〝対等の探究者〟として遇して下さったようである。今思いかえしてみて、それを痛感する。〝史料はない。確定的な理由は言えない。しかし、このわたしが言うのだからまちがいない〟そんな口吻はつゆほどもなかった。〝史料にない、確かな理由のないことを言うな〟それに尽きた。

では、一体、古代史の学者は、どうやって「壹」を「臺」に改定しえたのだろう。これが新しい疑問となった。

敗戦後の研究にはそれは見当たらなかった。すべて「邪馬台国」を自明として使用しているのである。この点は戦前も変わらなかった。昭和・大正・明治と遡《さかのぼ》っても同じだった。有名な明治四十三年の白鳥（庫吉）・内藤（湖南）論争でも、結局は九州の「邪馬台国」（筑後・肥後等の山門）と近畿の「邪馬台国」の争いだった。文字通り〝二つの邪馬台国〟である。

答えは江戸前期にあった。松下見林の『異称日本伝』である。

(a)邪馬臺（ヤマト）は大和の和訓なり。神武天皇より光仁天皇に至る、大和国の処々に都す。（『後漢書』倭伝）

(b)邪馬壹の壹、当に臺に作るべし。（『三国志』倭人伝）

見林の方法上の根拠はその序文に明記されている。

「昔舎人《とねり》親王、日本書紀を撰す。……当《まさ》に我が国記を主として之《これ》（異邦之書）を徴し、論弁取舎（捨）すれば、則《すなわ》ち可とすべきなり」

わたしはこれを見たとき、〝ここにもまた〟という感を禁じえなかった。なぜなら、親鸞研究のさい、これと同じ「手口」を見ていたからだ。江戸時代の学者にとって、本願寺教学が史料それ自身の検証に優先した。その教学本位の立場から史料の真偽を決し、「改正」を行なう、そういうやり方が〝常用〟されていたのを見ていたからである。そしてこのようなやり口は、親鸞や直弟子の自筆本の一つ一つについて検証する、という方法が可能となってみれば、やはり正当ではなかったのである。古写本の新古を検し、語法の異同を親鸞の同時代史料と対照し、その帰結に自然に導かれる。それならよい。それなしに〝教学上の立場から〟といった「観念優先」の改定は、史料操作として邪道なのだ。近代史学以前、近代の学問以前、と言わねばならなかった。

それと同じ時代の、同じ素養に立つ「改定」が、見林の手法だった。〝わが国には国史があり、それに合うものは取り、合わないものは捨てる〟この大方針からすれば、〝わが国で倭王と言えば天皇以外にない。天皇は大和を本拠地としたもうた。それゆえ「ヤマト」と読めぬもの「邪馬壹」は捨て、読めるもの「邪馬臺」を取ればいい〟これが見林の理路だった。

〝これは明らかに「史料処理の方法」としてあやまっている。このようなあやまった方法から正しい結果が生まれれば不思議だ〟わたしはそう感ぜざるをえなかったのである。

## わたしの研究方法

すでにわたしの筆は、古代史の第一書『「邪馬台国」はなかった』においてのべたテーマの中に入ってきた。それゆえ冗長を避け、ふりかえってみて今、方法上、肝要と思われるところをあげよう。そしてわたし以外の諸家の手法と対比してみたいと思う。

### ㈠後漢書に依拠して、旧説（「邪馬台国」）は保持できるか

古くは北畠親房の『神皇正統記』から先述の松下見林、さらに新井白石と、その最優先の依拠史料は『三国志』ではなく、むしろ『後漢書《ごかんじょ》』であった。そこには、「其の大倭王は、邪馬臺国に居る」とあり、明白に「邪馬臺国」とある。彼等はこれを採用して「ヤマト」と読んだ。だからわたしの先の批判に対して彼等は、

〝いや、「ヤマト」と読みうるように、「邪馬臺国」という字面を、ただ「創作」したのではない。『三国志』の「邪馬壹」と『後漢書』の「邪馬臺」と、両者のうち、国史（『日本書紀』）に合致する「邪馬臺」を取り、合わぬ「邪馬壹」を捨てたにすぎない〟

そう主張するであろう。その通りだ。では、この手法は正しいか。

やはりわたしの目には正当には見えない。なぜなら『三国志』は三世紀の成立、『後漢書』は五世紀

の成立だ。その両者において同一の「倭国の中心国」が書かれてあったとき、〝三世紀のそれ〟を知らんと欲すれば、その第一史料は『三国志』だ。一世紀半おくれる『後漢書』ではない。

たとえば十三世紀の親鸞と十五世紀の蓮如と、共に十三世紀の法然について語っているとき、両者間に表現の齟齬があれば、いずれをとるべきか。当然親鸞史料だ。蓮如史料ではない。なぜなら、親鸞は法然の直弟子であり、同じ十二〜三世紀の同時代だ。だからその報告をまず信憑《しんぴょう》するのがすじなのである。

これに対し、〝いや蓮如の手に十二〜三世紀の、親鸞の知らない独自の法然史料が伝わっており、それを蓮如は使用したのかもしれない〟そういう論者があったとしよう。むろん、一般論・抽象論としてなら、その可能性はあろう。しかし、その抽象論だけでは駄目だ。あくまで具体的に、その立証そのものに全力が尽くされねばならぬ。「同時代の証言」を斥《しりぞ》け、後代史料に依拠しようとするのであるから、その反証がいかに苦労であろうと、それは当然なのである。

ところが、親鸞史料といっても、親鸞自筆本もあれば後代写本もある。親鸞の手紙を収録したものとして有名な『末燈鈔』（正慶二年、一三三三、従覚編）など、南北朝の成立だ。だからといってこれを理由として、〝親鸞〜従覚の間におそらく「写しあやまり」があったのであろう〟などという〝あて推量〟をもって「明確な論証」に代えてはならない。あくまで親鸞の自筆本や親鸞と同時代の史料群の具体例と一々対照し、今問題の親鸞史料の伝える「法然」のあやまりを明証しなければならぬ。そしてその反面、蓮如史料の伝える「法然」が法然の自筆史料や法然の同時代史料群の具体例に対比して明白に正当であること、その事実を明証しなければならぬ。

しかるに、わたし以前の古代史学の諸家は、親房・見林・白石はもとより最近の学者に至るまで、誰一人としてその労をとっていなかった。——これが研究史上の厳たる事実である。

そして今にしてなお、〝両方とも史料だ。どちらが正しいか、ともに可能性はある。それだのに「『邪馬壹国』でなければならぬ」と古田が言うのは、独断だ〟といった形式論、いわば抽象的な〝論理の遊戯〟をもって、「明晰《めいせき》な反論」に代えようとする論者があるとすれば、わたしは言うほかはない、そのような論者とわたしは学問の方法を全く異にしている、と。

すなわち史料批判にもとづく学問と〝観念と抽象にもとづく手法〟のちがいである。

## (二)「邪馬臺」は「ヤマト」と読めるか

もう一つ、不可欠の問題がある。

かりに「邪馬臺」という字面を採択したとしても、それが果たして「ヤマト」と読めるかどうかだ。近畿説の場合は当然「ヤマト」と読めなければならぬ。九州説の場合も、筑後や肥後の「山門」に当てる説の場合、やはり「ヤマト」と読めることを当然の大前提にしている。〝昔から見林や白石や宣長たち、さらには白鳥や内藤といった高名の大家が皆そう読んできたから〟そんな言い草は、一片の「肩書」主義にすぎぬ。

史料批判のすじ道から見よう。問題は『三国志』で「夷蛮《いばん》」の固有名詞（国名や王名・官名等）の表音表記において、第一に「臺」字を用いている例、第二にそれを「ト」と読んでいる例があるかどうか、だ。だが、それは全くない。第一、「夷蛮」の固有名詞の表音表記に「臺」など全く使っていないのだ。従って第二の「ト」と読んだ例があるはずはないのである。逆に、

「尉頭国」（『漢書』西域伝上）「烏頭労」（同上）「頭曼」（『漢書』匈奴伝上）「姑瞀楼頭」（『漢書』匈奴伝下）

「迷唐」（『後漢書』西羌伝）「楼登」（同上）「歩度根」（『三国志』明帝紀）「戴胡」（同上）「寇婁敦」（同上）「蹋頓」（『三国志』烏丸・鮮卑伝）「蒲頭」（同上）「弁辰弥離弥凍国」（『三国志』韓伝）「難弥離弥凍国」（同上）「弁辰古資凍国」（同上）「伊都国」（『三国志』倭人伝）「載斯」（同上）

といった風に、「ト」と読みうる字、もしくは近似音の字が数多く表音表記に用いられている。しかし、どこにも「臺」は使われていない。

見林や白石がこの問題の所在自体に気づかなかったのは、あるいは怪しむに足りないかもしれぬ。訓読問題に対する彼等の関心は必ずしも〝専門的精密さ〟をもっていたとはいえないであろうから（もっとも、白石が当代の中国人に会って「唐音」の復元につとめたことは、知られている）。

だが、問題は宣長だ。その『古事記伝』その他の生涯《しょうがい》の著作にしめされたように、「訓読」問題こそ彼の学問的辛苦の中枢をしめていたのだ。

にもかかわらず宣長は、〝『三国志』、『後漢書』及びその他の中国の史書において、「臺」の字は「ト」の表音表記に用いられているか〟という肝心の検証命題を一顧もしなかった。いきなり「邪馬臺国」に対し、明快な訓読「ヤマト」を振った。そして熊襲《くまそ》偽僭説*へと奔《はし》り、再び訓読の可否に対し、ふりむくことをしなかったのである。

＊魏の明帝当時（三世紀）の倭国の中心は、近畿の大和であり、神功皇后が当主であるとする。しかるに熊襲の首長が魏使を自家の地（熊本南半、鹿児島）へ連れ去り、そこを「大和」なりといつわり、魏使はこれを信じてその行路記事を報告したという宣長の説。

この事実は、訓読の研究家たる宣長にとって不名誉、というほかはない。思うに〝日本語が本《もと》、漢字は借りもの〟とする宣長の議論（「本質」論としては正しい）が彼の手をあやまらしめたのである。

すなわち、文書解読の立場（「方法」論）から見れば、現前の漢字面が原史料である以上、それをいかに読むか、否、読みうるかの検証が先決だ。そのためには〝その漢字面をふくむ全史料〟の中に、同一字の使用例を検せねばならぬ。――これは当然だ。ちょうど宣長が『古事記伝』中の訓《よ》みを求めて、『古事記』全体に類例を求め、さらに『日本書紀』『万葉集』『風土記』と、時間と労を惜しむことなく、豊富な用例を求め抜いた苦心、それはよく知られている。『古事記伝』にもそれが歴々と現われている。しかし宣長はこの同じ手法を『三国志』等に対しては全く行なわなかった。学問上、〝中国史料の軽視〟だ。そう言われても、やむをえないであろう。おそらくことの真相は、宣長の脳中をひたしていた〝皇国の信念〟にあったように思われる。「倭王＝天皇」の定式を疑いえぬ宣長にとって、〝天皇のいました〟「ヤマト」以外に、「倭王」の本拠地はありえなかったのであるから。その一点を疑うことは、自家の全体系の破滅、そのように見えていたのかもしれぬ。

しかし宣長は、それでよい。彼がいかに偉大であったにせよ、その本質において「近世の国学者」なのであるから。しかし、現代の探究者には、それでは許されない。もし「邪馬台国」の名をさらに用いつづけようとする論者は、〝この通り、『三国志』で「夷蛮」の固有名詞の表記として「臺」字が使われ、「ト」の表音に用いられている。――この現の証拠を、古田は見のがした〟その一点を指摘すること、それが不可欠だ。

しかるに人々はそれを行ないえぬまま、旧「誤用」に安易に依存しつづけているのである。

### (三)『後漢書』に「邪馬臺国」とあるのはなぜか

〝では、『後漢書』の場合、「邪馬臺国」と版刻されているのはなぜか〟論者はそう問うであろう。〝後漢代には「邪馬臺国」と言われていた証拠だ〟と。

しかし『後漢書』の倭伝には二つの性格がある。一つは、

○建武中元二年（五七）、倭奴国、奉貢朝賀す。

のような紀年記事であり、その正確性は志賀島金印の出土によって裏づけられた。

ところが他方、范曄《はんよう》が『三国志』の倭人伝等を参照し、手直ししたと見られる記事がある。紀年なき「地の文面」だ。

○国には女子多く、大人は皆四、五妻なり。

これは『三国志』倭人伝では、

○国の大人は皆四、五婦、下戸も或は二、三婦。

とある。傍点部は〝「下戸」は多くは「一夫もしくは無夫」だが、一部には大人に準じて二、三婦のものもいる〟という意味だ。

この両者を比較すると、范曄が新しく〝倭国は女の方が多い〟という、新しい信憑しうる史料を手に入れて、それに依拠した、とは考えにくい。むしろ『漢書』の地理志（呉、粤《えつ》）の「今に至るまで女多く、男少し」などという記事を念頭におきつつ、〝恣《し》意の造文を行なった〟という可能性が高い（他の例については『失われた九州王朝』参照）。

さて、問題の「邪馬臺国」。これは紀年つきの記事ではない、「地の文面」だ。紀年つきの文面では「倭奴国」という表記が現われている。これが一世紀、後漢時点の名称だ。中心国名など、まだ現われていないのである。

これに対し、「地の文面」で、『三国志』の「邪馬壹国」を「邪馬臺国」と改文したのは、范曄だ。こ

の判断が、先の「女多し」問題と同じく、〝恣意の改文〟か、〝新しく入手した(五世紀の)史料をもとにした、新しい国名〟か、容易には断定しにくい。けれども、先の「女多し」問題とは異なり、〝范曄恣意の改文〟と断ずべき根拠はない。また「臺」字使用は、五世紀ならば問題はない(ただし「ト」でなく「ダイ」。『失われた九州王朝』参照)。従って、〝五世紀当時の呼称〟としてならば、一応認めえよう。ともあれ、これ(「邪馬臺(ヤマタイ)国」)をもって一世紀(後漢)や三世紀(魏)の時点の呼称と見なすべき根拠は全くないのである。

先にあげた親鸞の例をもって照合してみよう。親鸞の史料には出て来ず、後代の蓮如史料にのみ出てくる呼称があるとする。それを親鸞時点以来の慣用呼称だと主張しても、現今の親鸞研究者は容易に賛意を表明しないであろう(たとえば現今は慣用されている「法名《ほうみょう》」という呼称は親鸞時点でなく、蓮如段階で登場する。古田「親鸞系図の史料批判」『わたしひとりの親鸞』毎日新聞社刊/徳間文庫所収/明石書店復刻、参照)。

しかるにいまだ五世紀の『後漢書』に依拠して、三世紀の「邪馬臺国」を依然主張しうるかに錯覚している論者が絶えぬのは、なぜか。——学問の方法意識の欠如でなければ幸いである。

## (四)「音当て」中心主義の因襲について(その一)

一言で言えば、「邪馬台国」研究史は、「音当て」中心主義の歴史であった。

まず見林の「邪馬臺=大和」の比定がそれであったのは、言うまでもない。彼は倭人伝内の行路記事などに多く患わされた様子さえ見えないのである(『異称日本伝』)。彼にとって〝中心国名の音当て〟ですべては決せられた。それ以外に喋《ちょう》喋《ちょう》する要を見なかったのである。見事と言えば、見事、断乎《だんこ》たる確信に満ちている。しかし、他の立場、たとえば外国の冷静《クール》な研究者などから見れば、その観念《イデオロギー》優先主義の手法は、〝断乎たる非論理〟に見えるであろう。

けれども、実はさらに〝非論理〟的だったのは、新井白石だ。この秀才政治家に対して、わたしは敢えてこの点を強く〝指弾〟させていただこう。学問の方法の進展のために、地下で彼は寛恕《かんじょ》としてうなずいてくれるであろう、と信ずる。

彼は晩年の著述『外国之事調書』において筑後の山門をもって「邪馬臺」に比定した。生前、未公開の執筆ながら、研究史上、九州「山門」説の嚆矢《こうし》をなすものとして、意義深い第一石であった。けれども、方法論上の見地より批判すれば、これは見林に輪をかけた〝非論理の手法〟と言わねばならぬ。なぜなら「邪馬壹→邪馬臺」の改定、あるいは「『三国志』の邪馬壹を捨て、『後漢書』の邪馬臺を取った」のは、その根本原因はただ一つ、天皇家の本拠たる近畿の大和と結合せんがためであった。

しかるに今、天皇家の本拠たる大和の地を捨て、行路記事の方向（博多湾岸と目された不弥国よりあとは「南」のみ）に従って、九州の新天地に中心国を求めようとするとき、なぜ天皇家の本拠地に合わせるために「改定」した、あるいは「取捨」した、「邪馬臺」の国名をひっさげてゆかねばならないのであろうか。解しがたい。

要するに、「改定」や「取捨」の動機が忘れ去られ、「改定結果」だけを独り歩きさせてしまった。――これが白石の手法である。思うに「『三国志』の邪馬壹は邪馬臺の誤」という、見林の結論だけを覚えこんでいて、その「記憶」から全思考を出発させたのだ。あるいは、記憶力のすぐれた秀才の陥りやすい陥穽《かんせい》であろうか。率直に言えば、真の批判精神の欠落である。

だが、白石はよい。彼に近代の史料批判を期待することは、あるいは〝過大な希望〟であろうから。

しかし、明治以後、星野恒から白鳥庫吉や橋本増吉、さらに榎一雄や井上光貞から江上波夫、また田中卓から佐伯有清、これらの大家、諸氏、すべて白石と同じ轍《てつ》を踏み、「山門」という〝改定同音地名〟へと引いてゆかれたのは、なぜであろうか、解しがたい。これらの論者の中に〝改定動機を忘れた改定結果の独り歩き〟――この方法論上の一大奇怪事を真に疑いとする人を未だ見ないのである。

近代の史学研究者として重大な怠慢ではあるまいか。

## ㈤「音当て」中心主義の因襲について（その二）

前項にのべたように、従来の近畿説も九州説も、共に「中心国名の音当て」を基礎として成立していた。この研究動向は他の一般の「邪馬台国」研究者に広く深く浸透していったようである。

たとえば、〝洛陽《らくよう》の紙価を高からしめた〟宮崎康平氏の『まぼろしの邪馬台国』の場合、倭人伝に国名だけ投げ出された二十一国に対して、その一つ一つを有明海の周辺等の地名に比定された。氏の場合、中心国名はひとまずさておいて、まず周辺の国々の位置づけをきめる。ここに氏の〝独創〟があった。氏に先立ってすでに明治四十三年、二十一国比定を行なった内藤湖南の場合は、いわば順序が逆だった。まず「邪馬台＝大和」を決め、次いで二十一国の比定地を近畿中心の東西に求め、〝これだけうまく合うということは、「邪馬台＝近畿」説の正しい証拠〟と称したのである。いわば〝あとからの検証〟の形に二十一国名が使われたのだ。

これに対し、宮崎氏の場合、先に二十一国の比定地をきめ、その国々にとりまかれた中央部に「邪馬台＝山田」の地を求められたのであった。

このように先後の関係が、いわば逆転してはいるものの、〝倭人伝の国名と現存地名とを等号で結ぶ〟

ことに研究の基礎がおかれた点、方法上、共通の土俵にあったと言えよう。そしてこの類の手法はその後の「邪馬台国」論者の諸家こぞってすこぶる愛好するところとなったのである。

確かに、この種の手法を抜きにしては、今日の、「邪馬台国」論議の〝盛況〟はありえなかったかもしれぬ。しかし、方法論の問題としてかえりみれば、この手法の〝便利さ〟はまた、同時にこの手法の〝危険さ〟に通ずる。なぜなら日本列島各地の中心点、いわば己が欲する一点を中心にしてお好みの二十一国比定がともかくも成立しうるのだから。次々と現われて店頭を飾った「邪馬台国」の本の多くが、このことを立証しているであろう。

けれども、この種の「音当て」は、必ずしも国名問題だけではなかった。近畿説の場合、『記・紀』中に出現する人名との比定にそれが著しかったのである。

たとえば湖南の場合、卑弥呼を「ヒメコ」と読み、これを倭姫命（ヤマトヒメノミコト）に当てた。当然ながらこの比定は諸比定の中の「中心比定」であった（このさいにも、倭人伝において果たして「弥」が「メ」の音に使われているか否かの検証はなかった。たとえば、湖南の場合、投馬国の長官「弥弥」を「メメ」と読み、副官「弥弥那利」を「メメナリ」と読むこととなろう。――通例「ミミ」「ミミナリ」）。

ところが、この中心比定は〝齟齬《そご》の連鎖〟を生むこととなった。景行天皇を「男弟」に比定し、天皇と倭姫命との関係は、「男兄」を「男弟」とまちがえ、「天皇と妹」を「女王と弟」とまちがえているが、いずれも〝外国人としてありうべきこと〟と称したのであった。

このような手法は、「邪馬台国」研究史上においても、あまりにも古く、旧套《きゅうとう》に属するように見る人もあろう。しかし、この内藤の手法が〝劇的に〟再現されたのが、一昨年の埼玉稲荷山鉄剣銘文の読解であった。

まず「獲加多支鹵」の五字を切り取って「ワカタケル」と読み、『記・紀』中の雄略天皇に当てた。これを「中心比定」としたのである。ところが、この比定は、さまざまの〝齟齬の連鎖〟を生ずることとなった。

たとえば第一に、雄略の宮居は「斯鬼宮」ではなかった。「長谷の朝倉宮」であった。逆に崇神（師木の水垣宮）、垂仁（師木の玉垣宮）の方が「磯城」内にあった。けれども、精思すれば、この崇神・垂仁でさえ「斯鬼宮」と言いうるだろうか。もし、その称呼であれば、両者の宮居の区別がつかない。従って「A（広）のB（狭）の宮」という二段読みを、一段読みにする場合、「Aの宮」と言うべきでなく、「Bの宮」と言うべきだ。すなわち崇神は「水垣の宮」、垂仁は「玉垣の宮」である（この点、『関東に大王あり』〈創世記／新泉社〉では未詳。一二六ページ参照）。

こうしてみると、雄略の場合、一段読みするとすれば「朝倉の宮」であって、「長谷の宮」ではないこととなろう。まして、その朝倉よりさらに広い〝磯城郡に属したであろうから〟といった理由で、「斯鬼宮」と称するなどということはありえないのである。それでは崇神、垂仁たちの宮居（跡）と区別がつかないこととなるであろうから。

以上、雄略の宮を「斯鬼宮」と呼ぶことの不適切は、火を見るより明瞭《めいりょう》である。

第二に「左治天下」の問題がある。この「左治」の語は、

○（男弟）佐治国。〈佐《たす》けて国を治む〉（『三国志』倭人伝）

○（大宰〈周公〉）佐㆑王（成王）治㆓邦国㆒。〈王を佐け、邦国を治す〉（『周礼《しゅらい》』天官）

と、いずれも、大義名分上の天子または王者が女性もしくは幼少であって実際上の統治をなしえないとき、代わって親縁の実力者が実際上の統治権を執行するときにのみ用いる、政治上の術語だ。しかる

に、埼玉稲荷山の被葬者（平獲居臣）にその任を求めることは不可能だ。従って〝田舎《いなか》者の大風呂敷〟と称して、問題を回避せざるをえなかったのである（井上光貞・大野晋氏）。

他の種々の矛盾点は、右のわたしの本に詳記したところ。ともあれ、『記・紀』の天皇名と結合する、という「中心比定」を基本軸にしたため、さまざまの矛盾点が連鎖のように生ずる。それでも構わず敢然と、ことを〝原作者の責任に帰して文義を曲げる〟手法だ。明治の湖南の「音当て」中心主義の手法は、一九八〇年代を前にして、フランケンシュタインのように復活したのである。

## なかほどに

前半の論稿は、悠揚《ゆうよう》たる方法論の大河に乗じてすすんできた。そして後半の稿は、屈折に富んだ早瀬のさ中にさしかかってきたようである。

昨年（一九七九）末以来、わたしの研究と執筆は、もっぱら再反論の中に向けられてきた。幸いにもここ二〜三年、わたしの説に対する多くの批判者たちに恵まれたからである。新説の立論者にとってこれ以上の幸せはないであろう。わたしはこの二〜三か月、絶えずそれを痛感した。焦点をなす論点に対し、きめ細かな議論を集中し、そこから思いがけぬ新局面が誕生した。そのような状況を再三ならず経験する、無上の幸運をえたのであった。

思えば、孤立の中から出発したわたしの探究は、一面ではおびただしい望外の理解者を生み、他面ではほとんど憎悪ともおぼしき讒謗《ざんぼう》の群れをえたかに見える。それもよい。真の判定ははるか未来の日、湧出《ゆうしゅつ》する探究者たちの手の中にしっかりと委《ゆだ》ねられているであろうから。

## ㈥版本への無関心は何をもたらしたか

前にものべたように、わたしの古代史研究は、『三国志』の版本・写本の探究を出発点とした。なぜか。それはわたしにとって、ゆるがしえぬ「研究の常道」だった。なぜなら、親鸞の探究に没頭してきたわたしの三十代、それはすなわち「親鸞史料の古写本群の研究」の日々に他ならなかったのだから。と言って別段、わたしは「中世」の書誌学や考証学を「専門」としていたわけではない。否、むしろ親鸞研究においても、終始、全くの素人だった。一介の、孤立の道を歩む探究の旅人にすぎなかったのである。ただ他の分野と同じく、戦前から戦後にかけて〝大きな思想的変節〟をしめした親鸞学者たち、これに対してわたしは信憑《しんぴょう》することができなかった。ためにあくまで自分自身の手で鎌倉期に生きた親鸞の実像をつきとめようとし、先ず『歎異抄』の各古写本群を渉猟した。そしてその間の異同をひとつひとつ見つめた。それによって、その原形、すなわち〝親鸞のありし日の姿と言葉〟そのものに迫ろう、そのようにひとり志したのである。

この点、わたしが深い恩恵をうけた一冊の本がある。それについて語ることを許してほしい。その名は『歎異抄の語学的解釈』（京都あそか書林刊、昭和三十八年）。著者の姫野誠二氏は同志社大学の英文学の教授だった。英国で出版された、詳密な文学上の校異本、それを範として、氏は『歎異抄』の厳密な校本を作製されたのである。

そこでは最古の写本たる『歎異抄』が底本とされた。そして「底文の改行」や「底文の行間補脱文字」も、復元されていた。その上、他の古写本（端ノ坊本〈永正本〉・豪摂寺本・光徳寺本・妙琳坊本・龍谷大学本・端ノ坊別本）について、綿密きわまる校異がしるされていた。これが強烈な学問上の刺激となった。わたしはこの校異本を基盤とし、さらに『歎異抄』の用紙・しみ・筆跡等の諸問題に肉薄しようとした。その結果、末尾にある「流罪記録」後半において重大な筆跡上の差異（蓮如による）の存在を発見することとなったのである。これは『歎異抄』を論ずるさい、不可欠の「大切の証文*」問題（古田『親鸞思想――その史料批判』参照）、その解明に対し、新たな端緒を開いた。

＊『歎異抄』の本文末尾に「大切ノ証文トモ少〻ヌキイテマヒラセサフラウテ目ヤスニシテコノ書ニソエマヒラセテサフラウナリ」とある。この一文が何を指すか。研究上の一つのキイ・ポイントだった。

しかし、今はそれについては立ち入る必要がない。必要なのは、次の一点だ。〝一個の史料の中の一個のキイ・ポイントを解き明かすには、その史料の各種古写本群の精細な対照と検討が不可欠である〟――この教訓だった。

三十代の終わり、この目をもって、わたしは従来の「邪馬台国」研究史を見た。不可解だった。研究書にも、研究論文にも、「邪馬壹国」という中心国名の表記をめぐる、『三国志』の版本・写本の研究があまりにも欠如していたからである。

そこでわたしは古代史の学者を歴訪した。その経緯は、すでに第一書『「邪馬台国」はなかった』冒頭部の「歴訪」の項でのべた通りだ。ある学者は、『三国志』の版本・写本の所在を問うわたしに対し、言を左右にして答えなかった。それのみか、逆に〝古代史研究に立ち入らぬよう〟勧告されたのであった。だが、今ふりかえってみると、実はその人自身、それに関して詳しくは知らなかったのであろう。なぜならその人の著書にも、その類の考察は現われていなかったからである。

今ふりかえってみれば、それは当然だったかもしれぬ。なぜなら、もし『三国志』の各種版本を渉猟すれば、南宋《なんそう》本から元本・明本・清本、さらに中華民国本・北京《ペキン》本に至るまで、問題の中心国名はすべて「邪馬壹国」、何一つとして例外はない。否、北宋本には「邪馬一国」と刻するものの少なくなかった痕跡《こんせき》さえ、認識できる（静嘉堂文庫本、『三国志補注』等参照）。この冷厳な事実を、いやでもその検証者はくりかえし認識せざるをえなかったであろうから。

いいかえれば、中心国名をめぐる版本の異同問題に、従来の多くの学者は——近畿説たると九州説たるとを問わず——無関心だった。だからこそ、あれほど〝無邪気〟に、「壹→臺」の書き変えを〝敢行〟し去って怪しまなかったのだ。これがいつも立ち帰るべき、問題のキイ・ポイントである。

## ㈦原書と版本と類書は混同できるか

けれども一人の先人がいる。

右の『三国志』「版本」問題を「類書」問題に最初に〝おきかえた〟のは、内藤湖南だった。

○南至二邪馬壹国一。水行十日。陸行一月。邪馬壹は邪馬臺の訛なること言ふまでもなし。『梁書《りょうしょ》』『北史』『隋書《ずいしょ》』皆臺に作れり。（「卑弥呼考」明四三）

まず、「言ふまでもなし」という断言が先行する。そのあと、肝心の「版本」（『三国志』そのものの版刻）問題が「類書」（『梁書』『北史』『隋書』）問題に〝おきかえ〟られているのだ。

実は、旧来の研究史上、もっとも『三国志』の版本問題に〝注意〟をはらった人、それは他でもない、この湖南だった。「元暫明修本」（元代の版本を明代に修刻した本）や「乾隆殿板本」（清朝の版本）を参照した上、友人の稲葉岩吉に依頼して宮内省図書寮の宋本（紹熙《しょうき》本）まで「校正」してもらっている。当時として〝抜群〟の用意だ。だから当然、〝それらはすべて「邪馬壹国」。「邪馬臺国」ではない〟その事実は知っていたはずだ。知っていたからこそ、「言ふまでもなし」という、読者に対してまるで〝おつかぶせる〟ような断言形で記した。——わたしの目にそう見えるのは〝ひが目〟だろうか。

〝諸版本に一切なくても、松下見林の『異称日本伝』以来、「邪馬臺国」と改定されつづけてきた。その「伝襲」をわたしは信ずる〟そういう「信仰告白」が、「言ふまでもなし」の一語に巧まずに表現されている。そしてその信仰の〝不安〟をおしかくすささえのようにしるされた、後代（七世紀以降）の類書の中の「邪馬臺国」、それらは史料批判上、十分な有効性をもつものだっただろうか。

ひとたびひるがえって精思すれば、すぐ判明する。史料批判上、これは無理な話なのだ。日本の例で考えてみよう。

『古事記』『日本書紀』（八世紀）の古代記事Ａ（たとえば神武天皇や聖徳太子等の記事）を考える場合、〝ずっと後代（十二〜四世紀）の「類書」（たとえば『扶桑《ふそう》略記』や『神皇正統記』や『愚管抄』）にこう（Ｂ）あるから〟と言って、軽々とＡをＢに「さしかえる」ことができるだろうか。考えられない。もちろん、形式論としては〝その可能性もありうる〟と言えなくもなかろう。しかし、そのためには、その厳密な論証がどんなに要求されても、されすぎることはない。「言ふまでもなし」の一言ですませることなど、およそ無茶な話なのである。〝版本にもＡとある。後代の類書もまたＡだ。だから〟こういった論法ならいい。だが、ここはまるでちがうのだ。

こう考えてみると、湖南が「史料の処理」法において、いかに〝危険な断崖《だんがい》〟を筆先で飛び越えたか、それが判然としよう。わたしは後学の探究者として、遺憾ながらその一点を確認せざるをえない。

しかるに最近、「新湖南学派」が誕生した。〝古田の提示した『三国志』の版本（$\alpha$）は南宋本（十二世紀）以降だ。これに対し、『太平御覧』『隋書』『梁書』（$\beta$）は七〜十世紀の成立だ。だから（$\alpha$）の邪馬壹国より（$\beta$）の邪馬臺国の方が信用できる〟こういう論法だ。

尾崎雄二郎氏の『太平御覧』重視の発言（「邪馬臺国について」人文一六、昭和四十五年三月）をうけた佐

**表1**　邪馬壹国と邪馬臺国の原書・校本・版本表

**A　原書成立表（類書をふくむ）**

| | | |
|---|---|---|
| 三世紀 | ＜西晋＞<br>太康元(280)<br>元康七(297) | 三　国　志　☆ |
| 五世紀 | ＜南朝劉宋＞<br>元嘉九(429)<br>〃十六(439) | 後　漢　書 |
| 七世紀 | ＜唐＞<br>貞観七(633) | 隋書・梁書<br>北史・(南史) |
| 十世紀 | ＜北宋＞<br>太平興国二(977) | 太平御覧 |

**B　校本（上表）成立表**

| | | | |
|---|---|---|---|
| ＜南朝劉宋＞<br>元嘉六(429) | 三国志裴松之注，上表 | 〔→紹興・紹熙本〕 | ☆ |
| ＜北宋＞<br>咸平六(1003) | 蜀志(三国志)咸平本，上表 | 〔→紹熙本〕 | ☆ |
| 乾興元(1022) | 後漢書乾興本，上表 | 〔→紹興本〕 | |
| 天聖二(1024) | 隋書天聖本，上表 | 〔→元，大徳本〕 | |

**C　版本（現存最古）成立表**

| | | | | |
|---|---|---|---|---|
| 十二世紀 | ＜南宋＞<br>紹興(1131～1162) | 三国志 | 紹興本 | ☆ |
| | | 後漢書 | 紹興本(百衲本) | |
| | 紹熙(1190～1194) | 三国志 | 紹熙本(百衲本) | ☆ |
| | 慶元(1195～1200) | 太平御覧慶元本 | | |
| 十三世紀 | ＜元＞<br>太徳(1297～1307) | 隋書 | 元大徳本 | (百衲本) |
| | | 北史・(南史) | 〃 | (百衲本) |
| | (宋　刊)　元　補 | 梁書 | 宋蜀大字本 | (百衲本) |
| | | | (補　元明遞修本) | |

☆邪馬壹国――三国志。この表の他も，全版本例外なし。
邪馬臺国――後漢書。（隋書・梁書・北史・太平御覧）他に通典等。

伯有清氏。さらに白崎昭一郎・安本美典・三木太郎等の諸氏の論述がこのスタイルだ（三木太郎氏とは、京都新聞紙上〈昭和五十四年末〜五十五年四月〉において、九回に亙《わた》って、論争を交え、氏の『御覧魏志』信憑主義の到底成立しがたいことを論証した）。

けれども、この論法には、明白な〝問題のすりかえ〟がある。前ページの表を見てほしい。

この表で一目瞭然《りょうぜん》。原書（A）においても、校本（B）においても、版本（C）においても、いずれも『三国志』、すなわち「邪馬壹国」が先行している。

これに対し、「新湖南学派」は、類書（『隋書』『梁書』『北史』『太平御覧』）については、「原書」（A）をとり、『三国志』については、「版本」（C）をとる。そうしておいてから〝前者が後者より早い〟と称するのだ。これは子供でも、これを知ったら、すぐ〝ずるいよ〟と叫ぶような、見えすいた〝紙上のトリック〟ではないか。

こんな論法が許されるなら、〝十八世紀（江戸後期）の本居宣長の馭戎慨言という「原書」中に長文引用されている倭人伝（そこには明白に「邪馬臺国」という改定形にして、何の注記もなく「引用」されている）の方が、二十世紀（昭和初年）になって成立した二十四史百衲本中の『三国志』（紹熙本）の「版本」（当然「邪馬壹国」だ）より古いから、信用できる〟こんな言い草が易々として成り立ってしまうではないか。

――天下の笑い事だ。

もしまたかりに、『太平御覧』の版本の方が『三国志』の版本より古い、そういうケースがあったとしよう。それでも事態は変わらない。なぜなら十三世紀、鎌倉期の慈円や親鸞の自筆本に現われた古代記事（聖徳太子等）の方が、十四世紀以降の南北朝・室町期写本として現存する『古事記』『日本書紀』より早いことは事実だ。だからと言って、〝前者の記事の方が後者より信用できる〟そんなことが言えるだろうか。これもまた、天下の笑い事だ。

思い出す。わたしは京大の人文科学研究所で史料を渉猟したとき、幾たびも湖南の業績の恩恵をこうむった。たとえば好太王碑の内藤拓本、翰苑影《かんえんえい》写本等。そのたびにわたしは湖南に感謝した。わたしは明言する。〝わたしは湖南を敬する〟と。明治という、近世の未だ遠からぬとき、湖南の版本渉猟は学界〝抜群〟の業績だったのだから。これに対し、一九八〇年代という現代の時点で、なお原書と版本を混同させ、世人を惑わす論者があるとすれば、それは研究史の流れの〝逆行〟者に他ならない。

## (八)「邪馬x国」説は信頼できるか

最近「新説」が現われた。

〝邪馬壹国か邪馬臺国か、議論がある。だからこれを「邪馬$x$国」と考えて処理しよう〟と。安本美典氏が唱え、後藤義乗氏が従われた（「東アジアの古代文化」九・十八号、大和書房）。

一見〝物分かりのいい〟説だ。〝客観的な史料処理法〟と見えよう。が、果たしてそうか。

わたしがかつて親鸞研究に入っていったとき、次のような文献処理法が行なわれていた。

(A)一つの文献について、各種の写本・版本があるとき、そのいずれを底本にしてもよい。ただその校異（各版本間の異同）を明確にしるしてあれば、足りる。

(B)右の諸版本中の異同のいずれが正しいか、われわれ（後代の学者）がそれを各個について判定すればよい。

(C)各版本内容を合成した「合成訂本」を定める。

つまり(A)では、〝新古・精粗〟等さまざまの写本・版本をいったん「等質」なもの、すなわち〝一史料〟として、等置するのだ。そして(B)、それらの各種を権威ある学者が見比べて、取捨・判定を下す。そして(C)をうる。――そういう手法なのである。

この〝各史料を平等に扱う〟という、いわば「等距離処理法」は、一見〝公平〟に見える。しかし、その実質が問題だ。〝取捨判別〟の手が、もっぱら「後代の権威ある判定者」の主観に委《ゆだ》ねられるからである。

このように、史料の「等距離処理法」とは、その実体において、〝後代の権威ある学者〟による、「恣《し》意《い》心証主義」に帰着する。遺憾ながら往々にしてそれが実体だった。

この点、裁判にも同じ問題があろう。この〝「心証」を権威とする〟やり方が、時として証拠自体のもつ「客観的な論証力」の有無を「軽視」させる傾きを生み、いわゆる「誤判」を生んだ。たとえば松川裁判の第一審・二審の場合がそれだ、最高裁でも、田中耕太郎氏は、頑《かたく》なに「自由心証」を名として「諏訪メモ」のもつ実証性を軽視しようとされたのである（古田『邪馬壹国の論理』ミネルヴァ書房版一〇一ページ参照）。

これに対し、広津和郎は戦った。あくまで「実証的な証拠」、すなわち「明確な論証の連結」による有罪判定、それのみを承認する、それ以外を拒否する、この単純な方法を貫いたのである。――これがわたしの方法だ。

親鸞文献の実例をあげよう。梅原真隆氏の『親鸞聖人血脈文集の研究』（大正十二年）。性信が編集した『親鸞聖人血脈文集』という古写本があった。性信とは、親鸞の東国門弟のリーダーだ。これについて順崇本（宝暦刊本）・専琳寺《せんりんじ》本（天文写本）・上宮寺写本の三本をもとにした校定本を梅原氏は作られた。斯界《しかい》の泰斗とされた、氏ならではの力作である。

ところが、その核心部に「法然―親鸞―性信」の三代の伝持（正統な継承）をのべた一句があった（専琳寺本）。これを順崇本・上宮寺本は欠いていた。そこで梅原氏はこの一句を「本集の眼目」と見なし、順・上二本はこれを〝脱失〟したものと見なされた。この「梅原判定」は、〝『血脈文集』（原書）は、性信系集団の偽作〟という真宗史上「定説」化された判断を生み出す源となった。

しかし、わたしの〝発見〟した蓮光寺本（大谷大学図書館蔵）の研究によって、事態は一変した。各写本の精細な比較・検討によって、①蓮光寺本が一番古形を伝えていること。②『血脈文集』は性信その人によって親鸞生存中（正嘉《しょうか》年間）に編集された最古の親鸞書簡・文書集であること。③専琳寺本こそ後代の性信系集団内における「改作本」であること。この三点が判明することとなったのである（『古田武彦著作集（親鸞・思想研究編Ⅱ）』所収「親鸞思想――その史料批判」明石書店版、三〇七ページ参照）。

この場合、重要だったのは、大家の識見という名の「判定」ではない。〝各写本・刊本間の詳密な比較研究〟だった。――これがわたしのえた教訓である。

問題のポイントをのべよう。いわゆる「邪馬$x$国」論は「邪馬台国」論者の〝隠《かく》れ蓑《みの》〟にすぎぬ。自己の好む判定（邪馬臺国）を下すための中間設定だ。その〝衣の下の鎧《よろい》〟がちらちらしている。

これに対し、方法上、真に慎重な道は何か。その答えは簡明だ。〝中心国名を「X国」として、「同音地名による位置決定」に使わない〟この鉄則である。そしてこれこそわたしが第一書『「邪馬台国」はなかった』の中で守り通した解読のルールの根本だった。

これに反し、安本氏はどうか。その第一書『邪馬台国への道』（筑摩書房、一九六七）において、「『邪馬壹国』→『邪馬臺国』の誤り」という項を設け、「『臺』が『壹』と似ているため、書き誤られたと考えられる。『後漢書』『梁書』『北史』では『邪馬臺国』となっている」（一八四ページ）と旧説そのままの「断定」がしめされている。問題保留どころではない。これが消せぬ事実だ。「邪馬 $x$ 国」論は、結局わたしの採った「X国」の方法に至り着かねばならない。

### ㈨呉志残巻によって現版本は疑われるか

『三国志』の場合、版本は数多いが、古写本はほとんどなかった。唯一の例外が呉志残巻だった（西《せい》晋《しん》写本、一九二四、新疆鄯善県《しんきょうぜんぜん》出土）。これを知ったとき、わたしは没頭した。京大の人文科学研究所閲覧室で、連日この問題にとりくんだのである。その結果、判明したこと、それは、

①現存の『三国志』の当該部分と比べると、異同が多い。
②従って現存の『三国志』そのものの祖型、というよりも、別系統本である可能性を考えねばならぬ。
③しかしこの小部分だけでは、明確な解答は出しがたい。

以上だった。唯一の収穫は、この中に「壹」字があったので、わたしの第一書『「邪馬台国」はなかった』において、写真として掲載できたことだった（同書第一章一「失われた筆跡」）。

ところが最近、この問題から「現存三国志の信憑《しんぴょう》しがたい証拠」という論陣を張っている論者（白崎昭一郎・安本美典両氏）を見た。㋑呉志残巻と現存『三国志』との間に差異が多い。㋺これは現存『三国志』にあやまりのありうる証拠。㋩だから「邪馬壹国」もあやまりかもしれぬ。こういった類の論法だ。こんな粗大な論法がまかりとおりうるとしたら、たいていの古典は〝あやまりがありうる〟と認定され、その結果、後代の論者の「自由裁量権行使」の〝口実〟とされてしまうだろう。

たとえば、親鸞の主著『教行信証《きょうぎょうしんしょう》』を例にあげよう。親鸞の自筆本は坂東本（東本願寺蔵）だ。と

ころが、専修寺本（親鸞の生前、弟子の書写）と西本願寺本（親鸞の死後、文永頃の書写）とを比べてみると、それぞれ〝差異点があまりにも多い〟のだ。

けれどもこの場合、専修寺本や西本願寺本を単純に〝あやまり多し〟と断じることはできない。右の例のように、〝ちがいすぎている〟からだ。

当然、現存の親鸞自筆本は唯一つ（坂東本）でも、親鸞の手になる『教行信証』は、この一つだけではなかった。坂東本自体がしめしているように、その成立以前に、「初稿本」があったことは確実だ。なぜなら基本筆跡（六十三歳頃以前）たる「八行本文」（全文の約八割）自体がすでに「清書本」の趣をもっているからである。

さらに右の「八行本文」成立後、くりかえし改紙・改稿が行なわれているのであるから、そのいずれかの段階で、別に「新清書本」が作られていた、その可能性は消すことができないのである。そしてその「現在は失われた清書本」の系列をひくのが、専琳寺本や西本願寺本ではないか。そういった視野は、当然考慮さるべきなのである。

このような〝別系統本〟の存在という問題は、古写本・古刊本を考える場合、必ず〝介入〟してくる概念だ。だが、この事実を〝逆手〟にとって、現存自筆本の字句を自由にいじり、〝「自筆本別本」には、こうあったのだろう〟などと称することは無論許されない。

だから古写本・古刊本の異同をあつかい馴れた人なら、この呉志残巻と現存『三国志』程度の異同を見ても、決して驚きはしないであろう。まして〝『三国志』現存本にあやまりの多い証拠。従って「邪馬壹国」も〟といった類の性急な論法に走ることなど、とてもできはしない。呉志残巻に「藉口《しゃこう》」した論法は、両氏が厳正な古写本・古刊本の処理に馴れておられないための〝お手つき〟、失礼ながら、そう言うほかはないのである。

（京大、人文科学研究所の藤枝晃氏は、強烈に「呉志残巻、偽作説」を唱えておられた。中国古筆・古文書の研究家の言として見のがしえぬ見解であろう。ただし、この残巻について、写真版しか見ず、現物に接していないわたしとしては、その賛否は保留せざるをえない。――中華書局標点本では、この残巻写真を冒頭にかかげている。「真作」と見なした上での措置であろう）。

## ㈩版本の新古は絶対であるか

念のためにのべておきたいこと、それは〝古写本・古刊本の新古は重要だが、絶対ではない〟この一事だ。

ふたたび親鸞研究の例を引用させていただこう。『親鸞聖人血脈文集』においても、「書写年代の新古とは逆に、恵空本のほうが原型を伝え、専琳寺本のほうは後代の改竄《かいざん》を含む古写本なのであった」（『古田武彦著作集（親鸞・思想研究編Ⅱ）』所収「親鸞思想――その史料批判」明石書店版、三一六ページ参照）

とわたしがかつてのべた通りである（他に古本本願寺系図と明暦本本願寺系図。古田『わたしひとりの親鸞』参照）。

『三国志』の場合も、同じ問題がある。紹興本（一一三一～六二）と紹熙《しょうき》本（一一九〇～九四）との関係だ。ここでも表面上の新古とは逆に、後者の方が古型を保っていた。その点、百衲《ひゃくのう》本二十四史の編集者、張元済によって報告されている（古田『邪馬壹国の論理』ミネルヴァ書房版、五一ページ以下参照）。

倭人伝においても、わたしの「対海（紹熙本）→対馬（紹興本）」の論証（『「邪馬台国」はなかった』第二章三参照）によって、彼の判断の正しかったことが証明された（紹熙本中には「咸平六年」〈一〇〇三〉の刊記が存在する）。

以上のように表面上の「新、古」に相反する事例の存在することは、当然だ。史料批判上、怪しむに足りない。しかし、これに「藉口《しゃこう》」して、恣《し》意的に後代本に依拠することは許されない。〝この場合は、表面上の新写本・新刊本の方が却って古形を伝えている〟という、その証明がまさに必要なのである。

## ㈩仮説の「重層主義」を排す

〝古田の言う通り、『三国志』の全版本「邪馬壹国」であろう。しかし「もしこれが邪馬臺国のまちがいであったら」という仮説を立てて研究をしてゆく、それがなぜ悪いのか。近代の学問において仮説の提起という方法は当然ではないか〟このように言う論者があるかもしれぬ。

確かにそうだ。〝仮説を立て、それを検証する〟これは学問の王道だ。だが、今の場合、「邪馬台国」論者の手法は、果たしてこの「近代の学問の方法」という見地から、適正だろうか。その〝手口〟をしらべてみよう。

まず、〝近畿の「大和」や九州の「山門」に合わせるため、「邪馬台国」という改定名称を採用してきたこと〟これを一つの「仮説」と置いてみる。

しかし仮説は、これだけではすまない。近畿説の場合、〝「南」は「東」のあやまり〟という第二の仮説が必要となる。さらに「一月は一日のあやまり」という仮説を採用する論者――近畿説・九州説とも――もあった（本居宣長・菅政友から安本美典氏に至る）。また九州説の一つ、榎説の場合は、次のようだ。

〝倭人伝には、魏使が倭都に入って卑弥呼に会った、と書いてある。しかし実際は伊都国に止《とど》まって、倭都へは行かなかった〟これが仮説だ。そして〝倭人から聞いた「陸行一月」から残り（不弥国→邪馬台国）の里数「千三百里」を算出し、総里程一万二千里へと導いた〟「仮説」を前提としてこのような推論にすすんだのである。この類の「仮説の相重なる提起」は、他にも数多い（その他の仮説の例は、わたしが第一書の「共同改定」と「各個改定」の各章でしめした通りだ）。ズバリ言えば、旧来の百花撩乱《りょうらん》の「邪馬台国」論議、それはすなわち〝重層する仮説の花ざかり〟なのであった。

問題のポイントは次の一点である。〝科学における仮説の数は少なければ少ないほどよい〟これは自明の公理だ。いいかえれば、〝一の仮説をもうけることによって、矛盾と見えていた諸現象がピタリ、矛盾なき理解へと導かれる〟そのときこそ、仮説が真理に転化する時節の到来なのだ。

ところが、「邪馬台国」論者はちがった。「壹→臺」という第一仮説の設定は、次々と第二、第三の仮説をも産出・継起させざるをえなかったのである。

近代科学史上の有名な例を思い出そう。旧来の天動説は、宇宙に幾多の軌道を想定し、それぞれに別個の説明を加えた。しかもそれは「暦の進行」に対して誤差を年々増大させていた。これを「仮説」の用語で説明すれば、〝いくつもの仮説を重層させて、なおピタリとは妥当しない〟そういう状況だったのである。

この一点に疑問を向けたのがコペルニクスだ。彼の方法はちがった。〝地球が動く〟という、ただ一個の仮説を導入した。それによって、宇宙は〝統一した運動のルールに従っているもの〟として、一貫した理解を与えられることとなったのである。

今の場合と比べてみよう。「邪馬台国」論者は、次々と仮説を重層させながら、なおかつ倭人伝の物的描写は、弥生期のその地域（大和や山門等）の実態と適合しえなかった。そのため、いつも〝倭人伝自体が正確でないのだろう〟といった〝あいまいさ〟の霧の中にあって、それを隠れ蓑とせざるをえなかったのである（たとえば、考古学的出土物の「矛」の鋳型等。次節参照）。

ところがわたしの場合、〝『三国志』の全版本のしめす事実、そして倭人伝の記述をそのままうけいれる〟という、自明の方法に従ったとき、従来の諸矛盾は、太陽の前の残雪のように次々と消え去っていった。

しかもこの自明の方法に立つとき、倭人伝の記述は、すべて弥生期の筑前中域（糸島郡・博多湾岸・朝倉郡）の現実（考古学的出土物）とピタリ一致していたのだ。

以上によってみれば、近代の科学の方法意識において、旧来の仮説重層主義とわたしと、いずれの立場が適正であるか、一目瞭然であろう。

### ㈢倭人伝里程誇張説は維持できるか

一九七〇年代、それは学術雑誌に関して言えば、〝「邪馬台国」を扱った論考の沈静した十年間〟と言えるかもしれぬ。この点、「邪馬台国」問題の研究史家、佐伯有清氏は次のように書いておられる。

「邪馬台国ブームをしずめる役割をはたしたのは、あるいは古田武彦氏の論著であったかも知れない。古田氏は一九六九年九月に『邪馬壹国』（「史学雑誌」七八～九号）を発表して以来、……」（『古代史への道』吉川弘文館、三〇ページ）と。

それが果たしてわたしのせいか、否か、わたし自身は知らない。ただ世間の「邪馬台国」ブームに相反し、学界内に右の〝奇現象〟が生じたことは事実のようである。

しかし、既成の「学界」内の動向はともあれ、学問そのものの探究の進展は、沈静も休止もしなかった。たとえば、倭人伝解読上の重要課題の一つ、「里単位」問題を見よう。

倭人伝には帯方郡治から女王国に至る総里程（一万二千余里）が記され、さらに「帯方郡治→狗邪韓国」（七千余里）以下の部分里程が記されている。だから〝ここに記された「里」という単語は実際に、どのような長さをしめしているか〟この検証を抜きにして、倭人伝解読は前進できない。これは当然だ。

この点、研究史上「定説」という名の〝躓《つまず》きの石〟を置いたのは、白鳥庫吉だ。

「魏代の一里は漢代の一里と大差なく、漢の一里は略《ほぼ》我が三町四十八間《けん》に当ると見て大過ないと思はれるが（足立喜六著『長安史蹟の研究』第二章漢唐の里程、特に同書三七ページ参照）斯《か》かる短い単位を以てしても実際の距離を換算して見るにやはり著しい誇張がある」（「卑弥呼問題の解決（上）」）と書いた。以後、白鳥の跡を継ぐ九州説の論者も、またこの里数値を真実《リアル》な認識の外におこうとする傾きのある、近畿説の論者も、「倭人伝里数値誇張説」を揃《そろ》って「共立」することとなった。

この問題に考察の手を向けた近年の研究者として、山尾幸久氏がある（「魏志倭人伝の史料批判」『立命館文学』第二六〇号、一九六七・二）。氏は「韓伝・倭人伝」を〝誇大値〟とした。すなわち「里単位」としては漢代の長里（一里＝約四三五メートル）しか認めない。この点、従来の白鳥説を継承されたのである（氏は近畿説）。

その後、氏はさらに『魏志倭人伝』（講談社現代新書、一九七二）において、

①陳寿は王沈の『魏書』の記述に従って、韓地を「方四千里」と記した。

②しかし、彼（陳寿）は、内心これを信じていなかった。

③だから韓地は真実《リアル》な認識（右の面積の約二十五〜三十六分の一）に立って、その上に倭地五千里（これは誇大）を加算した。

④そのため、倭地を「会稽東冶《かいけいとうや》の東にあり」との判断を下した。

右のような新理解をうちたてられたのである。まことに〝うがった〟見解ではあるけれども、その〝うがち〟の基礎をなす王沈の魏書の当該文面は現存しない。氏の「想像」の中にのみ、現存している。その上、〝陳寿は王沈の『魏書』に従って『三国志』に記録しながら、内心はこれを信ぜず、全く別の立場に立って地理計算を行なった〟などというのは、小説中の一節ならいざ知らず、歴史学者の記述とは、わたしには見えない。

これに対し、白鳥氏から山尾氏に至る歴代の誇張説を震撼《しんかん》させる、出色の論文が昭和五十三年に現われた。自然科学の研究者、谷本茂氏の「中国最古の天文算術書『周髀算経《しゅうひさんけい》』之事」（「数理科学」一九七八年三月号）がこれである。

『周髀算経』は、周代に淵源《えんげん》する、中国の天文計算が、後漢《ごかん》末から魏にかけての頃、まとめられた本だ。そこには太陽の直径の長さなど、驚くべき詳密な計算が行なわれている。地球上抜群に早くから発達した古代中国の数学・物理学の成果だ。その計算を谷本氏が復元したところ、「一里＝七六・三メートル」（約七六〜七七メートル）であることを発見されたのである。すなわち、わたしがすでに（昭和四十六年）『三国志』（韓伝・倭人伝・呉志〈江東〉等）から帰納していた里単位（一里＝約七五メートル。詳しくは〝「七五〜九〇」メートルの中、七五メートルに近い〟とした）の帰結、それと驚くほどの一致をしめしたのである。谷本氏も、両者の一致が偶然と考えられない旨、明記された。

この谷本氏の計算については、すぐれた追試者が現われた。オランダのユトレヒト天文台にある難波収氏がこれである。宇宙物理学者たる氏は、この問題に関心をもち、再計算された結果、谷本氏の計算の誤りなきを再確認されたのである（昭和五十三年十一月十九日、古田あて来信）。

このことのもつ、研究史上の意義は何か。それは「邪馬台国」研究史上、「定説」視されてきた「倭人伝里数値誇張説」の崩壊である。なぜなら、〝『三国志』と『周髀算経』という、全く別の二つの本が、「ほぼ一致した里単位」で書かれている〟という事実は、何を意味するか。他でもない。〝周代及び三世紀当時、この里単位が実際に用いられていた。それがこの両書に反映した〟そのように見なす他ないからである（『周髀算経』も、二～三世紀頃最終成立）。

「学界」が里単位問題に触れようとせずに「回避」してきた、まさにその間（一九七〇年代）に、倭人伝の研究は一大飛躍をとげるに至った。――これが研究史上の事実である。

## (十二)「韓伝・倭人伝」短里説は維持できるか

残された一つの問題がある。それは安本美典氏の唱えられた「韓伝・倭人伝」短里説だ。つまり〝この二伝以外は長里で書かれている〟というのである。これを検してみよう。

東夷伝《とういでん》に書かれた里数記事は左のようだ（本書八五ページ図1）。㋑（韓地）方四千里。㋺（高句麗《こうくり》）方二千里。㋩（夫余《ふよ》）方二千里。㊁（高句麗）遼東《りょうとう》の東、千里に在り。㋭（東沃沮《よくそ》）西南長、千里なる可し（右の㊁㋭について、解釈に異同があるが、今の立論の大勢には関係がない）。

右についてわたしの理解を簡明にのべよう。

㈠朝鮮半島の北辺部は、「千里プラス二千里プラス千里」つまり「四千里」となって、大体朝鮮半島南辺と一致している。すなわち、朝鮮半島の現地形と大約矛盾しない。

これに反し、朝鮮半島北辺部のみを「長里」とすれば、これを「短里」に換算（六倍）すると、全く対応しない。つまり朝鮮半島の現形は〝こわれて〟しまう。

**表2**　里単位対照表

〈全短里〉

| | 面積比 | 戸数比 | 密度比 |
|---|---|---|---|
| 高句麗 | 1 | 3 | 1 |
| 韓地 | 4 | 17〜19 | 1.5 |

〈部分短里〉

| | 面積比 | 戸数比 | 密度比 |
|---|---|---|---|
| 高句麗 | 9 | 3 | 1 |
| 韓地 | 1 | 17〜19 | 54 |

しかも、高句麗（毌丘倹《かんきゅうけん》の軍）、韓地（楽浪《らくろう》・帯方太守の軍）とも、魏軍の交戦場であって、〝一旅行者の見聞によって知った〟といったていの地ではない。真実《リアル》な認識が当然、成立していなければおかしい、そういう地帯なのである。

(二)右の点は戸数密度の比較によって、さらに確かめられる。両方とも、「短里」とすれば、表2（全短里）のようになる。山地（高句麗）と平坦地（韓地）と、その密度比は自然である（韓地は馬韓十余万、辰韓・弁韓三〜四万）。

ところが、高句麗の方だけ「長里」としてみよう。以上（部分短里）のようだ。このような密度比は「一国平均」間のものとしてありえない。

(三)東沃沮・濊《わい》伝には面積も戸数も書かれていない。ここは旧玄菟《げんと》郡（上の二伝記述）だから、楽浪・帯方郡と同じく、〝周知のところ〟（史書に不要）として書かれなかったもの、と見られる。

さてA韓地北辺（四千里）とB高句麗南辺（二千里）の国境は、それぞれA′帯方・玄菟郡南辺とB′楽浪・玄菟郡北辺に当たる国境である。それゆえいずれも直轄地（現・旧）の国境だ。しかるに一方（南辺）は「短里」、他方（北辺）は「長里」、などということは到底ありえない。

(四)倭人伝に記された「帯方郡治→狗邪韓国」内の「七千余里」、その最初部分（帯方郡治→韓国西北端。

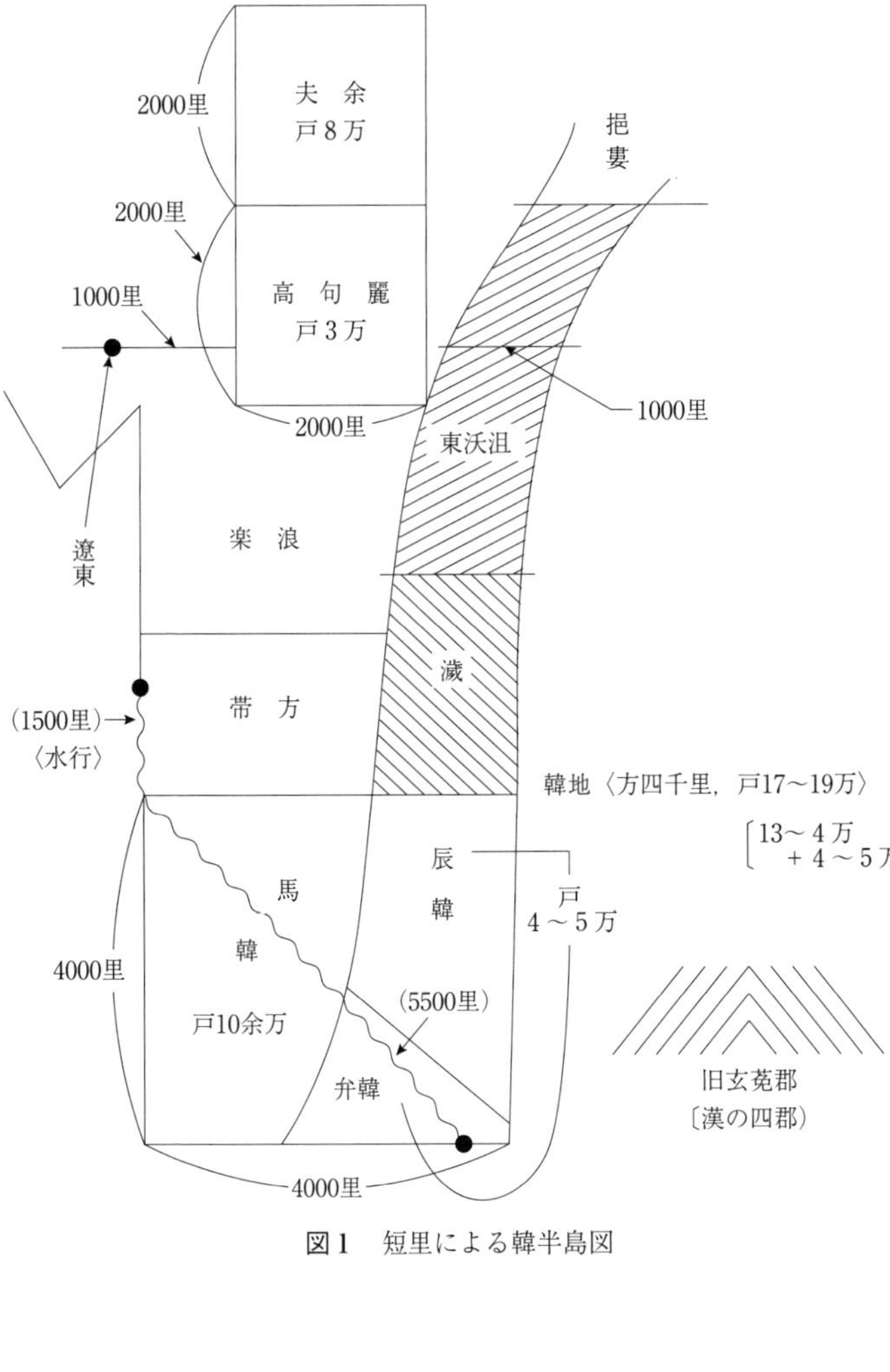


図１　短里による韓半島図

千五百里くらいか）は帯方郡、つまり直轄領内だ。「七千余里」が短里なら、当然これも短里だ。この事実は、前項の「直轄領短里記載」と対応する。

㈤〝中国（西晋《せいしん》）の史官（陳寿）が直轄領を「短里」で記す〟この事実は、その里単位（短里）がすなわち、その王朝（西晋）の正規に採用していた「里単位」であることをしめす。

㈥㋑挹婁《ゆうろう》、夫余の東北、千余里に在り。……古の粛慎《しゅくしん》氏の国なり。（『魏志』挹婁伝）

㋺倹（毌丘倹）、玄菟の太守弓頎《きゅうき》をして之《これ》（高句麗王の宮〈王名〉）を追わしむ。沃沮を過ぐること千有余里、粛慎氏の南界に至り、石を刻みて功を記す。（『魏志』毌丘倹伝）

右の記事は大よそ同一の領域を、同じく約「千里」として表現している。すなわち、東夷伝のみでなく、他の列伝でも同一の里単位（短里）が用いられている証拠だ。

㈦㋩帝曰《いわ》く「四千里征伐……」。（『魏志』明帝紀）

㋥帝、太尉《たいい》司馬宣王を遣わし、中軍及び倹等の衆数万を総じて淵《えん》を討ち、遼東を定めしむ。（『魏志』毌丘倹伝）

㋩にしめされたのは、明帝の公孫淵《こうそんえん》討伐行だ。この行には、㋥にしめされているように、毌丘倹の軍が加わったことが知られている。その毌丘倹の行程としての「四千里」が、先（㈥の㋺）の同じ毌丘倹による高句麗討伐行の「千里」と〝別の里単位〟、というのでは、全く筋がとおらない。当然同一の里単位でなければならぬ。すなわち明帝の語に出てくる「四千里」もまた、「短里」で語られているのだ。これは㈤の命題と対応する。

（この「四千里征伐」問題は、かつて山尾幸久氏とわたしの間で論争があった。古田『邪馬壹国の論理』ミネルヴァ書房版一八八ページ参照）。

以上によって安本美典氏の「部分短里」説は、結局成立できない。すなわち「『三国志』全面短里」説しかありえないのである。

なお、この結論が倭人伝の解読に与える深刻な影響をのべよう。

(A)倭人伝内の里程記事は、西晋朝の公的採用単位(短里)によって明記されている。それゆえ以下のような従来説の手法はすべて成立できなくなった。

(イ)里程を〝誇大値〟として無視ないし軽視する立場(近畿説)。

(ロ)部分里程の総和が総里程(一万二千里)にならないままの読解法(従来説のすべて)。

(ハ)右の不足分(千五百里)を長里(一日五十里)で日数に換算して、「陸行一月」を算出する立場(榎説)。

(B)卑弥呼の「冢《ちょう》」(「径百余歩」)は、当然「直径三十〜三十五メートル」の円塚となる(一歩は一里の三百分の一)。従来の「大古墳」説(百五十〜二百メートル)は成立できない(本書「邪馬壹国と冢」の章参照)。

この「里単位」問題は、「邪馬台国」の専門家にも、考古学者にも、決して放置できぬ基礎的な問題だった。いわば物理的な問題だといってもいい。しかるに、彼等は放置した。そして今、在野もしくは非専門の研究者間において、解決の扉が開かれたのである。

### (十四)分布図は軽視できるか

かつて「邪馬台国」論議は、倭人伝内の〝紙の上の旅〟に終始すれば、それでよかった。だが、今はちがう。考古学的出土物との対応いかん、その検査が不可欠である。〝いや、わたしの「邪馬台国」にも、こんな古墳がある〟〝これだけ、遺跡が多い〟こういった散漫な論法では、もはや駄目だ。すなわち倭人伝内に記載された物（鏡・矛《ほこ》・冢・鉄・珠・玉・錦・帛布《はくふ》・金等）の弥生期出土分布図との対比、それが必要なのだ。

たとえば「矛」、自分の「邪馬台国」比定地にそれが出るか、否、他処に比して、も、っ、と、も多く出るか。それが問題の急所だ。

たとえば「鉄鏃《てつぞく》」、右と同じだ。

たとえば「鏡」、右と同じだ。

たとえば「錦」（絹）、右と同じだ。

これらについて自分の中心地（都）比定地を冷厳に検査する、それが必須《ひっす》なのである。〝いや、今後出てくるかもしれぬ〟――この論法は、いつでも使える「万能の論法」だ。考古学的出土物による検査を回避する、あまりにも〝便利すぎる〟論法だ。よって真に学問的な論議には用いることは許されない。

また〝卑弥呼は政治的権力者ではなく、宗教的巫女《みこ》だ。だからその居処から考古学的出土物はそれほど出土しなくてもいい〟――この口実も駄目だ。なぜなら、たとえば鉄製の武器類だけのことなら、或《ある》いはそういう「遁辞《とんじ》」も通ずるかもしれぬ。しかし鏡は〝太陽信仰における要具〟ではあっても、武器ではない。「中広矛・広矛」は、祭祀具《さいしぐ》もしくは〝宮殿等守衛のシンボル物〟ではあっても、やはり実用の武器ではない。「錦」（絹）も、言うまでもない。だからそれらの乏しいところ、そこに「宗教的巫女」たる女王の居処を考える、それは筋がとおらないのである。

やはりそれらすべて（実用の武器も、祭礼・守衛のシンボルも。また鋳型も）において中枢の地、それは筑前中域（糸島郡・博多湾岸・朝倉郡）以外にない。

### (十五)分布図の不適切な使用とは何か

安本美典氏は民族学博物館の小山修三氏の作製図（図2）によって「弥生時代の政治的文化的な文明圏の中心は、博多湾岸あたりには、なかったことがいえる」と言われた（『「邪馬壹国」はなかった』新人物往来社刊）。

これを小山氏に直接確かめたところ、それはとんでもない、安本氏の誤解であった。

①メッシュ（網の目）が千平方キロ。②北辺など、「海と陸」を半々にふくむ。③現在の陸地（博多市街）も、弥生期は海。④筑前の南域（春日市～太宰府をふくむ）と筑後北域は同じメッシュ。⑤春日市～太宰府の間が特に遺跡の濃厚なことは十分に意識。

これらの点が判明したのである。分布図は、その作り方（作製上の方法論）を十分に確かめて慎重に使用せねばならぬ。失礼ながら不適切な使用法によって、「我田引水」に走ってはならない。

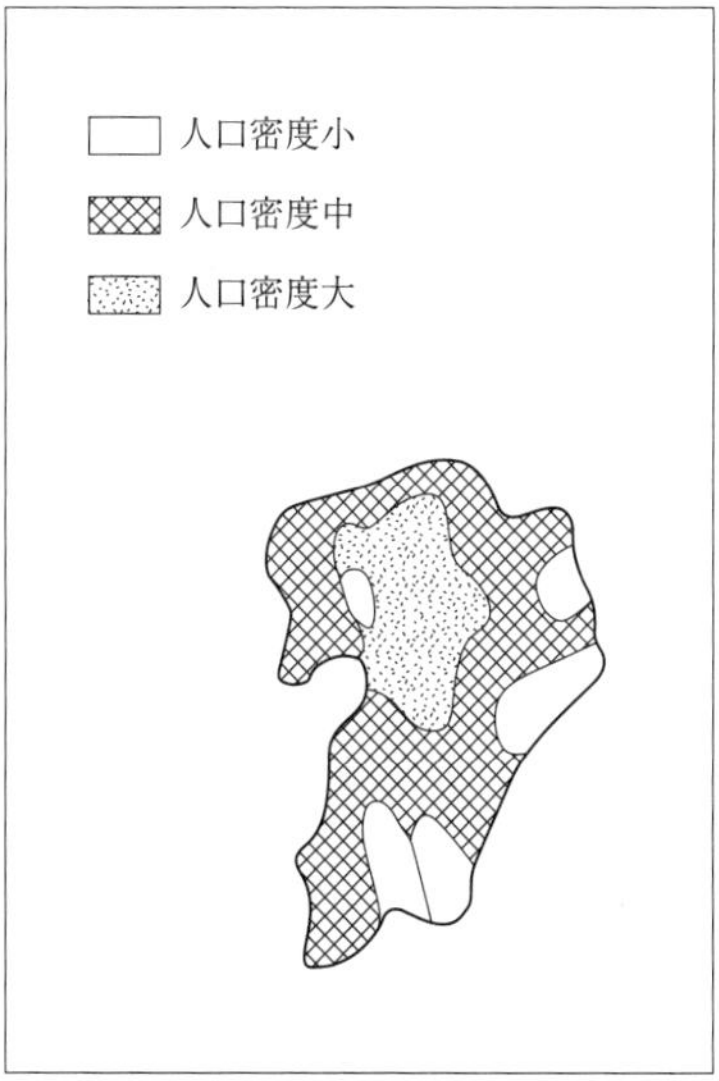


図2　弥生時代の人口分布

### (十六)「こわされた銅鐸」は何を意味するか

分布図問題は、「邪馬台国」近畿説に致命的な打撃を与える。なぜなら弥生後期（二～三世紀）の大和盆地は「金属器の空白」地帯だからだ。鉄が全く出土せず、銅も若干の鏃《やじり》の他、出土しない。奇妙なことに、銅鐸《どうたく》すら全く出土しないのである、周辺（徳島・

近江・遠江等）には巨大銅鐸の花盛りの真っ只中で。

日本列島の弥生期は、銅と鉄の文明だ。その中枢地（都）が無金属盆地とは。――ありうることではない。

また銅鐸分布図（広島県から静岡県まで）は同時に、銅鏃の分布地帯として知られている。しかし倭人伝には銅鏃の記載はない（骨鏃と鉄鏃のみ）。この点、古墳前期に入っても、近畿の古墳から銅鏃の出土することは著名だ。だから銅鏃問題一つとっても、「邪馬台国」近畿説は成り立たないのである。

もう一つ、目を奪う新問題がある。「こわされた銅鐸」だ。最初、巻向（奈良）遺跡で発見され、「こわれた」か「こわされた」かの論議を生んだが、やがて利倉・池上（大阪）、森広（香川）と各地で発見されるに及んで、他の力で「こわされた」ことが疑えなくなった。

では誰がこわしたのか。これに対する端的な答えは、戦後史学の骨髄を刺し貫く、そういう貫徹力をもつ。なぜなら全銅鐸圏（広島県から静岡県）の消滅直後、これにとって代わったもの、それは言うまでもない、天皇家による巨大古墳群の時代だ。従ってこの破壊者は天皇家（の祖先）、そう考えるほかない。

さらに一歩を進めよう。弥生後期末の、全銅鐸圏の消滅に先行して、弥生後期初頭前後から消滅（＝破壊）がはじまったところ、それが大和盆地だ。すなわち弥生後期（二一〜三世紀）の大和盆地は、天皇家（の祖先）という名の銅鐸破壊者の支配した小天地だったのだ。

これは『古事記』（『日本書紀』ではない）の伝承する、神武〜開化の九代、彼等が大和盆地に閉塞《へいそく》していたとされる時代、それとピッタリ対応している。この九代を架空と見なすことを、重要な理論的支柱としてきた津田史学、そしてそれを継承する戦後史学、それらはその立論の根底を疑われるに至ったのである。

歩を返そう。今「こわされた銅鐸」のしめす問題性は次のようだ。弥生後期の近畿は、二大対立の中にあった。大和なる銅鐸破壊世界とそれを取り巻く銅鐸神聖視世界との二者の、クッキリした烈しい対立のさ中に。もしこの根本事実を認めるならば、「邪馬台国」近畿説、すなわち〝大和を中心として九州に至る〟版図をもつような「大いなる邪馬台国」の概念など、一挙に消し飛んでしまわざるをえない。

### ㈦分布図は古墳期にも有効か

この分布図問題が卓効を放つのは、当然ながら弥生期だけではない。古墳期も同じだ。今、問題点を個条書きしよう。

㈠中国（南朝）の〝石造物（人・獅子《しし》）をもって陵墓を守衛する〟文明圏の一端にあるもの、それは九州（石人・石馬）だ。近畿（埴輪《はにわ》。土人・土馬）ではない（従って倭の五王は近畿天皇家ではなく、九州の王者だ）。

㈡南朝では再三「石人・石獣」禁止令が出されている（『宋書』）。だから石馬がないのは当然だ。天子の「石の獅子」だけが残されているのである（従って両者――中国と九州――に「石馬」が共通しない故をもって、影響関係を否定する見解〈森浩一氏〉は、不当であろう）。

㈢筑紫を囲繞《いにょう》する神護石群を作らせた者は、筑紫（太宰府）の権力者だ。近畿の天皇家ではない（〝瀬戸内海域に神護石がある〟との理由から、これを否定する論者〈松本清張氏〉は不当であろう）。

㈣これら神護石群をもって、〝近畿の天皇家が朝鮮渡来の技術者に自由に作らせた〟と見なす立場（李進熙氏）、それがいかに「朝鮮渡来の技術者」という点を強調しようとも、〝六～七世紀において、天皇家を九州に至る「統一」の中心と見なす〟という、ことの本質上、旧説から一歩も出ぬものだ。

右のように、分布図は頑固《がんこ》に率直な理解を要求しつづけている。

## おわりに

わたしは昨年、中小路駿逸氏を知った。愛媛大学の国文学の教授である。氏は自分の研究のために、中国（唐）の詩を検索されるうち、わたしの九州王朝説を裏づける数々の例証を見出されたのである（古田『関東に大王あり──稲荷山鉄剣の密室』参照）。

昨年末、わたしの宅を訪れられたとき、開口一番、氏は次のように言われた。

「目の前の本──『三国志』のことですが──に、邪馬壹国とあるのだから、そう書いたり、そう使う者には、何の説明もいらん。そうでない、『邪馬台国』だ、と言う方が、いろんな証明をしなければならない。それがどうも、逆になっていますな。古田さんに〝邪馬壹国が正しい〟という証拠をあげろ、などと言うのは」と。知己の言、否、知学の言とは、これであろう。

思えば、わたしの辿《たど》りきたった道、そこには何一つ、奇矯《ききょう》なる奇道はなかった。中国の同時代史書にそう書いてあるからそう読む。部分里程の総和が総里程に合わぬはずはないから、合うように読む（『三国志』倭人伝）。多利思北孤《たりしほこ》は阿蘇山下の男王と書かれているから、そう解する（『隋書』俀国伝《たいこくでん》）。いつも、そのような、明々白々の解読なのであった。「仮説」というような、ことごとしい名を当てることさえ、〝気がひける〟ほどの、平々凡々の大道であった。

この方法は、旧来の手法に馴れすぎた諸専門家には、あるいは〝笑止〟に見えたかもしれぬ。新たに専門家的手法になずみはじめた人々も、敵対する途次へと向かったかもしれぬ。

しかしながら、人間の世にはそのような人々ばかりではなかった。自明のことを自明として認める、そういう〝目の開いた〟人々が、ひとり、ひとりと出現しはじめているのを目のあたりにする、それは何たる、人間の歓喜であろうか。

筆硯《ひっけん》の道にたずさわる者が、墓下に未だ歩み入らざる以前において、このような過分の幸せに会おうとは。これを望外と言わずして何と言おうか。

なお前途はきびしい。誹謗《ひぼう》・中傷の声もさらに増大するであろう。けれども、それはよい。未来の朝、ひとり探究の門出を迎える孤立の探究者に向かって、その航路の少しでも安からんことを祈りつつ、この一編を手向けることとしたい。

なお、最後に切言する。前代の、また同代の探究者に対し、烈しい言葉、厳しい批判の数々を積み重ねてきたこと、それを深くここに謝したい。ただ未来に学問の大道の開けんこと、それのみを願ったからである。私怨《しえん》は一切ない。何とぞ寛恕《かんじょ》されんことを。

# 邪馬壹国の論理性——「邪馬台国」論者の反応について——

## 問題意識の初源

わたしは少年時代、つぎのように聞いたことがある。算術（算数）のときだ。〝解けなかったら、問題の一番はじめまでたちもどって考え直せ。そしたら、必ず解ける〟と。

思うに、日本古代史学界の難問とされた、いわゆる「邪馬台国」問題にたちむかったとき、期せずしてわたしを導いたのはこの鉄則だったようである。それは、近畿説・九州説相競う中で、史料の根本において〝重大な書き変え〟が行なわれている。——その事実を見たからである。

わたしの関心はつぎの点だった。〝原文（現存諸版本の文面）を改定するとき、そのために必要にして十分な論証がなされているか、否か〟と。学問研究において史料を使用する場合、これは根本の吟味だ。この重大事を抜きにして、「邪馬壹国→邪馬臺国」という書き変えを行なっていたとしたら、もしかりにそれが〝結果的に当たっていた〟場合ですら、学問の方法上、致命傷を犯したこととなろう。まして古代史上の問題は、〝結果的に当たっているか、当たっていないか〟それ自体、簡単には判明しない。

それが通例だ。だからこそ、「史料批判の省略」という、この飛躍は決定的に危険なのだ。

このような論理の筋道は、わたしにとってどうしても疑うべからざるものだった。

もっとも、『三国志』の中の「壹」と「臺」のすべての用例の調査をはじめたとき、わたしは自分に言い聞かせていた。〝まあ、十中八、九、かなりの数の「壹」と「臺」と両字の錯乱が見つかるだろう。そしたら、従来の論者が省略していた「蓋然性《がいぜん》の論証」を明瞭《めいりょう》にしめすことができる。それだけでも、意義はあるのだ〟と。

もちろん、その背後に、逆の場合——つまり、両字の錯乱実例が全く存在しないという場合を〝決して想像しなかった〟と言えば、うそになろう。けれども、やはり〝まさか、そんなことにはなるまい〟そう思って調査をすすめていったのである。

しかし事実は、十中の一、二の方だった。両字の錯乱として〝認識できる〟実例を一例も発見できなかったのである。このようにしてわたしの第一論文「邪馬壹国」の基本の論点は成立した。

## 至高文字の存在

第二の論点は、右の調査の最中に見出された。「臺」の字が魏《ぎ》志におびただしく出現するのに対し、蜀《しょく》志・呉志には少ない（魏志四八個、蜀志二個、呉志八個）。しかも魏志の「銅爵臺」「金虎《きんこ》臺」といった、固有名詞としての三世紀の宮殿を指す用法は、他の二志には全く出現しないのである（遄《せん》臺〈魏志第十二〉・鸞《らん》臺〈魏志第十九〉を追加。後記）。

〝これは見逃せぬ現象だ〟——わたしにはそう見えた。しかも「臺に詣《いた》る」（魏志第二十四、第三十〈倭人伝〉）といった用法では、「臺」の一語で〝魏の天子直属の中央官庁〟を指していた。いや、むしろこれは、端的に言えば「天子に詣る」という句と同義と見られるのである。

〇魏臺、物故《ぶっこ》の義を訪《と》う。高堂隆、答えて曰《いわ》く……。（蜀志第一、裴松之《はいしょうし》註）

高堂隆は魏志第二十五の伝に詳記されているように、魏の明帝に対する「正諫」「補導」の高士であった。それゆえ、右の「魏臺」は他ならぬ、この明帝を指している用法だ。つまり「魏の天子」と呼ぶ代わりに「魏臺」と記しているのである。これは裴松之の文章であるから五世紀の用法だとも言えるけれども、反面、その典拠は当然魏代（三世紀）の史料にもとづいているものと思われる。つまり、ここでも「臺」は「天子」その人を指す用法として用いられているのだ。これは先の「臺に詣る」＝「天子に詣る」の場合と同一の用法である。

すなわち、右の用例から見ると、三世紀の魏晋《ぎしん》朝において「臺」が〝至高の意義をもっていた〟という事実は疑えない。こうしてみると一方で夷蛮にふさわしく、「卑」「邪」といった卑字をもって倭人伝の倭国の固有名詞を表記した魏晋朝の記録官や史官（陳寿等）が、同時に同じ文面、同一句中にこのような至高文字「臺」を表音漢字として使用した――他におびただしく存在する「タイ」「ト」に当たる表音漢字を一切斥《しりぞ》けて――、そのような可能性は到底ありえない。これは不可避の道理だ。わたしにはそう考えるほかなかった（なお、これを「天子の諱《いみな》」のような〝直接の使用禁止文字〟の問題と混同してはならぬ。あくまで朝廷内の記録官・史官たちの、夷蛮固有名詞表記のさいの〝用字選択の妥当性〟の問題である）。

## たゆまぬ検証の成果

右のような二つの理路を、わたしは第一論文「邪馬壹国」の中に書いた。その末尾はつぎの句で結ばれている。

「特にこの際銘記さるべきは次の一点であろうと思われる。すなわち、今後再び、三世紀における『邪馬臺国』の存在を前提して立論せんと欲する学的研究者には、再史料批判上、『臺』が正しく『壹』が誤である、という、必要にして十分なる論証が要請される、という一点である」

そしてわたしは、この昭和四十四年九月以降、いわゆる「邪馬台国」論者がいかなる対応をしめすか。それを注視したのである。

その反応はつぎの各種の型に分かれていた。

第一の型は、一切〝口を閉ざす〟手法である。わたしの、史料批判の根本に対する問いかけを無視し、「邪馬台国」という命題があたかも今もなお「自明の真理」であるかのようにふるまう。それがいかに著名の学者のものであっても、この人々には学問的率直さが欠けている。失礼ながら、わたしにはそのように見えたのである。

第二の型は、〝邪馬臺国でなく、邪馬壹国だという説もあるが、採用しがたい〟とだけ言って、反証の論理を一切しめさぬまま〝切り捨てる〟やり方である。あるいは〝いろいろ反対説も出ているから、わたしは採用しない〟といった抽象的な言いまわしで切り抜け、自分自身の積極的な反論を避けているものも、これに準じよう。

思うにこれらの論者は〝自分は通説側に立っている〟という安心感に依拠しているのであろう。その上、〝高名な自分が、こう言うのだから、明確な理由などしめさずとも、人々は信用してくれるだろう〟そういう「自己の世評」の上にあぐらをかいた筆法ではあるまいか。すでに真実に対して誠実な姿勢はどこかに置き去られている。わたしにはそのように見えた。

なぜなら、反対理由が一切明示されていないから、わたしの方からこれに対する再反論もできぬ。すなわち〝論争の中で真理を深める〟この学問の大道から、みずからを敢えて遠ざけているのであるから。

これに対して第三の型は、わたしには敬重すべき人々と思えた。この人々は、わたしに対して一定の理由をしめして反論されたからである。

わたしはその反論に聴き入り、その中に一片でも真実があれば、直ちに従いたい、と思った。けれども、結果としては、いずれもわたしに〝意外とするもの〟を見出しがたい。そういう帰結に達するほかはなかったのである。それらを個条書きして左にしめそう。

(一)中国の史書・宋版の各本および『三国志』中に〝あやまりがありうる〟ことをしめすことによって、わたしへの反論になる、としたもの。

この方法は、率直に言って〝わたしの立論への反証とはなりえない〟という論理的性格をもつものだ。なぜなら、いつの時代のいつの書物でも、〝可謬《かびゅう》性〟をもつ。それは人間の手による産物である限り、当然の原則だ。だからこそ、わたしは「壹と臺」という特定文字に対する、具体的な検証に立ち向かったのである。すなわち、わたしの調査はまさにその〝可謬性の原則〟そのものから出発しているのであるから。

その上、「壹」と「臺」という特定字の検証のみによって、『三国志』全体はもとより、宋版全体、さらには中国の史書全体の「無謬性」など到底主張しうるはずはない。これは自明の真理ではあるまいか（『三国志』魏志倭人伝中の「絳地」（景初二年十二月詔書）の語について、裴松之が「此の字、体ならず。魏朝の失に非《あらず》んば、則《すなわ》ち伝写者の誤りなり」として、〝『三国志』文面のあやまり〟について推定している。また、わたしも、宋版紹興本、『三国志』倭人伝の「対馬国」の「馬」は「海」（紹熙本《しょうき》）のあやまりと見なした）。

㈡『後漢書』の方に明らかに「邪馬臺国」という字面がある以上、〝古田の「卑字と貴字との背反」の論理は成立できない〟と論じたもの。

この問題は、わたしの第二書『失われた九州王朝』――以下第二書と呼ぶ――（第一章二）において詳記した。『後漢書』の「邪馬臺国」は、范曄《はんよう》がこの本を書いた五世紀における、倭国の国名である。この時代には、「臺」の唯一性はすでに失われていた。なぜなら、西晋滅亡の三一六年以後、中国はいわば「臺のインフレ」の時代に突入した。五胡《こ》十六国相競って「臺」を各地に乱立させたからである。すなわち、三世紀の『三国志』には三世紀の道理があり、五世紀の『後漢書』には五世紀の道理がある。――この平明な真理をわたしは見失うことができない。この歴史的時間の誤差を安易に交錯させたこと、ここに従来説の致命的なおとし穴が存在したのである。

㈢『隋書』『梁書』『北史』『通典』『太平御覧』等、七、八世紀以降の各種唐宋代史書類に「邪馬臺国」とあることは、『三国志』の原形にもそのようにあった証拠だ、という論。

これは三世紀と七、八世紀との間に、五世紀の『後漢書』が存在することを忘れた議論ではあるまいか。三世紀の「邪馬壹国」は五世紀において「邪馬臺国」という国名へと、いわば拡大して継承された（「壹＝倭」→「臺＝大倭」、第二書ミネルヴァ書房版一五〇ページ参照）。それゆえ、七、八世紀以降の唐宋代史書類がこれ（後者）によって記録したのは当然だ。「日本の神武天皇」「中国の孔子」といって怪しまないように、古い名称を後代名称によって〝置換〟して表記する。これは中国史書でも慣例的な手法なのである（第二書ミネルヴァ書房版五六ページ参照）。それゆえ、これもまた、何等わたしへの反論となりえない性質の問題であるというほかない。

以上、右の三種類の反論は、遺憾ながら、いずれも、わたしの従うところとはなりえない性格のもの、と言うほかはなかったのである。

## 文字の機能と文章

わたしはこれまでわたしへの反論を賜わった方々に対して、逐次再反論の論文を発表させていただいてきた。

(1)「邪馬壹国の諸問題」（上下）――尾崎・牧氏への再批判――
〈史林五五―六　五六―一　昭和四十七・八年／『邪馬壹国の論理』に所収〉

(2)「邪馬壹国論――榎一雄氏への反論」（全十回）
〈読売新聞夕刊、昭和四十八年九月十日～二十九日／『邪馬壹国の論理』に所収〉

(3)また、昨年「続日本紀研究」第一六七号に一挙に掲載された、久保泉氏と角林文雄氏の、わたしの立論への御批判に対しても、わたしの再批判論文を用意している（「邪馬壹国の論理と後代史料――久保・角林両氏の反論に答える――上・下」「続日本紀研究」一七六・一七七、昭和四十九年。後記）。

さて、右の三論文に洩《も》れたものにつぎの著書がある（ただし、右の(3)の中で、左の著書中の、久保氏の所引部分だけは扱った）。

大庭脩氏『親魏倭王』（学生社刊、昭和四十六年十二月）。
氏は『三国志』魏志倭人伝中の文面に〝あやまり〟のある証拠として、つぎの二例をあげられた。これに対して吟味を加えよう。

㈠「遣使」問題

A（景初二年六月）……太守劉夏、吏を遣はし、将《ひき》いて送りて京都に詣《いた》らしむ。
B（其の十二月）詔書して倭の女王に報じて曰く、「……帯方の太守劉夏、使を遣はし、……」

すぐ近接した文面である上、同一事実を指しているのに、Aでは「遣吏」、Bでは「遣使」だ。これについて大庭氏は「これは当然、中国の制度の上から吏に統一すべきところである」と言われる。「中国の制度」とは、「皇帝の官僚である帯方郡の太守が、皇帝に対して使を遣わすということはあり得ないのであって、郡太守が皇帝に報告する必要がある時は、とうぜん部下の吏をつかわすものだという当時の制度」のことだ、と解説しておられる（同書一九六ページ）。

一見、明快にして疑う余地のない理路と見える。しかし、『三国志』の表記様式を調べてみると、氏の論断には思いがけぬ盲点が伏在している。

(a)（正始四年）冬十二月、倭国女王俾弥呼、遣使奉献。（魏志第四、斉王紀）

ここで注目されるのは「俾弥呼」という表記だ。倭人伝では全出現個所、五か所とも、「卑弥呼」である。従って「卑＝俾」は共用と見るほかない（この個所、本書二七ページ参照）。

(b)倭人伝中、つぎのような表記がある。

(イ)始度二一海一。（狗邪韓国――対海国間）

(ロ)又南渡二一海一。（対海国――瀚海――一大国）
(ハ)又渡二一海一。（一大国――末盧国）

これによってみると、「度＝渡」の共用であることがわかる。

(c)『三国志』紹熙本によってみると、魏志の背文字（一紙の中央の折半部にある「魏志」の字）は、「魏志」「委志」「鬼志」が交々《こもごも》出現している。すなわち「魏＝委＝鬼」の共用であることがわかる。

(d)これと類同するのがつぎの例だ。

(イ)漢委奴国王印（後漢の光武帝、志賀島出土の金印）
(ロ)如レ墨委面（『漢書』如淳註――倭人項）

これらに対して、『漢書』（本文）・『三国志』では、「倭」字が使われていることは周知の通りだ。してみると、後漢代（(イ)と『漢書』本文）、三国期（魏の如淳註と『三国志』）とも、「委＝倭」の共用期であると見なされる。

以上(a)〜(d)の諸例から帰納すべき点は何か。それは、『三国志』はいまなお漢字の、いわば形成期に当たっており、「イ《にんべん》」「氵《さんずい》」等の「へん」の有無にかかわらず、「共用」されることが多い、という一点である。

このような史料事実からみると、問題の「遺吏」と「遺使」の場合も、おのずから帰結は自然に導かれよう。すなわち「吏＝使」は「共用」であり、いわば〝未分化〟の状況にあるのである。

これは単なる、史料状況からの推定にとどまるものではない。つぎの実例がそれを証明する。

(イ)乃以レ表為二鎮南将軍・荊州牧一、封二成武侯一、仮節。天子都レ許。表、雖二遺レ使貢献一、然与二袁紹一相結。（魏志第六）

(ロ)以レ謙為二徐州刺史一、……天子都二長安一。四方断絶、謙遣レ使間行致二貢献一。遷二安東将軍・徐州牧一、封二溧陽侯一。（魏志第八）

(イ)では表（劉表）は鎮南将軍で荊州の牧であったが、天子に対して「使を遣わして」いるのである。
(ロ)では徐州の刺史であった謙（陶謙）が天子に「使を遣わして」いる。

反面「遣吏王欽等」（魏志第十二）といった用例も存在するから、やはり「使＝吏」は〝共用されている〟というべきであろう。すなわち「使と吏」峻別《しゅんべつ》の議論は、他の時代や他の文献（たとえば唐宋代史書類）にはふさわしくとも、『三国志』には適用しえないことは明らかである。

こうしてみると、大庭氏の理路は、『三国志』表記の実際を検証しないままでの立論であったことが判明する。

## (ニ)「建中校尉」問題

○正始元年、太守弓遵遣二建中校尉梯儁等一奉二詔書・印綬一詣二倭国一。（倭人伝）

右の「建中校尉」について、大庭氏は「建忠校尉」のあやまりだろう、と推定されている。その理由は、

(イ)呉には建忠中郎将と建忠都尉がある。
(ロ)「魏には建忠将軍があることは『三国志』で明らかなのだ」、従って倭人伝の場合も、「建忠」が正しい。

とされるのである。

けれども、右の(ロ)について疑問がある。『三国志』魏志中の「建忠将軍」の例を見よう。

ⓐ鮮于輔、将二其衆一奉二王命一。以レ輔為二建忠将軍一、督二幽州六郡一。太祖与二袁紹一相二拒於官渡一。
……文帝践阼、拝二輔虎牙将軍一。（魏志第八）

ⓑ董卓敗……繍随レ済、以二軍功一稍遷至二建忠将軍一、封二宣威侯一。……太祖南征。（魏志第八）

ⓐは「文帝践阼《せんそ》」以前であるから、魏以前、つまり漢末の記事である。同じくⓑも董卓《とうたく》の乱後、太祖の活躍していた時期であるから、漢末の記事だ。すなわち、この「建忠将軍」は漢制の官名なのである。これは『三国志』以外の典拠でも同じだ。

ⓒ建忠将軍・昌郷亭侯鮮于輔……等勧進、帝命無二或拒違一、公乃受命。（『魏書』――魏志第一、裴松之註、所引）

これは「魏書」に出てはいるものの、やはり漢末の有名な事件だ。太祖に対し、臣下としての最高の位たる「魏国之封、九錫之栄」を贈るよう、諸侯・諸将軍が天子（漢の献帝）に勧め、天子はこれを命じたため、公（太祖）はこれを受けた、というのである。この諸将軍名中に出てくるのが「建忠将軍」だ。これはⓐと同一人物（鮮于輔《せんうほ》）である。

このように魏志・魏書に出てくる、この官名は実は漢代の称号だ。そして文帝践祚後、すなわち明らかに魏朝になってからは出現しないのである。この点を大庭氏は見誤られたのではあるまいか。

次に「建中」の字義を考えよう。

大庭氏は「中郎将や校尉の冠っている称号は皆意味のよく通ずるものであったが、建中というのは何とも通じにくい組合せである」と言われる。果たしてそうだろうか。

(イ)王懋昭二大徳一、建二中于民一。〈懋＝勉、つとめる〉（『書経』仲虺之誥）

この「建中」は「建極」と同義であり、〝中正の徳を定める。標準とすべき道をたてて示す〟（諸橋轍次

『大漢和辞典』）の意だ。唐・宋代には年号にも用いられている。

さらに注目すべきは左の用例だ。

(ロ)昔劉備自㆓成都㆒至㆓白水㆒、多作㆓伝舎㆒、興費人役、太祖知㆓其疲㆑民也。今中国労㆑力、亦呉・蜀之所㆑願。（魏志第二十二）

(ハ)柔所㆑統烏丸万余落、悉徙㆓其族㆒、居㆓中国㆒。（魏志第三十、烏丸鮮卑伝）

右の(ロ)では呉・蜀に対して、(ハ)では烏丸《うがん》に対して、いずれも魏を「中国」と誇称している。三国分立の中で、自己のみが正統の天子の国であることを、意識して他にしめそうとした筆法であろう。すなわち、三国期においてこそ、この「中国」という魏の自称は、ことさら重要な〝使用意義〟をもったものと思われる。こうしてみると、「建中校尉」という称号は、無視できぬ響きをもって感ぜられるではないか。

正始元年、魏の天子（従って帯方郡の太守弓遵《きゅうじゅん》）が「建中校尉梯儁《ていしゅん》等」を遣わし、銅鏡百枚をふくむおびただしい財貨を授与したのは、当時の政治状勢から見れば、倭国が真西の海上近接した呉に「朝貢」せず、正統の天子の居《きょ》する「中国」（魏）にはるばると貢献しきたったことを賞美したものと見られる。こうしてみると、ここに出現する使者の官名が「建中」であることは、まことにふさわしき字面をもつもの、と見ることができよう。

このように検しきたれば、大庭氏の、この語の字義に関する疑いもまた、根拠なきもの、といわざるをえないのである。

以上を簡約しよう。

はじめにのべたように、わたしの立論は「三国志無謬《むびゅう》説」とは関係がない。従って必要にして十分な論証をもってすれば、〝『三国志』のあやまり〟を指摘しても、何等さしつかえないのである。これがわたしの立場だ。だから、この大庭氏の論は、ことの本質上、わたしへの反論とはなりえぬ性格の議論なのであった。

その上さらに、明らかになったことは、氏の挙げられた事例それ自身について見ても、それは〝『三国志』のあやまり〟と速断できるものではけっしてなかったということだ。それが検証の帰結である。

ただ、大庭氏は右の著書では、わたしの第一論文「邪馬壹国」だけしか参照されえなかった。従って『「邪馬台国」はなかった』『失われた九州王朝』を参照されたならば、その論点はいささか変化されたかもしれぬ。早い段階における氏の御批判の労に感謝したい。

## 史料に依拠するものの勁さ

最後に方法上、肝要の一点につき、簡明に個条書きしよう。

(一)(1)後代の研究者が原文面(『三国志』の現版本)を〝あやまり〟だ、として改定しうるためには、それ(原文面)があやまりであり、これ(改定文面)が正しい、という必要にして十分な論証が必要である。

(2)右の論証が「必要にして十分な論証」ではないことが反証されれば、その「後代改定」は根拠を失う。

(その「後代改定」がいかに長期——たとえば江戸期より現代まで——にわたって「定説」視されてきたとしても、本質は同じだ)

これをつぎのように〝逆立ち〟させてはならない。

(二)(1)すなわち定説視されてきた「後代改定」を疑う者には、その「改定文面」が決してありえないことの、完璧《かんぺき》な証明が必要とされる。
(2)逆に「定説」の側に立つ者は、〝「後代改定」の方もまたありうる〟ことをしめせば、〝「後代改定」の正当性（「定説」性）は証明された〟ものと見なす。
右の(一)が〝史料に依拠する〟立場であるのに対し、(二)は〝定説に依拠する〟立場だ。多くの「邪馬台国」論者は(二)の立場にとじこもろうとする。しかし、いかなる「定説」も、〝史料の上に立脚した論理的厳密性〟をもっていなければ、無意味だ。それなしには、何の権威もありえぬ。――わたしにはそのように見えているのである。

〈補論一〉

なお、同書二〇六ページに大庭氏のふれておられる、(A)「帯方太守劉昕《りゅうきん》」（魏志韓伝）、(B)「帯方太守劉夏」（倭人伝）、(C)「鄧夏」（『日本書紀』神功紀所引）の異同について、一言附記させていただく。
(A)は「景初中、明帝密遣二帯方太守劉昕・楽浪太守鮮于嗣一、越レ海定二二郡一。」とあるものだ。これは景初二年一月、明帝の公孫淵《こうそんえん》討伐令発布にともなう〝公孫淵夾撃《きょうげき》作戦のための先制行動〟であった。したがって、この年の〝一月前後〟だ。これに対し、(B)は明白に同年の〝六月頃〟の記事中のものだ。したがって、劉昕は六月以前に転任するか、または没し（たとえば公孫淵攻略中の戦死）、六月には同じ劉氏の一員劉夏がその（帯方太守の）後を継いでいた。――これが自然な理解だ。この両者を同一人物と見なすいわれは全くないのである（これに対し、両者の「同一人物」であることが確定してこそ、はじめて〝「昕」か「夏」か、いずれかが誤字だろう〟という、大庭氏の「推定」につながりうる。しかし、その〝確定証明〟は、何等存在しない）。

また(C)の『日本書紀』の場合。百済系史料からの孫引きである（第二書ミネルヴァ書房版二四一ページ参照）上、特にこの部分は、後代改定の多い卜部本系の写本しか存在せず（北野本はこの個所欠落）、これをもって現存宋版（紹熙本、紹興本）の文面を疑うことは、史料批判上危険である。

その上、卜部本系中、最も古い写本とされる熱田本では「劉」（「つくり」が「阝」でなく、「刂」と見える）ながら、一見「鄧」に似た行・草書体が書かれてあり、ここに「劉→鄧」と変化した一因があるようである。また「内閣文庫本、一本」（和、一九〇九三番）では明確に「劉」である。

それゆえ、このような写本間の異同を一切考慮せず、〝日本書紀、神功紀は「鄧夏《とうか》」だ〟という「断案」（岩波古典文学大系のように卜部兼右本〈天理図書館蔵〉だけに依拠した「活字本」によられたのであろう）の上に立った議論の史料的基礎は、意外に脆《もろ》いのである。

したがって、ここに『三国志』（宋版）の錯乱を見出そうとする大庭氏の提言は、各写本間の史料性格を厳密に処理する限り、容易には成立しがたい、というほかないのである。

〈補論二〉

なお、「魏晋朝の短里」問題について、わたしの立論に対する貴重な反論をよせて下さったものに、山尾幸久氏『魏志倭人伝』（昭和四十七年七月、講談社現代新書）がある。今回、これに対するわたしの再批判を記させていただくつもりであったが、枚数が許さず、別稿において詳論することとした。（「魏晋（西晋）朝短里の史料批判――山尾幸久氏の反論に答える」『邪馬壹国の論理』ミネルヴァ書房版一八六ページ。本書では一五三ページ参照）

# 「謎の四世紀」の史料批判

## はじめに

日本古代史の通路に立ちふさがる、巨大なスフィンクスがある。

それは「謎《なぞ》の四世紀」と呼ばれる〝不明の世紀〟だ。この一世紀間の暗闇《くらやみ》に乗じて、戦後多くの仮説が続々と生産された。たとえば「騎馬民族説」、たとえば「応神東征説」等々。しかし、この世紀の真相は本当に「謎」なのだろうか。果たして〝不明〟なのだろうか。本稿では、この問題に立ち向かいたいと思う。

まず問おう。なぜ、「謎の四世紀」などと、従来言われてきたのだろうか。その理由は、ほかでもない。何といっても〝史料がない〟とされたことだ。三世紀には『三国志』があり、その中の魏志倭人伝に邪馬壹国の女王卑弥呼のことが書かれている。一世紀間飛んで、五世紀になると、『宋書』がある。その中の倭国伝には倭の五王のことが書かれている。

この二書とも、同時代史料だ。まさにその時期の倭国のことが書かれているのだ。著者は、当時の中国側の朝廷内にあって、〝倭国の使者に実際に会って〟記録した人たち、もしくはその同僚たる史官である。従って史料としての信憑《しんぴょう》性は極めて高い。ところが、問題の四世紀の場合、そのような同時代史書がないのだ。

こう言うと、すぐ問いかえす人々がいるかもしれぬ。〝そんな外国史料のことなど、言わなくてもいい。わが国には『古事記』『日本書紀』があるではないか?〟と。しかし、『記・紀』は八世紀成立の後代史料だ。だから、史料批判なしに、その記事をそのまま「史実」として採用することはできぬ。とすると、問題はやはり、中国史料だ。倭国に隣接した、この稀代《きだい》の記録文明圏。その中国の中には、本当に〝四世紀の倭国についての記録〟は存在しないのだろうか? たしかに従来の古代史家は、〝それはない〟と言ってきた。しかし、わたしはこれに対し、ハッキリと〝否!〟と答えたい。――〝四世紀の中国史料は厳然と存在する〟のである。

## 『南斉書』の証言

その第一は『南斉書《なんせいしょ》』倭国伝だ。

「倭国。(A)帯方の東南大海の島中に在り。漢末以来、女王を立つ。土俗已《すで》に前史に見ゆ。(B)建元元年、進めて新たに使持節・都督、倭・新羅《しらぎ》・任那《みまな》・加羅《から》・秦韓《しんかん》・〔慕韓〕六国諸軍事、安東大将軍、倭王武に除せしむ。号して鎮東大将軍と為せしむ」(「慕韓」は脱落。(A)・(B)は古田)

右の後半部(B)については、時として従来の論者もふれてきた。『宋書』の倭王武の上表文(昇明二年、四七八)の翌年の、南斉代の授号である。しかし、この前半(A)のもつ絶大な意義については、従来の論者は空しく見過ごしてきたのである。

この冒頭の一句「帯方の東南大海の島中に在り」が、同じく「倭人伝」の冒頭の左の句を下敷きとしていることは明白だ。

倭人は帯方の東南、大海の中に在り、山島に依りて国邑《こくゆう》を為す。（魏志倭人伝）

この先文を一句に圧縮しているのである。従って次の「漢末以来、女王を立つ」とは、卑弥呼・壱与のこと、「土俗已《すで》に前史に見ゆ」とは、直接には『三国志』の倭人伝を指すこと、一点の疑いもない。

さて、この『南斉書』の著者、蕭《しょう》子《し》顕《けん》（—五三七、梁）は南朝の官僚である。南朝の宋・斉・梁の三朝に歴任している。「給事中」（天子の左右に侍し、殿中の奏事を掌《つかさど》る官）の職にあった（梁書第二十九）。すなわち、倭王武の使者たちに対し、中国の天子のかたわらにあって直接面接し、応答していた、当の三朝の史局を背景にした人物なのである。その人物が〝この倭王武の王朝は、『三国志』の魏志倭人伝に記せられた女王たち（卑弥呼・壱与）の後継王朝である——〟そのようにハッキリと記述しているのである（これを以下、〝『南斉書』の証言〟と呼ぶ）。

この証言のもつ、史料としての信憑性はきわめて高い。だから、いわゆる「騎馬民族説」であれ、いわゆる「応神東征説」であれ、〝三世紀の倭国と五世紀の倭国との間には、王朝の系列（権力の本質）において大きな断絶があった〟、このような見地に立つ、従来のすべての仮説は、右の史料事実——〝『南斉書』の証言〟をあまりにも安易に無視していたのである。

## 「倭の五王＝九州」説の根拠

右の〝『南斉書』の証言〟の内実を、さらに具体化して考えてみよう。

いわゆる「邪馬台国＝大和」説は、右の証言に一応はパスしている。なぜなら〝三世紀も五世紀も、近畿に倭国の都があった〟という立場だからである（もし、同じ近畿内に属する「大和→河内」間といった、都の〈微細な〉移転の場合なら、それは全東アジア的見地から見れば、いわば「コップの中の波紋」にすぎず、いちいちこれが中国史書に記載されねばならぬとは言いがたいであろうから）。

けれども、これに対して〝四世紀段階に外部から近畿（都）への、大規模な侵入があった〟というような仮説となると、話は別だ。右の〝『南斉書』の証言〟という史料事実を無視ないし軽視しないかぎり、容易には成立しがたい。ことに〝その侵入者は、朝鮮半島から出発した侵入軍だった〟といった話になると、なおさらだ。それは確実に〝東アジア内部の勢力分布図の一大変動〟をひきおこす、大きな事変であるというほかない。だからその一大変動が、中国正史の証言にいっさい反映していない――そんなことはどうしても考えがたいのである。「邪馬台国」問題で横行した、あの恣《しい》意的な「中国官人偽報告説」や「倭人虚言説」でも、〝厚顔に〟「復活」させないかぎり、それは到底不可能であると言わねばならぬ。

しかしながら、右の場合以上に、〝頭から成立しがたい〟ものは、「邪馬台国＝九州、倭の五王＝近畿」説だ。従来の「邪馬台国」九州説論者の、ほとんどすべてはこれに属していた。

けれども、右の〝『南斉書』の証言〟の指示するところに従えば、「卑弥呼＝九州」説は、同時に「倭の五王＝九州」説に帰着せねばならない。それが必然の道理だ。従来の「邪馬台国」九州説論者がこの一点に今後〝目をそむける〟こと、それはもはや許されないのである。

## 邪馬嘉国の問題

右の証言は、中国の正史たる同時代史料にもとづいている。だから、良心ある歴史探究者なら、決して無視することの許されぬ史料性格をもっている。

〝だが、あまりにも、理屈っぽい。もっと直接の史料はないのか。四世紀に出来、まさにその世紀の倭国のことを書いた、生《なま》の史料は？〟。そのように反問する読者もあろう。これにわたしは再び答えよう。――〝それは、ある〟と。

『翰苑《かんえん》』の注記に引用された、『広志』がそれである（翰苑第三十巻、太宰府天満宮蔵）。

「広志曰倭国東南陸行五百里到伊都国又南至邪馬嘉国百女国以北其戸数道里可得略載次斯馬国次巴百支国次伊邪国安倭西南海行一日有伊邪分国無布帛以草為衣盖伊耶国也」（字画は太宰府原本のまま）

（広志に曰《いわ》く「倭（＝倭）国。東南陸行、五百里にして伊都国に到る。又南、邪馬嘉国に至る。百女国以北、其の戸数道里は、略載するを得可し。次に斯馬国、次に巴百支国、次に伊邪国。安（＝案）ずるに、倭の西南海行一日にして伊邪分国有り。布帛《ふはく》無し。草（革か）を以て衣と為す。盖《けだ》し伊耶国也」）

かつてある論者が、この史料によってわたしに反論したことがある（角林文雄氏「倭人伝考証」〈下〉「続日本紀研究」、一六七号）。その要旨はこうだ。

〝倭人伝の「邪馬壹国」がここでは「邪馬嘉国」と書かれている。だから、古田が「『臺』と『壹』が書き誤まられることは全くない」というのはまちがいだ〟と。このように主張されたのである。

先ず、わたしの説を〝一般的な「壹——臺」間無謬説〟としてうけとったのは、明白な誤解である（古田『邪馬壹国の論理』参照）。わたしはただ〝『三国志』という史料において両字間の錯誤と認識しうるものがない〟ことを実証的に確認しただけなのであるから。

しかし、誤解のもう一つの根本は次の点にある。この「邪馬嘉国」を倭国の〝中心国名〟だ、ときめこんだ点だ。わたしは直ちに反論を書いた（「邪馬壹国の論理と後代史料」『続日本紀研究』、一七六、七号）。ところがその後、これを見ないまま、依然同じ問題をくりかえしている人々が現われている（たとえば鈴木武樹氏「異説・珍説邪馬臺国論を斬る」「別冊週刊読売」、特集「邪馬台国の謎に挑む」所収、松本清張氏「東夷伝の世界」第二一回朝日ゼミナール特集「邪馬台国」第二部）。

そこでわたしの右の論点を先ずハッキリさせておこう。最大のポイントは、〝この「邪馬嘉国」は「倭国の傍国」であって、決して「倭国の首都」とは言えない〟この一点だ。なぜなら、この「邪馬嘉国」が「女王の都する所」だ、といった説明は、この文面に全くないからである。

ただ三字中の二字、つまり「邪馬＝山」は確かに共通している。〝だから第三字も一緒だろう〟——これが三氏のおちいられた陥穽《かんせい》なのだ。しかし、魏志倭人伝も、冒頭で「山島に依りて」と正しくのべているように、倭国は山多き島国だ。当然「山——」という地名は多い。九州北・中部だけでも、山口・山家・山門・山鹿・山田等々、数多いのだ。これらすべてを〝同一地点だ〟などといって一つにくれるだろうか。無論、できはしない。こうしてみると、三氏の〝思いこみ〟の基礎はあまりにも脆《ぜい》弱《じゃく》だったのである。

第二に、この文面の末尾を見よう。

「西南海行一日にして伊邪分国有り。布帛無し。草（あるいは「革」か）を以て衣と為す」

この伊邪分国は、岩波文庫本（魏志倭人伝等、九三ページ）も「分」に「久か」と注記している通り、屋久島のことだと思われる。のちの『隋書』流求国伝（第四十六、俀国伝の直前）の大業四年（六〇八）の項に「夷邪久国」のことが出ている。その国人の用いる「布甲」をちょうど中国に来朝していた俀国《たいこく》使に判定してもらう、という話である。これは明らかに流求国の東北に当たる「屋久島」のことである（ただし、表記上は必ずしもこれを「伊邪久国の誤り」とする必要はない。なぜなら、この直前の「伊邪国」に対する〝伊邪国の分国〈古代植民地〉〟の意とも考えられるからである）。

右の事実から考えると、次の二点が注目される。㈠この史料は倭国の「傍国」の数々について書いている。㈡ことに魏志倭人伝にもない、九州の南方の島にまで筆致が及んでいる。

すなわちこれは、まぎれもなく「倭国の傍国史料」だ。——こういう史料性格が浮かび上がってくるのである。

とすると、この「傍国史料」に出現する「邪馬嘉国」もまた、「倭国の傍国」である、という可能性がきわめて高い。そしてこの地名は、熊本県の「山鹿」の表音表記であるという可能性が高いのである。なぜなら、「伊都国——伊邪分国」間にこの地点は位置している。すなわち、伊都国を知り、さらに南方の島まで書いた筆者が九州中部の「山鹿」のことを知っていて書いた、としても、何の不思議もないからだ（和名抄、筑後国風土記逸文等に「山鹿郡」〈夜万加〉あり）。

少なくとも、「ヤマ」の二音の相似から、この国を「倭国の中心国名」と見なす必然性は——論者の好みによる「恣意的な判断」は別として——まったくない。従ってこの文面に依拠して〝見よ、ここにも「壹」または「臺」が「嘉」とあやまられている〟。このように呼称することは、史料批判上の根拠を根本的に欠いているのである。

以上がわたしの先の反論の要旨であった。思うに、三氏とも、岩波文庫本が「又南至邪馬臺国」（圏点は訂正した文字――原註）と原文改定して版刻した、その性急な誤断を不幸にも〝いわれなき先入観〟としたまま、自家の反論を不用意に出発させてしまわれたのではあるまいか。

## 「傍国」説と史料分析

以上がわたしの反論だ。だがその後、論証はさらに進展した。『翰苑』倭国項の構成全体を見ると、右の「傍国」説はさらに確かめられることが判明したのである。

(A)山に憑《よ》りて海を負《お》うて馬臺に鎮し、以て都を建つ。

注①後漢書曰「……其大倭王、治㆓邦臺㆒。……」

②魏志曰「〈後述〉」

③地の文（後述）

(B)邪《ななめ》に伊都に届き、傍ら斯馬に連《つらな》る。

注、広志曰「〈今、問題の本書一一五ページの文〉」〈本文は唐の張《ちょう》楚金《そきん》撰。顕慶五年〈六六〇〉。注は雍公《ようこう》叡《えい》〉

右の(A)は倭国の首都だ（ここに「馬臺」というのは、後代名称「邪馬臺国」にもとづく、唐代の著者の造文だ。「邪馬壹国」は三世紀、「邪馬臺国」は五世紀の国名表記である。次に(A)の注①の場合、『後漢書』の「首都記載」だ。これも、「邪馬臺国」が「邦臺」と〝書き換え〟られている。「唐代後漢書」の引文である。――この点の詳しい分

析は古田「邪馬壹国の史料批判」松本清張編『邪馬臺国の常識』毎日新聞社刊所収、参照)。

これに対し、(B)は明らかに「倭国の傍国」についての記事なのである。だから引用文も当然、これに相応している。従って当然、(B)の注の場合は、「傍国記載」の引文なのである。だのに、これを何の論証もなく、いきなり〝首都記載の引文〟と見なすことは、いかにしても史料批判上、軽率の観をまぬかれないのではあるまいか。

その後、分析はさらに進展した。一段ときめ細かくこの文面の内実を知りうることとなったのである。この文面の根本性格は、先にのべたように「傍国記載」だ。では、まったく「中心国」はその、姿を現わしていないだろうか。いや、現われている。それは左の句だ。

「百女国以北、其の戸数道里は、略載するを得可し」

わたしたちは、これと同型の文を知っている。「女王国より以北、其の戸数道里は略載す可し」(『三国志』倭人伝)『広志』の文面がこの倭人伝の文面を先範(モデル)としていることは疑えない。この「〜(より)以北……略載す可し」の文形は、まさに〝中心国を原点とする〟表記法なのである。すなわち、ここでは「百女国」が表記の原点となっているのだ。

(この点、岩波文庫〈九三ページ〉がここを原文もしめさずに、いきなり「自女(王)国以北、……」という形に原文改定して版刻しているのは、何としても校定者の〝やりすぎ〟ではあるまいか。原文面は明白に「百女国」なのであるから)。

では、この「百女国」とは、一体何物なのであろうか。すぐ思い浮かぶのは、「八女《やめ》」という類似地名だ。「伊都国――山鹿」間にある上、三世紀には筑紫において第二の量の(博多湾岸に次ぐ)(中)広矛・(中)広戈の出土地となっており、四〜六世紀の間には、この地域が九州の中心領域となっていた

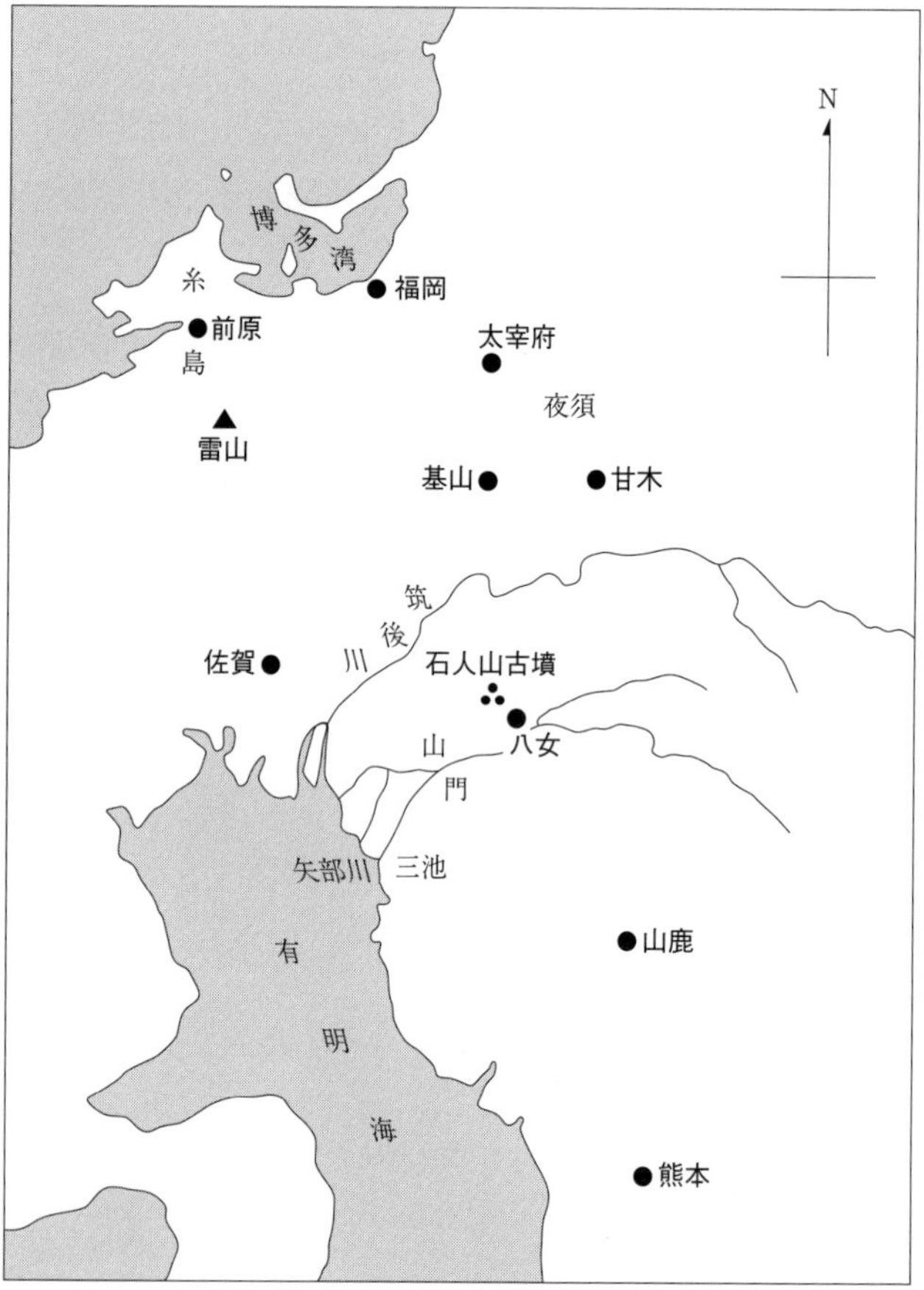


図3　筑紫中心部（筑前中城と筑後）

ことは、人形原等の石人・石馬古墳群によっても明白である。

しかし、最大の難点、それは〝なぜ、中国人が「ヤメ」という現地音を「百女」と表記するか〟という一点だ。——ここでわたしの探究はいったんストップしていたのである。

## 表意訳と表音訳

ところがある日、新しい通路が開けてきた。それは次の仮説だった。〝これは表意的な表記ではないか？〟と。

『三国志』の倭人伝に出てくる国名のほとんどは、〝倭国の現地音に対する中国側の表音的表記〟だ。これに異論はない。その同じ頭で、この『広志』という四世紀史料（後述）をも見ていたのだ。そこで今、この国名に対し、〝倭国側の表記がもとになっている表意的表記ではないか？〟という一個の仮説を立て、その立場から考えてみたのである。

第一に、「ヤメ」に対し、わが国では普通「八女」の文字をあてている（「八女県」「八女国」「八女津媛」いずれも『日本書紀』景行紀——この個所が九州王朝の史書『日本旧記』からの転載であること、また倭国の文字使用の歴史については、古田著『盗まれた神話』及び『失われた九州王朝』参照）。

ところで、これは決して「八人の女」という意味ではない。むしろ〝数多くの女〟という意味だ。たとえば八百万（ヤホヨロヅ）の「八」と同じように。一方、中国側の「漢語」として見たとき、「百女」とは決して「百人の女」という意味ではない。やはり〝数多くの女〟という意味なのである。とすると、双方の意味を知っている中国側（もしくは倭国側）の人物（翻訳官、渡来人等をふくむ）が、「ヤメ」に対し、

「百女国」という表記を与えたとしても、これは決して不思議ではない。〝表意的表記〟として、正確な翻訳なのである。

たとえば中国における翻訳手法の歴史を見よう。

『大無量寿経』の冒頭に出てくる。〝Gṛdhrakūta〟（鷲《わし》の峰）は、先ず後漢訳（『仏説無量清浄平等覚経』月支国三蔵の支婁迦讖の訳）では、「霊鷲山《りょうじゅせん》」と訳されている。表意訳である。ところが、今日の定本たる魏訳（康僧鎧訳）では「耆闍崛山《ぎしゃくつせん》」となっている。これは表音訳だ。このように、原理上、二通りの翻訳法が常に存在しうるのである（古田著『「邪馬台国」はなかった』第六章一参照）。

従って右のような「百女国＝八女《やめ》」（表意表記）、「邪馬嘉国＝山鹿《やまか》」（表音表記）という理解は、共に〝中国側の表記として十分に成立しうる〟のだ。

〝だが、『広志』という同一文面中に二方式混在している、というのはおかしいではないか〟。そのように問い返す論者があるかもしれぬ。しかし、実はその心配はない。なぜなら、右の魏訳では、仏弟子全三十一名に対し、表意（二十二人）と表音（九人）の両方式を同一文面中に混在させ、併用しているからである（古田の右著ミネルヴァ書房版二八三ページ参照）。今、その中より各二例をあげてみよう。

〈表意〉了本際尊者、正語尊者
〈表音〉舎利弗尊者、阿難尊者

従ってここ（広志）の倭国名表記として、同一文面中に〈表意〉（百女国）と〈表音〉（邪馬嘉国）とが混在し、併用されていても、中国の翻訳手法上、何の不思議もないのである。しかも、『大無量経』のこの「魏訳」は、実際は西晋もしくは東晋期頃の成立とする説が強い。そうすれば、まさにこの『広志』成立の時期（晋朝—後述）とピッタリ一致することとなろう。

以上の吟味によって明らかな通り、右の「百女国＝八女」という国名解読は、方法上、必要にして十分に成立しうるのである。

ただし、このことは、「やめ」という倭語自体の語源が本来〝多くの女〟という意義であったことを意味するものではない。むしろ語源そのものとしては（鏡味完二著『日本の地名』による）、

や＝沼地（安・野洲・夜須等の「やす」）

め＝流れを横切る所、または狭い場所（川目・沼目等の「かわめ」など）。

というように、たとえば〝川に近い沼地〟といった風な語源をもつ地名である可能性が高いのではあるまいか。

ただ、一方で「八女」という漢字表記も、かなり古い淵源《えんげん》をもつことは、右の「景行紀」の記事が物語っている（『日本旧記』は六世紀前半に成立し、五世紀以前の記録を集成したもの――古田著『盗まれた神話』参照）。

しかし、わたしはこのような地名比定に〝先ず依存する〟ことは危険であると考える。なぜなら、〝四世紀の中国の翻訳手法において、それは可能であり、かつきわめてふさわしい〟と言えても、〝確かにそうだ〟とは、断定できないからである。それ故、この問題より先に、まずこの単語をとりまく文面全体の客観的位置づけを必要にして十分に確定しておく、それが最後の焦点だ。

## 大胆な省略

最後の焦点、それは全文面の解読である。

第三。「邪馬嘉国」の場合、〝そこに至る道里〟の書かれていた形跡がない。あれば、伊都国の場合のように、〝〜より（方角）何里にして邪馬嘉国に至る〟の形で書かれているはずだ。しかるにそれがない。この点からみると、この「邪馬嘉国」は、首都圏より「以北」でなく、「以南」の傍国に属するもの、と見なされる。

以上の必然の帰結点、それは〝省略部②は「首都圏記載」であった〟——この一点である。では、この「倭国の首都圏」はどのような範囲にあるのだろうか。それは当然、次の範囲だ。

伊都国と邪馬嘉国（山鹿）との間。

つまり、〝博多湾岸と筑後川の流域〟だ。いいかえれば、筑前中域より筑後にまたがる、筑紫の中心部なのである。これが「倭国の首都圏」だ。

（従って問題の「百女国」はこの首都圏内の南辺に存在することとなろう。すなわち「八女」付近である）。

## 『広志』の成立年代

さて、この『広志』の成立年代を確かめよう。「晋《しん》の郭義恭撰、広志二巻」の存在したことはよく知られ、五世紀後半の『水経注』（後魏の酈道元著）以下、唐宋代の各書（『後漢書』李賢注『文選』李善注『芸文類聚』『広韻』『初学記』『大平御覧』等）に引用されている。これらによって知りうる内容から判断すると、この本が四世紀頃、晋朝期の成立であることが分かる。

その根拠は左の三点だ。

㈠「韓国・夫余・挹婁《ゆうろう》」といった呼び方で朝鮮半島南半等を書いている（五世紀の『宋書』では「百

済・新羅」等）。——四世紀末以前〈下限〉

長尾雞は細くして長し。長さ五尺余。東夷の韓国に出づ（『初学記』巻三十）。

貂は扶余・挹婁に出づ（『芸文類聚』巻九十五）。

㈡会稽《かいけい》郡南部たる「建安」の名が出ているから、少なくとも永安三年（二六〇）の「建安郡」分郡以後の成立であることは明白だ。

（芭蕉）交趾《こうし》・建安に出づ。（『芸文類聚』巻八十七）

㈢さらに、「倭国伝」の内容からも『三国志』以後の成立であることは疑いない（陳寿は元康七年、二九七死）。従って『広志』の成立は早くとも三世紀末をさかのぼりえない。〈上限〉

以上によって、『広志』は三世紀末～四世紀末間の成立であることが判明する（この点、別稿でさらに詳論する）。

## 結論

以上の論証を要約しよう。

中国の正史たる『南斉書』の証言するところによれば、斉から授号された倭王武は、三世紀卑弥呼の後継王朝であり、両者間にさしたる王朝断絶の存在した形跡はない。

次に四世紀前後の晋代の書たる『広志』によると、その頃の倭国の首都圏は、筑紫（博多湾岸と筑後川流域）であり、「八女」付近は、その圏内南辺の中枢地となっていた。

従って右の二史料のしめす所、倭国は三～五世紀を通じて筑紫の中枢部に都を有する王朝下にあった。

わたしがかつて『失われた九州王朝』の中で提起した、九州王朝がこれだ。四世紀の倭国は「謎」ではなかったのである。

〈補論一〉

『広志』には、もう一つの倭国記事がある（岩波文庫等にも紹介せられていない）。

「白玉の美なる者、以て面を照らす可し。交州に出づ。青玉は倭国に出づ。赤玉は夫余に出づ。瑜玉・元玉・水蒼玉《すいそうぎょく》は皆佩用《はいよう》す」〈『芸文類聚』巻八十三。『太平御覧』巻八百五は「瑜玉」以下無し〉

倭人伝にも「真珠・青玉を出だす」とある。両書の「倭国」は同一国であることがうかがえよう。

〈補論二〉

『翰苑』の倭国伝（本文）を左に全文掲載する。

「山に憑《よ》り海を負《お》うて馬臺に鎮《ちん》し、以て都を建つ。職を分《わか》ち官を命じ女王に統ぜられて部に列せしむ。卑弥は妖惑《ようわく》して翻《かえ》って群情に叶《かな》う。臺与は幼歯にして方《まさ》に衆望に諧《かな》う。文身黠面《かつめん》、猶《なお》太伯の苗《びょう》と称す。阿輩鶏弥、自《みずか》ら天児の称を表す。礼義に因《よ》りて標秩《ひょうちつ》し、智信に即して以て官を命ず。邪《ななめ》に伊都に届き、傍ら斯馬に連《つらな》る。中元の際、紫授の栄を（受け）、景初の辰《とき》、文錦《ぶんきん》の献を恭《うやうや》しくす」

〈解読については、古田「邪馬壹国の史料批判」〈前掲書〉参照〉

〈補論三〉

(A)の③の「地の文」を左に全文掲載する。

「四面俱極海自営州東南経新羅至其国也」（四面、俱《とも》に海に極《きわ》まる。営州より東南、新羅《しらぎ》を経て其の国に至るなり）。

〔『旧唐書』は「倭国」と「日本国」を分かち、前者について「四面に小島、五十余国あり。皆焉《こ》れに付属す」と書いている。右の雍公叡注の「四面」云々の表現と共通し、両者が同一の「倭国」（九州王朝）であることをしめしている。

次に「営州」は遼東半島（ここは唐宋間の後梁〜後周時点〈九〇七〜五九〉の呼称か）。「新羅」は〝統一新羅〟とすれば九三五以前。雍公叡注成立の下限をしめすものであろう。『旧唐書』は劉昫《りゅうく》（〜九四六）撰〕

〈補論四〉

九州王朝の考古学的側面については、古田稿「九州王朝の銅鏡批判」別冊週刊読売（昭和五十一年二月刊）特集『古代王朝の謎に挑む』所収、『ここに古代王朝ありき——邪馬一国の考古学』参照。

# 古代史の虚像
## ――その骨組みを問う――

〝戦後史学の描いてみせた古代史像は、果たして実像だったのか〟――そういう問いが今、心ある人々の間に拡がりはじめている。

だが、誤解しないでほしい。当然のことだが、戦前の皇国史観などへ逆もどりするのではない。逆だ。戦後史学が三十余年しめしてきた古代史像は、皇国史観の大わく、つまりその〝歴史理解の骨組み〟を、そのまま受け継いできたのではないか、そういう疑いなのだ。

### 〝日出づる処の天子〟の謎

まず、実例をあげよう。

読者は、教科書で習ったことがあるだろう。「日出づる処の天子、書を日没する処の天子に致す、恙《つつが》無きや」この文句を。

「ああ、聖徳太子の国書だ。隋《ずい》に対する対等外交だな」そうつぶやくにちがいない。「あれは、確か、推古天皇のときだったな」と。

その通り。これは戦前と戦後の日本史の教科書で、記事が共通する、ほとんど最初の事件だと言っていい。戦前の教科書の冒頭を飾っていた神話や説話の部分は、戦後の教科書ではほとんど切り取られてしまったのだから。

つまり、家庭の中で話しているとき、戦前の世代と戦後の世代と、話の〝通じ〟はじめるのが、ここあたりから、なのである。言いかえれば、戦前と戦後を通じて〝安定した史実〟と認められているのだ。

ところが、実は――。

この話は『古事記』や『日本書紀』には出ていない。中国側の史書である『隋書』の俀国伝《たいこく》がこの名文句の出所である（通例、「倭国伝」と言うが、原文は「俀」）。これに対し、『日本書紀』の方に掲載された国書は、全く別文。平凡な文章で、先のような鮮烈な文句はない。第一、自称（「天皇」――推古天皇）と他称（「皇帝」――隋の煬帝《ようだい》）の使い方も、ちがうのだ。

それだけではない。肝心の国書の出し主、つまり当人の名前がちがう。『隋書』では「多利思北孤《たりしほこ》」が、先の名文句の主の名だ。おまけに「王の妻は『鶏弥《きみ》』と号す」とあるから、当然男王なのである。けれども、御承知の通り、推古天皇は女性だ。しかも、このとき、隋の使いはこの多利思北孤と直接会って会話を交わしている。「我聞く、海西に大隋礼義の国有り、と。故に遣わして朝貢せしむ」などと、多利思北孤は語っている。むろん、この会話も、『古事記』『日本書紀』とも一切ない（『古事記』の推古記は、系譜だけで、説話自体がない）。また多利思北孤の太子の名も、『隋書』に出ている。「利歌弥多《りかみた》弗利《ふつり》」だ。聖徳太子（厩戸皇子《うまやどのみこ》）ではない。

まるで、ないない尽くしだが、それにもかかわらず、現代の日本史の教科書は、戦前の教科書そのまま、〝この国書の主は推古女帝であり、太子は聖徳太子だ〟と「明記」しつづけてきた。そして〝中国の史書は、それをまちがえたのだ〟と主張しつづけてきたのである。

だが、考えてもみてほしい。中国の使いが日本で聞いたくさぐさの話が、その細部において誤り伝えられた、というのなら、わかる。ありうることだ（安本美典氏は『明史《みんし》』などについて、その例をあげておられる）。

しかし、直接会った人物、しかも使者にとって主目的たる相手の国王との接見において、〝男と女とまちがえる〟そんなことがありうるだろうか。しかも、名前まで「男の名前」として誤記する、そんなことがどうしておこるのだろう。わたしのような平凡な頭では理解できない。

これについて、専門の学者は言う。〝次の天子、舒明天皇とまちがえたのだろう〟〝聖徳太子を国王とまちがえたのだろう〟などと。

そんな〝まちがい〟も、わたしにはおこりうるとは思えないけれど、それにしても、舒明天皇にも、聖徳太子にも、「タリシホコ」などという名前はない。

〝日本側の使者である小野妹子《いもこ》の遠い先祖の一人に「天帯彦国押人命《あめのたりしひこくにおしひとのみこと》」というのがいる。妹子が自分の先祖代々の名を名乗ったとき、中国側はその一人を「現在の天皇」とまちがえたのだろう〟こういう説もある。しかし〝小野妹子が中国へ行って自分の先祖代々の名を名乗った〟などとは、どの史料にも書かれていない。その学者の〝想像〟だ。もしかりにそういうことがあったにしろ、その中の一人と「現在の天皇」をまちがえる、とは、一体どういうことだろう。ありうることとは思われない。

実は、問題のキイ・ポイントはハッキリしている。例の名文句は、多利思北孤の「国書」にあったものだ。国書である以上、本人（国王）の「自署名」が必要だ。〝自署名抜き〟の国書など、あるはずがない。われわれでも、〝自署名抜きの手紙〟など出したら、どうなるだろう。匿名の手紙など、まともな用に立ちはしない。まして国書だ。

こう考えてみると、この「多利思北孤」というのは、他ならぬ御当人の自署名の表記だということがわかる。そう言えば、この字面には「北」（天子をしめす方向）「孤」（天子の自称）といった、佳字（いい文字）が並んでいる。あの、中国側が表記した「卑弥呼」などとはちがう。この女王には、古代中華思想（中国の天子を中心の優越者とし、周辺の国々や民を「夷蛮《いばん》」として蔑視《べっし》した、古代中国大国主義）に立って、卑字（いやしい文字）を使っている。この用字法を見ても、「多利思北孤」の字面が、国書の自署名であることがわかる。

してみると、これは「正規の名」だ。国書に書くのだから。その「正規の名」を『古事記』『日本書紀』が伝えていないはずはない。しかも、男女の別は〝致命的〟だ。

こうしてみると、いくら戦後の専門の学者がいろいろな〝りくつ〟をこじつけてみても、率直に言って、空しい。そう見なすほかはない。通常の頭脳をもつ人間ならば、この道理を疑うことができぬ。

では、その多利思北孤とは、どこの人物だろう。それも、実は、『隋書』を見れば、疑う余地なく、明晰《めいせき》だ。

まず、行路記事。隋使は多利思北孤の住む都に来て、彼（彼女ではない）に会っているのだから、その行路記事は貴重だ。ところが、そこに出てくる、ハッキリした地名は「都斯麻国——一支国——竹斯国」どまりだ。その次に「秦王国《しんおうこく》」というのが書かれているが、これがどこをさすか不明だ。これ以外に地名はない。

だから、多利思北孤の国は、「竹斯国」か「秦王国」ということになる。ところが、多利思北孤は

「俀《たい》王」と書かれているから、「秦王」ではありえない。とすると、「竹斯国」こそ、「俀王の都」のありか、そう判断せざるをえないのである。ここで、

「竹斯国より以東は、皆俀に附庸《ふよう》す」という文面が書かれている。これは『三国志』魏志倭人伝の、

「女王国より以北には、特に一大率を置き、検察せしむ」

という文面と相似形になっている。つまり、この「女王国」（倭国の中心国）が、ここでは「竹斯国」に当たっているのである。

もう一つ、鮮明な証拠がある。『隋書』俀国伝では、俀国を代表する山河として、次の記事を記している。

「阿蘇山有り。其の石、故無くして火起り天に接する者、俗以て異《い》と為し、因《よ》って禱祭《とうさい》を行う」

まがうかたもなく、九州の阿蘇山である。

わたしは昭和五十四年十一月、筑後（福岡県南半）から肥後（熊本県）にかけて、装飾（壁画）古墳をめぐった。一回は博多の読者の方の運転される車にのせていただいて、一回は朝日旅行会のバスの解説役として。そのとき、思った。〝この壁画古墳群は、阿蘇山をとりまいている〟と。「大分――福岡――熊本」という分布は、いわば、阿蘇山を東北から西南にかけて、とりまいているのである。まさにそれらの壁画群は「阿蘇山下の文明圏」をなしているのだ。そして対比すべき文献として、『隋書』のしめす「俀国」もまた、「阿蘇山下の俀国」として、鮮明にして疑う余地のない印象をもって書かれているのである。

そして両者、時期を同じくしている。多利思北孤は七世紀初頭（六〇〇年～六〇八年）。右の壁画古墳群も、五～七世紀とされている（たとえば小林行雄『装飾古墳』平凡社刊、参照）。従って文献と実物と、両

者を等号で結ぶのは、むしろ必然なのである。

しかるに、戦前はもとより、戦後の教科書もまた、一切、先の明晰な道理に〝背を向けて〟きた。今も、学者たちは、ふりかえろうとさえしないでいる。——なぜか。

## 『異称日本伝』の見事な割り切り

江戸前期の学者、松下見林（一六三七〜一七〇三）。彼に『異称日本伝』の著述がある。彼は中国・朝鮮半島の史書等を探査し、日本に関する記述を渉猟した。そしてこの大作を完成したのである。その序文に言う。

「故に異邦之書、……居多。……昔、舎人《とねり》親王、日本書紀を撰す。……当《まさ》に、我が国記（日本書紀）を主とし、之（異邦之書）を徴して論弁、取舍（捨）すれば、則《すなわ》ち可なるべきなり」

右の趣旨をのべてみよう。〝ここに幾多の史料を集めた。いずれも、日本に関する外国側資料だ。それがあまりにも厖大《ぼうだい》なので、読者は迷うかもしれない。しかし迷う必要はない。なぜなら、わが国には国史がある。つまり『日本書紀』だ。これをもととして考えあわせてみて、「合う」ものは採り、「合わない」ものは捨てればよい〟というのだ。

これはまことに〝見事な〟主張だ。このような方法論に立つ限り、ことは簡単明瞭《めいりょう》だ。〝『日本書紀』こそすべて〟であり、もし、外国史料がこれに「矛盾」すれば、それは捨てればいい、というのだから。

ところが、『日本書紀』は、八世紀に天皇家の史官によって作られた史書だ。〝天皇家こそが、そして天皇家のみが、永遠の古《いにしえ》より日本列島中の唯一の王者である〟。これを根本のイデオロギーとした

「主張の書」なのである。従って、それに「合う」ものだけ、採用する、ということは、すなわち天皇家側の「主張」に合わないものは、ためらわず切り捨てる、ということだ。だから見林は、右の『隋書』の俀国伝の記事を採取したさいも、一切迷わなかった。

なぜなら、『日本書紀』のしめすところ、〝当時（七世紀）の日本列島の主は、推古女帝以外にありえない〟からである。阿蘇山云々の記事など、一顧だにしていない。〝彼等中国人が勝手に書いたもの〟そう見なしたのである。〝せっかく飛鳥《あすか》に入りながら、大和のことを書かず、瀬戸内海の行路の終着点、難波《なにわ》の地名も、主都飛鳥の地名も書かないのは、単に彼等のあやまち。そのあやまちは捨てればよい〟そう〝判断〟したのであろう。すべて「論外」、「阿蘇山」問題は議論の対象にさえなっていないのである。――〝人間の脳裏に一個の巨大な先入観が宿るとき、眼前の史料事実さえ、その意義はかき消されてしまう〟。そのこわさを肌身に感ぜざるをえない。

この見林の立場こそ、いわゆる皇国史観の本質だ。〝天皇家中心主義の理念に合わない史実記載は、消す〟この手法である。

## 同時代史としての『隋書』

『隋書』は、初唐の人、魏徴《ぎちょう》の著である。彼は唐の太宗《たいそう》の貞観《じょうがん》十七年（六四三）に六十四歳で死んだ（旧唐書、魏徴伝）。従って隋の建国時（開皇元年、五八一）には二歳。俀国伝に記述された、隋の「開皇二十年（六〇〇）～大業四年（六〇八）」の間は、彼自身にとって二十一～九歳の時点。隋が滅亡し、唐が建国した武徳元年（六一八）には三十九歳だ。

つまり、『隋書』俀国伝は、彼にとって同時代史だったのである。たとえば、このわたしが昭和二十年代から三十年代の史実を書くようなものだ。その当時、わたしは二十〜三十代の青、壮年期だったからである。このように考えると、『隋書』の記事がその大筋において「無視」もしくは「軽視」できないことは明らかだ。わたしにはそう思われる。

彼は唐の太宗に寵愛《ちょうあい》され、しばしばその「臥内《がない》」（ベッドルーム）において、政治上の「得失」（処置の是か非か）を相談されたという。彼は諫議大夫《かんぎたいふ》・秘書監等の要職を歴任し、貞観七年（六三三）、太宗の命によって修史の業の総監修を命ぜられた（周史、隋史、梁《りょう》・陳史、斉《せい》史）。

以上によって見れば魏徴の「俀国」観と太宗の「俀国」観との間に、ちがいがあるはずはない。すなわち、隋朝を継ぎ、やがて白村江《はくすきのえ》の戦い（六六三）でこの国と決戦することとなった、初唐の朝廷の「俀国」観。それは他でもない、「阿蘇山下の多利思北孤の国」だったのである。

『日本書紀』は養老四年（七二〇）の成立、右の『隋書』よりほぼ一世紀近く後代の成立だ。どちらが史料として信憑《しんぴょう》性が高いか、成立年代の差から見ても、明白だ。〝後代の『日本書紀』を基準として、これに合わなければ、一世紀前の同時代史料の方を捨てる〟近代にこんな歴史学はない。ただ、戦前と戦後を貫く日本の古代史学がこれだ。

だから、「日出づる処」云々の国書の差出人たる「阿蘇山下の男帝」を平然と捨て、代わって推古女帝や聖徳太子を差出人として、「主格」を切り変えた。そしてこれを堂々と教科書にのせて怪しむところがなかったのである。

## 〝倭王武―雄略〟は正しいか

この同じやり方にささえられてきたのが「倭の五王」問題だ。戦後の教科書では、おなじみだから、四十代以下の読者には聞きおぼえがあろう。

讃・珍・済・興・武の五人の倭王が中国の南朝劉宋《りゅうそう》の天子に朝貢していた、というのである。ときは五世紀。『宋書』では永初二年（四二一）から昇明二年（四七八）の間だ。

だが、戦前の教科書には、これは全く出現しなかった。なぜか。答えはハッキリしている。『古事記』『日本書紀』に一切出てこないからだ（他面では、『宋書』ののべるところ、倭の五王は歴代、中国の天子に対して「朝貢」した。これを戦前の教科書はきらったためだ、と思われる）。

けれども、松下見林はこれに対してすでに明瞭な答えを出していた。

「讃。履中天皇の諱《いみな》、去来穂別（イサホワケ）の訓を略す。

珍。反正天皇の諱、瑞歯別（ミツハワケ）、瑞・珍の字形似る。故に訛《あやま》りて珍と曰《い》う。

済。允恭天皇の諱、雄朝津間稚子（ヲアサツマワクコ）、津・済の字形似る。故に訛りて之《これ》を移す……。

興。安康天皇の諱、穴穂、訛りて興と書く。

武。雄略天皇の諱、大泊瀬幼武、之を略するなり」

このように「倭の五王」はそれぞれ五世紀の天皇名に〝配当〟された。その根本の理由は明らかだ。〝「倭王」と言いうる者は、日本列島においては、永遠の古より天皇家以外になし〟あの信念からである。いわば「松下原則」だ。

戦後の教科書はこの松下見林の判断に復帰した。それだけではない。〝『古事記』『日本書紀』に書かれた天皇の系譜は、五世紀初頭以降は信用できる〟という立論の証拠としたのだ（井上光貞氏）。なぜなら〝天皇の存在が中国の確かな史料（『宋書』）に「倭の五王」として出現しているから〟というのである。

だが、ここには重大な「論証の飛躍」がある。なぜなら、そこ（『宋書』）に「イサホワケ」（履中）「ミツハワケ」（反正）といった形で書かれていれば、問題はなかろう。だが、全然ちがうからだ。ここでは「讃」「珍」といった漢字一字の名である。

これに対する松下見林の〝くっつけ方〟これは全く無理だ。なぜなら彼等（倭の五王）は、中国の天子に上表文を呈している。たとえば讃についても、「表を奉り、方物を献ず」と書かれている。武の場合は、彼の上表文自体が長文掲載されている。その自署名が、これらの中国風一字名称なのだから。先にものべた通り、上表文に「自署名」は必須である。

『宋書』の夷蛮伝全体を検査すると、東南アジアからインドにかけての王たちの場合、「舎利不陵伽跋摩」（槃達国王）といった長たらしい民族風名称がそのまま記されている。決して彼等（中国側）が恣意《しい》的にチョンギって、一字に仕立てたりはしていない。これに対し、高句麗《こうくり》や百済《くだら》などの王の場合、「璉」「映」といった中国風一字名称で記されている。倭国も、その一端だ。ここ「東夷」の国々は、早くから中国との接触深く、中国風の一字名称を自ら記して上表文（国書）を提出していたのである。

第一、『三国志』の場合でも、卑弥呼という民族風名称を、向こうが勝手にチョンギって「呼」などとしてはいないのだ。これを見ても、見林の〝くっつけ方〟の無理なことが分かろう。

しかるに見林は、「倭王すなわち天皇」という観念の色眼鏡を絶対化していたため、こういう史料事実のしめすところを無視してかえりみなかったのである。そして〝雄略天皇が「武」であることは確実だ〟と称する現代のすべての学者たちもまた（井上光貞『日本国家の起源』岩波新書、等参照）。

しかし、わたしの目に、〝雄略天皇は武ではない〟この命題を明確に裏づける、と思われたのは、次の記事だ。

○（天監元年、五〇二）鎮東大将軍倭王武、進めて征東将軍と号せしむ。（『梁書』武帝紀）天監元年は、『日本書紀』では武烈天皇の時代だ。

「雄略——清寧——顕宗——仁賢——武烈」。つまり雄略から数えて五代目の天皇の時代なのである。だから「雄略は倭王武と同一人物ではありえない」これは当然の判断ではないか。

しかし、現代の学者たちはちがった。〝右の記事は、まちがいだ。中国の天子は、すでに雄略が死んでいるのを知らずに、あやまって授号したのである〟というのだ（井上光貞氏等）。それも、別段、中国側の史料自体から、その「判断」をえたのではない。あくまで〝「雄略＝武」の定式を成立させるためには、そう考えなければならない〟からなのだ。

わたしのような、一介の率直な探究者の目には、〝自分の側の立論の都合によって、中国側の記述の史料価値を消す〟こんなやり方は、適正とは思われない。たとえそれが専門的学者の肩書をもつ幾多の論文によって飾られていようとも、これに対し、首を縦に振ることがわたしにはできないのである。これは例の『隋書』の俀国伝について、「男と女」を中国側が〝見まちがった〟ことにしたのと同じ手法だ。はなばなしく授号された「生ける王者」を、紙上で、それも当方の立論の都合で〝殺して〟しまうのだ。そしてこれも、中国側が死者を生者と〝まちがえた〟ことにして、「解決」したのである。

わたしは、この事実にぶつかったとき、いぶかった。そして自らに問うた。

〝日本の古代史学者には「男と女」をとりかえたり、「生者を死者にする」ような、万能の力が与えられているのだろうか〟と。やはり、その答えは否だ。

しかし、現代の日本史の教科書は、この「万能の力」に支えられたまま、今も記述され、これを若い世代に憶えさせているのである。

## 稲荷山鉄剣銘文が語るもの

日本の古代史学界の、このような手法が、劇的に現わされたもの。それが昭和五十三年秋以来の埼玉稲荷山鉄剣銘文の読解だった。

九月十三日の夕刊から十四日の朝刊にかけて、各新聞はいっせいに「雄略天皇＝倭王武」の名がこの銘文に現われていた、と報じた。「獲加多支鹵」大王は「ワカタケル」と読み、雄略の名「大泊瀬幼武」に当たる、というわけなのである（岸俊男氏等）。

けれども、わたしは金文字百十五文字を熟視したとき、直ちに一つの不審をもった。なぜなら、この銘文中九人の人名が現われているけれども、その中で「現在」時点の人物は二人だ。「～大王」と「乎獲居臣」である（他の七名は、乎獲居臣の祖先）。

そしてその二人の間柄をしめす言葉、それが、

「吾、天下を左治す」

の一語である。

この「左治」の語には見覚えがあった。

○男弟有り。国を佐治す。（倭人伝）

わたしが古代史への探究に入ったのは、『三国志』の魏志倭人伝からだった（『「邪馬台国」はなかった』）。そこに出てくる「佐治」とこの「左治」とは同語だ。

そしてこの『三国志』の「佐治」の用語の淵源《えんげん》は周礼《しゅらい》にあった。

「（大宰）以て王を佐け、邦国を治す」（周礼）

周の第一代の武王が殷《いん》を討伐したあと没し、第二の天子、成王があとを継いだ。しかし、彼は幼少だったから、実際の統治権の執行は、叔父（武王の弟）の周公（「大宰」の任にあった）が、代わってこれを行なったのである。それをここで「佐《たす》けて治む」（佐＝左）と表現しているのである。

この点、倭人伝も同じだ。卑弥呼は女性であり、宗教的巫女《みこ》である。従って統治権の実際は、「男弟」が代わって執行した、というのである。『三国志』の本来の読者たる、西晋《せいしん》代の洛陽《らくよう》のインテリたちは、この倭人伝を読んだとき、「ああ、卑弥呼と男弟との関係は、あの成王と周公との間柄みたいなんだな」そう理解したはずだ。また著者（陳寿）は、そう理解されることを予想して、この文を書いている。そう見なすほかはない。

すなわち、この「佐治」の用語は、名目上の王者に対して、その王朝内で、臣下中ナンバー・ワンの位置の人物が実質上の統治権を執行していることをしめす、政治上の術語なのである。

稲荷山の銘文も同じだ。この銘文の作者が「左治」の語を使ったとき、それは当然周礼か倭人伝か、ともかく中国側の文献にもとづいていたはずだ。だから彼は〝「～大王」は名分上、中心の王者だが、実質上の統治権は、臣下中ナンバー・ワンのわたし（乎獲居臣）がにぎっている〟と記録したのだ。すなわち読む者にそう理解されることを欲しているのである。

ところが、「〜大王」が雄略天皇であり、「乎獲居臣」が武蔵（埼玉県）の一豪族だとしよう。では、その一豪族が大和の天皇家内のナンバー・ワンとして、実質上の統治権を日本列島の大半（関東から九州まで）に及ぼしていたのか。考えられない。そんな人物は、『古事記』にも『日本書紀』にも、影さえ見えない。

しかるに大家たちは言う。〝武蔵の豪族など、中央の大和へ行ったとき、門番《たちはき》として宮居を守衛させられたのにすぎぬ。それなのに、故郷（武蔵）へ帰って、「わたしは『左治天下』した」と大風呂敷をひろげているのだ、そこがいかにも田舎者らしい〟と（井上光貞、大野晋氏）。

だが、わたしは思った。〝「左治」する者とされる者は、同一朝廷内にいるはずだ。周礼の例も、倭人伝の例もそうだから。従ってこの「〜大王」は「乎獲居臣」と同じ、関東にいなければならぬ〟と。すなわち「〜大王」を、近畿の天皇家の一人と見なすこと、それは無理だったのである。

無理はこれだけではなかった。この大王の宮居は「斯鬼宮」と書かれているが、雄略の宮は「シキ宮」ではない。「泊瀬《はつせ》の朝倉《あさくら》の宮」だ。これに対しても、いろいろ理くつづけが行なわれたが、結局〝強引な論法〟だ。考えてもみるがよい。もし銘文に「アサクラの宮」と刻してあったら、論者は「それ見よ、雄略の証拠」と言うだろう。ところが、そうなっていない。なっていなくても、同じ結論に〝理くつ〟づけようとする。要するに「雄略に比定すること」それが絶対の要請なのだ。もし合わぬところがあれば、どうあっても〝合うよう〟に理くつづけするのだ。

ここでふりかえってみれば、古代史の大家たちの手法がハッキリしよう。〝まず王名を天皇に合わせる。次に合わない方は作者の「大風呂敷」、つまり「うそをついた」とか、「こうも呼べたのだろう」といった風に、原文の表現に取捨を加えてつじつまを合わせる〟、このやり方だ。すなわち、今までのべてきた『隋書』や『宋書』に対した、あの手法と、同一のやり方なのである。

さて、稲荷山の東北二〇キロの地点に「磯城宮」の地が見出された。栃木藤岡町大前神社の境内に明治十二年に建碑された石碑がある。そこに「其の先、磯城宮と号す」と刻されている。そしてその地の字名《あざ》もまた「磯城宮」というのである。その詳細については、わたしの『関東に大王あり――稲荷山鉄剣の密室』で見てほしい。

ここでは、日本の古代史界の大家たちとわたしとの間に横たわる対立が、単に結論のちがいではない、根本の方法論のちがいであること、その一点を理解していただければそれでいい。

## 古墳のあり方にみる近畿と九州と関東

五世紀における、考古学上の分布状況を見よう。

九州では、有名な石人・石馬といった石造物をもって古墳を囲んだ時期だ。埴輪《はにわ》など、土人・土馬でしかない近畿とは異なっている。

ところが、倭の五王の貢献した、中国の南朝劉宋（都は建康。今の南京《ナンキン》）。そこも石人・石獣といった石造物で墓を守衛した世界だった。すなわち、この南朝劉宋の文明様式に合致するのは、九州であって、近畿ではないのである。

この点、南朝では石獣は「獅子《しし》」であって、「石馬」でない、との指摘があった（森浩一『古墳の旅』芸艸社）が、天子の「獅子」と臣下（倭王は将軍号を授与されている）の「馬」と〝位取り〟が一致している。双方ともに「獅子」（天子にふさわしい）とか、ともに「馬」（将軍のシンボル）ばかりだったら、かえっておかしいのである（その上、南朝では天子から配下に石人・石獣の禁がしばしば出され、既造のものは破壊された）。

一方、近畿と関東はどうだろうか。埴輪という土人・土馬に限られていることは共通だ。ところが、シンボルがちがうのだ。関東は有名な鈴鏡・鈴釧《くしろ》圏。稲荷山の埴輪（巫女埴輪）も、この鈴鏡をつけていた。

「天皇陵」古墳の〝巨大さ〟に幻惑されて、近畿と九州と関東、各古墳群の〝質のちがい〟を無視することと、それはもはや許されないのである。

## さて卑弥呼の国は？

以上、七世紀から五世紀へ、時間の流れを遡《さかのぼ》って歴史の骨組みを俯瞰《ふかん》してきた。

これによって読者は、天皇家中心史観によって日本の古代史を〝ひっくくる〟ことがいかに危険であるか、ほぼその輪郭をうかがい見られたことであろう。文献史料の事実も、出土物や古墳の現実も、そのような、観念による強引なまとめ方を許さぬ、独自の性格をもっているのである。先人も言ったではないか。「事実は頑固《がんこ》である」と。

それだけではない。明敏な読者は、すでに察知されたであろう。三世紀の日本列島の状勢も、以上の考察によって大きく規定されることを。

なぜなら、七〜五世紀ですら、なおかつ「近畿」は九州をふくむ西日本全体を「統一」できていなかったのだ。それなのに〝三世紀にはすでに統一していた〟そんな矛盾した話はありえないからである。

すなわち、いわゆる近畿「邪馬台国」説は、以上の考察と決して両立できないのだ。

これはわたしの「理路」だけではない。史料にも、明記されている。

たとえば、『隋書』俀国伝には、多利思北孤についてのべる直前に、その国の来歴をのべ、

「魏より斉・梁に至り、代ゝ中国と相通ず」

と記している。魏とは、卑弥呼の貢献した国である。魏と斉の間が、「倭の五王」の貢献した南朝劉宋だ。

また『宋書』に継いで成立した史書、『南斉書』では、「倭王武」の国について、

「漢末以来、女王を立つ。土俗已《すで》に前史に見ゆ」

と記している。その国が、前史（『三国志』）に記録された卑弥呼の国そのものの後身であること、それを明確に同時代史書が証言しているのだ。

『南斉書』は『宋書』と同じ梁朝の史局で作られた史書だ。だから『宋書』の「倭の五王」を論ずるさい、この『南斉書』の記事を無視するわけにはいかない。

従って多利思北孤と倭の五王の国が九州なら、卑弥呼の国も、当然九州だ。この道理は火を見るより明らかである。

では、その卑弥呼の国は、九州のどこにあったか。なぜ研究史上、これほど長い紛議の中にさらされてきたのか。これらの点、最近の論争と対面しつつ、次回に追求してみよう。

〈補論一〉

「卑弥呼——倭の五王——多利思北孤」とつづいた九州王朝、それはいかにして終結したか。また一

方、近畿天皇家は、いつ日本列島の大半を「統一」したのか。それらについては、左の二書を参照されたい。文献的には『失われた九州王朝』、考古学的には『ここに古代王朝ありき——邪馬一国の考古学』。

# 邪馬壹国の証明

## 皇国史観の三世紀

前回は七世紀から五世紀へと、歴史の大河を遡《さかのぼ》った。目指すところ、それは三世紀だ。あの卑弥呼《ひみこ》の時代である。わが国の古代史論争の〝目玉〟百花撩乱《りょうらん》の地だ。

戦前と同じく戦後の教科書も、七〜五世紀については、天皇家中心主義のコンクリートで一律に舗装していた。が、ここでは〝「邪馬台国」には近畿説と九州説がある〟という〝学説の分裂〟を告白しているのだ。――なぜか。

読者は思うだろう。〝三世紀ともなると、原史料の記述が簡略なせいだろう、後代（七〜五世紀）と比べて〟と。ところが、逆だ。倭国の都に至る「行路記事」について、『三国志』の魏志倭人伝《ぎしわじんでん》（三世紀）はもっとも詳しい。『隋書《ずいしょ》』（七世紀）は前回にのべたように、極めて簡略。『宋書《そうしょ》』（五世紀）に至っては皆無なのだ。ではなぜ、〝一番詳しい三世紀〟で、分裂が生じたのか。ここに「邪馬台国」論争誕生の一番深い秘密がある。

近畿説の確立者、それはここでも、江戸前期の松下見林だった。前回にものべた『異称日本伝』の著者だ。卑弥呼の都は「邪馬壹国《やまいち》」（「邪馬一国」とする版本もある）である。倭人伝には、そう明記されている。だのに彼は〝日本では、王とは、天皇家以外にない〟という、例の大前提から、「邪馬臺（「台」は当用漢字）国」と直して、全くこれを疑わなかった。なぜなら〝「大和」と読めぬなら、読めるように直せばよい〟これが彼の信念だったからだ。すなわち〝天皇家中心主義が根本である。外国史料がそれに合わぬなら、合うように直せ〟このやり口だ。「近畿邪馬台国」説の両脚は、このような皇国史観の手法の真上に突っ立っている。近畿説論者の、どんなに〝一見学問的な〟弁舌も、この基本事実を消すことはできない。

では、九州説はどうか。実は、この方がもっとひどい。その創始者は江戸中期の新井白石だ。彼は、「邪馬臺国――筑後山門」と書いている（『外国之事調書』）。おかしいのは、近畿説を斥《しりぞ》け、九州に都を求めたのに、改定名称「邪馬台国」をそのままもってきたことだ。天皇家の本拠地「大和」に合わせるための強引な「改定」、それが「邪馬台国」だった。だのに、〝その同音地名がここ（九州）にもある〟というのでは、無意味だ。動機をはなれて結果だけが、バラバラにひとり歩きさせられているのである。

このような方法上、根本の矛盾。その真上に立ちながら、「九州邪馬台国」論者が学術用語でいろいろと〝理くつづけ〟してみても、それは結局空しい、なぜなら本来、〝天皇家のための「邪馬台国」〟だった。それがことの、隠せぬ本質なのであるから。

しかし、その後の近畿論者や九州論者は、あらかじめ結着点（大和や山門など）をきめ、これに「行路記事」を合わせようとした。ところがそのためには、不幸にも倭人伝の「行路記事」は詳しすぎたのだ。そこで「南」を「東」に変えたり、「一月」を「一日」に変えたり、何としても無理をつづけねばならなくなったのである。

では、どうしたらいいのか。簡単である。「帰着点先ぎめ」主義を捨て、倭人伝のしめすままに「行路」を辿《たど》り、そして帰着すればいい。それだけのことだ。

四つのポイントに分けてのべよう。

第一、正始元年（二四〇）、魏の使者（帯方郡使）は倭国に来て卑弥呼に会ったという。つまり邪馬一国という女王の都に入ったのである。またそうでなければ、「郡より女王国に至る、万二千余里」というような、都までの総里数が書けるわけはない。

第二、行路記事で、「各部分の里程」は、帯方郡治（ソウル付近。西北か）から不弥国（博多湾頭）まで書かれている。それ以後はない。ということは、ここ（不弥国）までで魏使の行程は終わった、と考えるほかないのだ。すなわち博多湾岸が卑弥呼の都、邪馬一国のありかである。

邪馬壹国の証明

| | |
|---|---|
| 帯方郡治→狗邪韓国 | 7000 |
| 狗邪韓国→対海国 | 1000 |
| 対海国半周 | 800 |
| 対海国→一大国 | 1000 |
| 一大国半周 | 600 |
| 一大国→末盧国 | 1000 |
| 末盧国→伊都国 | 500 |
| 伊都国→不弥国 | 100 |
| | 12000里 |

第三、右以後に書かれている「水行二十日」（投馬国に至る）は傍線行程（不弥国からの分岐）だ。また部分里程の中でも、「伊都国～不弥国」間の「百里」は、「動詞プラス至」の形で書かれていず、傍線行程。そして問題の「水行十日・陸行一月」は帯方郡治～邪馬一国間の総日程である。

第四、従来の読解の盲点、それは対海国（方四百里）・一大国（方三百里）の周辺（半周）を行程に入れなかったことだ。

これによって「部分里程の総和は全里程に一致する」のである。

そしてわたし以前のいかなる論者も、この不可欠の命題を無視したままで読んできた。しかしこの点が、問題解決のためにとくに重要だと、わたしは考える。なぜなら、倭人伝内が整合せず、〝矛盾したままでいい〟ような説なら、それこそ論者の頭の数だけ立てられる。未来永劫《えいごう》、論争が決着するほうがむしろ不思議だからである。

このようにして「女王国は博多湾岸にある」という命題がえられた。この命題は考古学的出土品からの検証にもピッタリ一致する。だが、紙数上、今回はふれない。関心のある方は『ここに古代王朝ありき——邪馬一国の考古学』で見てほしい。

いよいよ最近の論争点にふれるときがきた。㈠国名問題、㈡里数問題、㈢その他、の三つに分けてのべよう。

## 国名問題

古代史界では「邪馬台国」と、ながらく呼び慣らわしてきた。その上、これをもとに「帰着点先ぎめ」主義を横行させてきた。だからこれを拒否するわたしに対し、反論が集中した。

まず、注意しておきたいことがある。それは五世紀に成立した『後漢書《ごかんじょ》』（范曄《はんよう》著）には、文字通り「邪馬臺国」とあることだ。これに対するわたしの立場は明確だ。①五世紀の倭国の都は「ヤマダイ」と呼ばれていた。②『後漢書』には「臺」を「ト」の表音に使った例はないから、これは「ヤマト」ではない。③唐宋代の史書（『隋書』『梁書《りょうしょ》』『太平御覧』等）は、多くこの『後漢書』の名称に従った。以上だ。

前回にものべた通り、「倭の五王」は九州の王者だった。卑弥呼の後継王朝だ。その五世紀なら、都が「邪馬台国」と呼ばれていたのである。

これに対し、七世紀以降の唐宋代の史書（『隋書』『梁書』『太平御覧』等）によりすがり、三世紀の『三国志』の「邪馬壹国」を斥ける論拠としようとする論者が現われた。その論法は次のようだ。〝『三国志』の現存最古の版本（紹興本・紹熙《しょうき》本）は南宋代のものだ。これに対し、右の史書は唐や北宋のものだから、こちらの方が古い。だからその「邪馬臺国」の方が信用できる〟と。これは〝時のトリック〟だ。なぜなら、日本の例で考えてみるがいい。〝現存の『古事記』『日本書紀』の完本がそろうのは、南北朝以降の写本だ。だから鎌倉時代の慈円の書いた『愚管抄』や親鸞《しんらん》の書いた『和讃』中の古代の記事（たとえば聖徳太子について）の方が、『古事記』や『日本書紀』より信用できる〟こんな議論をしたら、誰が信用するだろうか。その論者の顔をあきれてまじまじと見返すことだろう（『扶桑《ふそう》略記』や『神皇正統記』をとっても、同じことだ）。もちろん、慎重に言えば、それらの古代記事や引用の方が正しく、『古事記』『日本書紀』の記事のあやまりを〝正す〟ことのできる、そんなケースが絶無とは言えぬかもしれぬ。しかし〝そのケースだ〟と言う論者には、どんなに厳密な論証が要求されても、されすぎることはない。ただ〝こちらの鎌倉期の文献の方が『古事記』『日本書紀』の現存写本より古いから〟そんなていの論だけではとても無理だ。これは史料批判の常識である。

このような強引な議論に大学の専門的な学者まで頼っているのを見て、わたしはまず思った。〝この人たちには古写本や古版本の史料批判の経験がないのかな〟と。しかし本当の理由は、別にあろう。〝見林や白石の立てた近世史学の説、天皇家中心主義の手で生み出された学説、その「邪馬台＝ヤマト」の旧説を新たに正当化する〟という、その「無理」を出発点にしたため、こんな苦肉の理由づけに奔《はし》らざるをえなかったのである（たとえば「『魏志』の『倭人伝』をどう読むか」〈対談〉直木孝次郎・松本清張氏、「歴史と人物」昭和五十年四月号参照）。

もう一つ、例をあげよう。わたしははじめ『三国志』の写本を探した。そして現存唯一の写本（残片）とも言うべき「呉志残簡」を見出した。そして〝狂喜〟した。没頭した。ところが現存『三国志』の該当部分と詳細に比較点検すると、両者〝別系統本〟であることがやがて判明した。差異が大きすぎたからである（偽作説もあった）。こんなことは古写本研究上、よくあることだ（たとえば、親鸞の『教《きょう》行信証《ぎょうしんしょう》』において、自筆本なる坂東本と専修寺本〈弟子の書写〉・西本願寺本〈親鸞死後の書写〉との間に字面の差異が数多いことは著明である）。これがわたしの研究経験だった。しかるに最近、これを〝現存『三国志』にあやまりのある証拠〟のように論じておられる人があった（安本美典氏）。これも、〝別系統本〟に関する史料批判の常道をわきまえぬ見解だ。やはり〝原文の邪馬壹国を何とか否定しよう〟とするあまり、この〝無理〟に陥られたのであろう。

要するに、『三国志』の全版本すべて邪馬壹（一）国だ。これをこちらの都合で（「ヤマト」に合わせるため）書き変えてはならぬ。――この単純な事実が根本だ。

卑弥呼の国を「邪馬台国」と書いてはばからぬ、現今の教科書。それが「邪馬一国」と正しく書き改められるべきは、当然だ。文部省の調査官たちが、いくら〝「邪馬台国」のままでいい〟と、権限、権威をもって〝お墨付き〟を与えたとしても、それは真実とは関係がない。

## 里数問題

第一書『「邪馬台国」はなかった』を書いたあと、最初に経験した大きな論争。それは榎一雄氏との間だった。東大現役時代に発表された「榎説」と呼ばれる〝放射線読法〟で有名だ。一九七三年（五、六月)、読売新聞紙上に十五回にわたって「邪馬台国はなかったか」という題の論文を出し、わたしを攻撃された。そしてわたしは「これは前半であり、目下後半執筆中」の旨のお手紙をいただいたのである。これに対し、わたしは直ちに十回の反論を同紙(九月)に載せた(『邪馬壹国の論理』)。以後、「後半」は今に至るまで出ない。右の前半は、もっぱら国名問題、『三国志』の版本問題であったから、肝心の行程問題が予想される「後半」が出なかったのは残念だ。

これより早く、里数値問題で反論されていたのが、山尾幸久氏『魏志倭人伝』(一九七二年、講談社)だ。倭人伝の里数値は、いずれも漢代の里単位(通例、一里＝四三五メートル)では理解できぬ。五〜六倍の〝誇大さ〟だ。例の「一万二千里」も、漢代の里単位なら、女王国は赤道の彼方になってしまう。これに対してわたしは「魏・西晋《せいしん》朝の短里」という概念を提起した。〝『三国志』は「一里＝約七五メートル」の里単位で書かれている〟そうのべた。これに対し、〝誇大値は倭人伝と韓伝だけ〟という山尾氏の立場から反論されたのである。けれどもわたしが「魏晋(西晋)朝短里の史料批判」(一九七四年、『邪馬壹国の論理』所収)で右の山尾氏の本の所論に対する詳細な再批判を行なって以来、氏の応答は絶えた。

それから十年近く、学界からの反応はほとんどなかった。代わって藪田嘉一郎(「歴史と人物」一九七五〜六年)、白崎昭一郎(「東アジアの古代文化」一九七五〜七年)といった在野の研究者との間に論争を交えた。そして果然、昭和五十五年初頭、安本美典氏の『「邪馬壹国」はなかった——古田武彦説の崩壊』(新人物往来社)の出現を見たのであった。その主題は、わたしの第一書のパロディだ。副題も「九州王朝の証言(五)——『定説』の崩壊」(「東アジアの古代文化」、一九七九年秋)というわたしの論文のパロディ。内容もまたパロディで満たされ、非難や中傷が多い。しかし学者の、かくもなりふりかまわぬ態度は、むしろ〝光栄〟かもしれぬ。なぜなら感情的な攻撃、それは論者の強さをしめすものでなく、弱さをしめす、これが榎氏との応答以来、わたしの知るところだからである。第一、感情的な応答は読者の迷惑。それゆえことを実証的側面に限定し、正確に再批判しよう。

安本氏がその著述の過半を「里単位」問題にあてられたのは一識見だ。倭人伝の行路記事を理解する上で不可避のポイント。多くの古代史の専門家がこれに深くふれずにきた方がおかしいのだ。以下、安本氏の立論を検討しよう。

わたしははじめ、氏の説を「東夷伝短里説」かと誤解していた。なぜなら安本氏は、「地域的短里説。魏の時代、『短里』は、朝鮮半島を中心に、倭にかけて、地方的に行なわれていたと考える。すなわち、『短里説』は、『三国志』の『魏志』の『韓伝』『倭人伝』の部分について妥当すると考える。私は、この立場に立つ」（傍点、古田。「数理科学」一九七八年三月号「邪馬台国論争と古代中国の『里』」）とのべておられたからである。

右の前半では〝朝鮮半島を中心に短里〟というのだから、〝北は東北省南辺あたり（高句麗《こうくり》・夫余《ふよ》等）から南は倭国まで短里〟の意と見える。〝そこで、当然、韓伝・倭人伝は短里となる〟そういう趣旨にうけとったのである（「九州王朝の方法――証言(2)」「東アジアの古代文化」一九七八年秋）。ところが、安本氏の主張はちがっていた。後半が実体、それをもとに（同意として）前半をうけとるべきだったのことだったのである。これは「すなわち」という接続辞の用法としては適切でない。だが、それもよい。わたしたち日本人はしばしば気づかずに〝あいまいな〟文章を書いているものだから。論争でことが鮮明になれば、それでよいのだ。だが、安本氏が、わたしの理解を〝悪意のすりかえ〟のようにくりかえし中傷しているのを見ると、不審だ。自己の文章の〝不備〟を棚上げしておられるからである（氏は今回の本で右の「朝鮮半島を中心に」を「朝鮮半島から」に書き変えておられる。一四一ページ）。

ともあれ、氏が山尾氏と同範囲（ただし山尾氏は〝巨大〟説）の「倭人伝・韓伝短里説」であることが判明した。これを批判しよう。

東夷伝には「（韓地）方四千里」と並んで「（高句麗）方二千里」「（夫余）方二千里」がある。これを図示（本書八五ページ参照）してみよう。

高句麗の東西について、左の記事がある。

㋑（高句麗）遼東《りょうとう》の東、千里に在り。

㋺（東沃沮《よくそ》）西南長、千里なる可し。

すなわち朝鮮半島北辺は〝千里プラス二千里プラス千里〟でほぼ「四千里」というわけだ（右の㋑㋺の位置解釈に多少の差があっても、大勢は変わらない）。朝鮮半島南辺（韓地）の「四千里」と同じである。つまり半島の現形がほぼ正確にとらえられているのである。これがもし、北辺の方だけ「漢の長里」（南辺の短里の約六倍）だったとしたらどうだろう。北辺は短里に換算すると二万四千里（五倍だと二万里）となって、半島の現形はこわれてしまう。しかも高句麗・東沃沮は魏軍（毌丘倹《かんきゅうけん》）の長征路だ。日本海岸に達したことが書かれている。一方の韓地も魏軍（楽浪《らくろう》・帯方郡側）の韓側との激戦地だ。戦争というリアルな認識で大勢の魏人の目と足が知ったところ、六倍や六分の一の誤認など、おきようはない。

この点、人口の密度から見ると、一層明瞭《めいりょう》だ。韓地＝馬韓十余万、辰韓・弁韓四、五万。計、戸十七〜九万。高句麗＝戸三万。韓地は高句麗の約六倍だ。面積比は四倍（一辺四千里と二千里）だから、平坦な韓地の方が一倍半の人口密度、というわけだ。ところが、高句麗の「方二千里」が長里だったとしよう。短里に換算すると「方一万二千里」だから韓地の九倍の面積。それで人口が六分の一だから、密度比は「一対五十四」だ。いかに山地と平坦地とはいえ、一国の平均密度にこんな大差があろうか。考えられない。この点からも、「朝鮮半島北半長里」説は成立できない。

なお興味深い現象がある。東夷伝中、濊《わい》・東沃沮《よくそ》・挹婁《ゆうろう》は面積・戸数とも書かれていない。このうち挹婁は分かる。「未だ其の北の極まる所を知らず」というのだから、当然である。ところが濊と東沃沮はちがう。北の夫余・高句麗と南の韓地の中間だ。楽浪・帯方郡のすぐ東隣である。ここの面積や人口を、中国側が知らない、というのはおかしいのだ。この答えは、やがて分かった。肝心の楽浪・帯方郡の面積や人口も書かれていないのである。知らなかったのだろうか。とんでもない。直轄地だ。〝知りすぎていた〟自明の知識。だから書かなかった。そう考えるのがすじだ。ところで東夷伝によると、東沃沮はもと漢の玄菟《げんと》郡。郡治が沃沮城におかれていた。のち南半を分けて東部都尉の官を不耐城においた。のちの濊の都である。つまり東沃沮、濊とも、旧直轄地だ。だから書かれていないのだ。やはり既知の「自明の知識」だったのである。こう考えてくると、重要な事実が浮かび上がる。〝韓地の北辺「四千里」というのは、すなわち帯方郡・旧玄菟郡の南辺の長さである〟ということだ。陸地の中の国境において、〝一方からだけの国境〟ということはありえない。同じく、高句麗の南辺「二千里」は楽浪郡（および旧玄菟郡）の北辺だ。いずれも〝中国側の直轄地の北辺と南辺の長さ〟なのである。それを一方は短里、一方は長里で書く。そんな馬鹿げた書き方があろうか。この一点を考えてみても、「朝鮮半島北半長里」説は成立できない。

もう一つ。倭人伝に書かれている「帯方郡治〜狗邪韓国」内の七千余里。この最初部分（帯方郡治から韓国西北端まで）が帯方郡治内であることは当然だ。七千余里が短里なら、その一部たる帯方郡内通行部分（千五百里前後か）もまた短里。それは当然だ。この事実からも、「帯方郡治内の距離が短里で測られている」こと、それは明白だったのである。この点も、右にのべた「直轄領内短里」の論証とピッタリ一致する。〝倭人伝内の記事の実質は、韓地以北をもふくむ〟この自明の事実が見のがされてきたのだ（なお「韓国内陸行」問題については第一書参照）。

以上の論証は次の帰結に至る。〝「中国の史官がその直轄地を短里で記している」という事実は、すなわちそれが当王朝自身の採用単位だったことをしめす〟と。この必然の論理帰結を、さらに裏づけるもの、それは次の例だ。

A挹婁、夫余の東北、千余里に在り。……古の粛慎《しゅくしん》氏の国なり。（魏志、挹婁伝）

B倹（毌丘倹）、玄菟の太守王頎《おうき》をして之《これ》（高句麗王の宮〈王名〉）を追わしむ。沃沮を過ぐること千有余里、粛慎氏の南界に至り、石を刻みて功を記す。（魏志、毌丘倹伝）

両例で、明らかに同一個所（沃沮〜挹婁間）を同じく「千（有）余里」と記している。ところでAは東夷伝、Bは本伝（十八巻）だ。すなわち〝東夷伝だけ短里〟というような説（まだその論者を見ない）もまた、成り立たない。すなわち「『三国志』自体が短里で書かれている」、この命題しか残されてはいないのである。

× ×

なお中国本土（本伝）の事例について、安本氏のあげられた反論を、紙幅の許す限り、再吟味しよう（佐藤鉄平『隠された邪馬台国』サンケイ出版、白崎昭一郎『東アジアの中の邪馬臺国』芙蓉書房も、ほぼ類似の例をあげている）。

㈠（天柱山）高峻《こうしゅん》二十余里。（魏志十七）

この山は一八六〇メートルだ（中華人民共和国地図、一九七一、北京）。従って「一里＝約七五メートル」

の短里だ。わたしはそう論じた。これに対し、安本氏は、これは山を登るための〝道のり〟を長里で書いたもの、とし、「山の高さ」は「丈」で現わして「里」では表記せぬ、とされた（ただ安本氏はこれをわたし（古田）の立場の〝演繹《えんえき》〟とされる。後記）。『三国志』では天柱山の他に山高を記した例は、「（林歴山）高数十丈」（呉志十五）しかないのをたてにとられたのである。この場合、『三国志』だけからでは結論は出せない。しかし左（山高を「里」で表記した例）を見てほしい。

○文穎《ぶんえい》曰く「（介山）其の山特立し、周七十里、高三十里」。（『漢書』武帝紀、注）

文穎は三世紀、後漢末から魏朝にかけての人だ。ここ（山西省）は二〇〇〇メートル前後の高度だから、短里（約二二五〇メートル）でほぼ妥当する（汾山《ふんざん》。万泉県の東。また介休県の東南にも、同名の山がある）。もしこれが長里なら、一三〇五〇メートルだ。エベレスト（八八四八メートル）など問題にならぬ超高山となろう。従ってここにも魏朝頃に「短里」の行なわれていた痕跡《こんせき》がある（菅野拓氏のご教示による）。

他の例をあげよう。

○（永昌郡）博南県、山高四十里（『華陽国志』『邪馬壹国の論理』ミネルヴァ書房版二一二ページ所収、参照）。

○騶山《すうざん》有り、高五里、秦始皇、石を刻す（『後漢書志』郡国志二、注。篠原俊次氏のご教示による。ただし、これは「短里」の例ではない）。

なお水経注には、山高に「里」を用いた例が頻出《ひんしゅつ》している（同右）。

㈡江東に割拠す。地方数千里。（呉志九）

これに対し、史記（項羽本紀）・漢書（項籍伝）に「（江東）地方千里」の文がある。項羽の最後を語る、有名な故事だ。同じ「江東」の広さが異なって現わされている。従って前二書の「千里」は『三国志』の「数千里」（約五〜六千里）に当たる。すなわち『史記』『漢書』と『三国志』とは里単位がちがう（五〜六分の一）、わたしはそう論じた。ところが安本氏はこれに反対し、次のような白崎氏の「弁証」に従って、「数千里」は「約五〜六千里」の意味ではない、とされた。

以下、いささか繁雑だが、「漢文の練習」くらいのつもりで、少しつきあってほしい（何なら〝斜め〟に読んでくださっても、結構）。

(1)㋑（董蓋《とうがい》—人名）蒙衝闘艦《もうしょうとうかん》、数十艘《そう》を取り、……（呉志九）

㋺蓋、先ず軽利艦、十舫《ほう》を取り、……（江表伝）

有名な赤壁《せきへき》の戦いの口火を切ったときの文（二書による）だ。白崎氏は右の二例を比べ、「数十」は「十」（せいぜい二十）を意味するとされた。しかし右の文の前後をよく見ると、㋑の文のあとには「蓋、諸船を放つ」とあり、㋺の文のあとには「瑜《ゆ》（周瑜）等、軽鋭を率いて其の後を尋継し、雷鼓大進す」とある。それらの関係を明示すると、左のようだ。

（呉志）　（江表伝）

〈先駆船〉　諸船——十舫

〈母軍〉　数十艘——軽鋭……大進

すなわち白崎氏は比定対象をあやまられたことが判明する。

(2)㋑先主（劉備《りゅうび》）歩率数万人を将《ひき》ゐて……（蜀志二）

㋺先主、軍を幷《あわ》せて三万余人。（同右）

白崎氏は〝数万人に若干増兵した結果が三万余人〟だから、「数万」は「二万程度」とされた。しかし㋺の「幷軍三万余人」は、「軍を幷《あわ》すこと、三万余人」（「軍三万余人を幷す」と読んでも同じ）であって、〝数万人に対し、さらに三万余人を増兵した〟の意だ。漢文として、「軍を幷せて（その結果）三万余人」などと読めるものではない。

(3)左将軍（劉備）県軍我を襲わんとす。兵、万に満たず。（蜀志《しょくし》七）

劉璋《りゅうしょう》はいったん北の張魯《ちょうろ》（五斗米道《ごとべいどう》）の討伐を劉備に依頼した。ところが、その劉備が対峙《たいじ》した軍の一部を反転させて自都（劉璋の拠点）に襲来させることを恐れていた。そのときの鄭《てい》度（劉璋の将）の言だ。白崎氏はこの「万に満たず」つまり「一万弱」を先の(2)の㋑劉備の軍「数万」と対比された。「数万」は「一～二万」で、それが減って「一万弱」になっていた、というのだ。しかしこれは、張魯と現に対決している母軍（本隊）の中から、一部をひき抜いて劉備が自都を奇襲させることを恐れているのである。この場合のキイ・ワードは「県軍」（本国または根拠地をはなれて、遠く敵地に入る軍）だ。母軍を前提にした支軍をしめす術語である。それゆえ氏の対比は妥当ではない。

(4)㋑中軍および倹（毌丘倹）等の衆数万を統《す》べ、……（魏志二十八）

㋺遂に四万人を以て行く。（魏志明帝紀）

魏の明帝が遼東《りょうとう》の公孫淵《こうそんえん》討伐の軍を派遣したときの文だ。白崎氏は㋑の「数万」を㋺の「四万」にあてられた（毌丘倹の軍「一万」をあわせれば「五万」かもしれぬ、という）。

ここで抜けているのは、「倹等」の「等」の字の吟味だ。毌丘倹（一万）以外の将軍の軍（若干）も、中軍（魏の中央軍。これが四万だ）に合流したのだ。従って「四万プラス一万プラス若干」で、文字通り「約五～六万」が「数万」とされているのである。従って逆に、わたしの理解の正当さを裏づける例なのだ。

(5)㋑（孫権）周瑜・程普等の水軍数万を遣わし、……（蜀志二）
㋺（孫権）周瑜・程普・魯粛《ろしゅく》等の水軍三万を遣わし、……（蜀志五）

赤壁の戦い直前の描写だ。白崎氏は㋑㋺を比べ、「数万＝三万」とされる。右の〝抜き出された二文の比較〟からは、一見そう見えよう。しかし㋺の前後の文脈を読むと、状況は一変する。ここは有名な知将、諸葛孔明《しょかつこうめい》が蜀《しょく》（劉備）・呉（孫権）二国の軍を合して魏《ぎ》の曹操《そうそう》に当たる、その秘策をもって、孫権を説得する場面。はじめ孫権はしぶる。劉備が曹操に破れて敗走してきた直後である上、自分（呉軍）は三万の水軍しかもっていなかったからである。ところが、孔明は「今戦士の還《かえ》る者、及び関羽の水軍、精甲万人。劉琦《りゅうき》、江夏の戦士を合すれば、亦《また》万人を下らず」と言う。蜀に「二万プラス一万強」つまり「二万強」の水軍がある、というのだ。そしてこれを〝孫権の統率下に委ねよう〟と提案するのである。〝虎穴《こけつ》に入らずんば虎児をえず〟の、大胆な〝懐柔〟策だ。孫権は喜び、その提案をうけ入れる。そのとき孔明は言う。「今、将軍（孫権）、誠に能《よ》く猛将に命じて兵数万を統じ、上州（劉備）と協規・同力せば、操（曹操）の軍を破らんこと必《ひっ》せり」と。「二万強プラス三万」つまり「五万強」がこの「数万」なのである。これが㋑にも現われた「数万」の実体だ。これも逆に、わたしの理解を立証する。

以上、白崎氏が挙げ、安本氏が易々と同調された諸例、いずれもわたしに対する「反証」ではなかった。逆にひとつひとつ、わたしにとっての好例だったのである。ことに(4)(5)は〝加算して約五～六万を数万と称した〟例だから、貴重だ。「著者陳寿の意識」を明瞭《めいりょう》に証明するものだからである。両氏に感謝したい。

なお二点を補記する。

(6)『三国志』において「五、六百人」等の表現があるのは、「数」がふつう五や六に当たらないからである、と白崎氏は主張され、これをわたしへの反論とされた。しかし、これは不当だ。なぜなら「数百人」と言うときは、「約五～六百人前後」の意であり、「五、六百人」より、一段と幅をもった「概数」表現だからである（その中核が「五～六」と言うにすぎない）。

(7)韓伝に「凡《およそ》五十余国。大国万余家、小国数千家、総十余万戸」とある。だから〝「数千家」が「五、六千家」ではありえない〟と。この点を両氏は力説された。その理由は〝「五十余国」全部小国だったとしても、「十余万戸」をはるかに越えてしまうから〟というのだ。一応もっともだ。だが、問題のキイは、この記述を「平均値」もしくは「全部」の意ととる点だ。この一文は〝大国では万余家のもあるが、小国ではせいぜい五～六千家どまり〟そういう意味なのである。たとえば倭人伝に「国の大人、皆四五婦」とある。これに対比してみよう。あたかも「小国皆数千家」であるかのように、両氏は錯覚されたのである。

以上、面倒な漢文の解読にながながとおつき合いいただいた。その目的は、「（江東）方数千里」がやはり「方、約五～六千里前後」であることの証明だった。それは「『三国志』の本伝も『短里』で書かれている」ことを検査する、一つの直接例だからである。そしてその結果は――〝ここにも短里あり〟だった。すなわち「魏・西晋朝の短里」は、『三国志』本伝でも、用いられているのである（〝江東に時代による広狭があるかもしれぬ〟とも言及されているが、不当だ。なぜなら多少の誤差は当然ながら、「二十五倍～三十六倍」もの、広大「江東」地をさすなら、それをしめす「呼び方」が必要であろう。たとえば国・郡・県のちがいのように）。

×　　×

先にのべたように、〝『三国志』内の里単位は何か〟という問題は、すぐれて専門的な、専門家の課題である。にもかかわらず、山尾氏の沈黙以来、学界はひたすら無関心をよそおってきた。そして依然〝倭人伝は誇大〟と称したり、「卑弥呼の墓」を「一五〇メートル」以上の大きな古墳であるかのように、平気で扱ってきたのである。ところがその間、かえって〝素人〟の探究者から鋭い問題提起が行なわれた。たとえば、谷本茂氏「中国最古の天文算術書『周《しゅう》髀《ひ》算経《さんけい》』之事」（「数理科学」一九七八年三月）がこれである。氏は天文学的計算から、『周髀算経』の中に短里（一里＝七六～七七メートル）が使用されていることをつきとめた。そしてこれがわたしの提示した短里（約七五メートル。厳密には「七五～九〇メートル」の間とし、その中の「七五メートル」に近い、とした）と無関係でありえないことを鋭く指摘されたのである（谷本氏の計算は、オランダのユトレヒト天文台の宇宙物理学者、難波収氏によって、その正しいことが再確認された）。

この谷本論文はしめしていた、白鳥庫吉から松本清張氏に至る「倭人伝内里数値誇張説」がすでに〝破産〟したことを。なぜなら、単なる〝誇張〟で、これほど一里の単位数値が両書（『周髀算経』と『三国志』）合致することはありえないからである。そしてさらに今回の論証によって安本氏・山尾氏・白崎氏等の「韓伝・倭人伝短里（もしくは誇大等）」説もまた破産し去ることとなったのである。古代史学界は、倭人伝誇張説や「卑弥呼の墓」大古墳説に別れを告げなければならない。

## その他

まず、安本氏の犯された大きなミスにふれよう。氏は小山修三氏（国立民族学博物館）の図2（本書八九ページ）を転載し、「弥生時代の政治的文化的な文明圏の中心は、博多湾岸あたりには、なかったことがいえる」と言われた。すなわち〝筑後や肥後の方が筑前より遺跡が多いから、古田のような博多湾岸中心説はなり立たない〟というのだ（安本氏は朝倉郡を中心とし、筑後川一帯に「邪馬台国」を求められる）。

わたしは不審を抱き、小山氏を訪ねた。氏は安本氏の使用の仕方を見て驚かれ、この地図をそのように使用するのは不適切である旨、克明に告げられたのである。すなわち、①千平方キロのメッシュ（網の目）で統計したため、北辺は「海・陸」半々といった形になった。②弥生期の海部分（たとえば博多の中心街）も、この地図上は「陸地」の形になっている。③筑後北部と筑前南部（春日市付近）は、同じメッシュに入っている。④春日市・太宰府近辺に遺跡の濃密なことは、十分意識していた。以上だ。安本氏の読解法は全く不適切だったのである。

次に、安本氏の本を読んで不審に思った個所についてのべよう。

「『三国志』の里程を、実際にしらべられた方（たとえば、山尾幸久氏や白崎昭一郎氏など）で、古田氏以外に、『魏晋朝短里説』に立つ人はいない。その意味では、長里説をとる山尾幸久氏と私との間にも、共通するところがある」（一四二ページ）

これによると、わたしの説を支持した人はいないように見える。ところが、かつて氏自身、次のように書いておられる。

「（古田氏によれば）『三国志』をつらぬいて、一里が何メートルであるかは、ほぼ安定している。すなわち、すべての里は、同一単位をあらわしている。それは、現在の七五～九〇メートルにあたる。（じつは、私も、古田氏と、同様の調査を行ないつつあった。そして、古田氏と同様の結論を得つつあった）（実測と照合すれば、『魏志倭人伝』の一里が、九〇メートル弱になることは、拙著『邪馬台国への道』でものべている）。

（自分でも、行なっていたのでのべることができる。古田氏の調査は、ゆきとどいている。そして、すくなくとも、その『里』についての結論は、みとめるべきであると思う）」（「図書新聞」、一九七一年十二月十一日）

しかも、氏は今回の本（五一ページ）でも、この論文をほぼ全部転載された。ところが、右の「（　）」部分をカットされているのだ。たしかに冒頭に「（一部略）」とは書かれている。しかし読者はこれをどう受け取るだろう。〝現在の論点に関係ない個所を略したのだろう。他意はあるまい〟そう受け取る。それが通常の神経だ。ところが、実は、——自己の〝変説〟を証明すべき、肝心の個所、それをみずからカットしておられたのである。アン・フェアーと言うほかはない。

×　　×

以上によって、安本氏の今回の本に対する批判を終えた（残された諸点については、別の機会に詳記する）。要は、この本の前半の国名問題、後半の里単位問題、いずれもその批判は不当だった。しかしながらこれらは、わたしの説（邪馬一国説と『三国志』全体「短里」説）の正しさを逆に証明すべき、幾多の実例をあげてくださることとなったのである。——やはり〝邪馬一国はあった〟のだ。どこに。その中心は博多湾岸である。

かえりみれば、この白崎・安本氏等の反論によって、わたしは第一書で言いえなかった多くの点を明白にできた。そのことを何よりも論争の成果、として氏等に厚く感謝したい。そしてなお「沈黙」をつづける諸大家・専門家たち、たとえば九州説の榎一雄・井上光貞、近畿説の直木孝次郎・上田正昭等の諸氏が、これを範とし、敢然とわたしの邪馬一国博多湾岸説に対する撃破の論を展開されんこと、それを日夜待つ。——そして近畿「邪馬台国」説を支持し、世間に流布させてきた、大半の考古学者の諸家もまた。

# 古代史を妖惑した鏡

## 問題のキイ・ポイント

銅鏡は日本古代史の基準尺である。

日本の考古学上の出土物には、通例年代が刻されていない。代わって考古学者によってその様式上の前後関係が精密に測定される。いわゆる相対年代だ。だが、いかんせん、この方法ではそれぞれの絶対年代（中国の年号や西暦）を決定することはできない。

そこで活用されたのが鏡だ。通例「漢鏡」と称される銅鏡が筑前中域（糸島郡・博多湾岸・朝倉郡）を中心として集中出土する。たとえばいわゆる「前漢鏡」は、三雲遺跡三五面、須玖《すぐ》岡本遺跡二〇～二二面以上、立岩遺跡六面のように。いずれも一甕棺《かめかん》からだ。またたとえばいわゆる「後漢鏡」は、井原遺跡（一甕棺）二一面、平原《ひらばる》遺跡（一割竹木棺）四二面のように。

そしてこれらに対し、いわゆる「前漢鏡」をもつ甕棺は一世紀後半、いわゆる「後漢鏡」をもった甕棺は二世紀前半、といったふうに、各絶対年代をそれぞれ〝割りふって〟きたのである。

これが問題のキイ・ポイントだ。なぜなら、この〝割りふり〟が「定点」化されれば、同時に、他のほとんどすべての考古学的出土物のおおよその絶対年代は、当然自動的に〝決定〟されるからである。すなわち、右の銅鏡の容器たる甕棺。この巨大土器(須玖式土器)の絶対年代が銅鏡によって決められる。ということは、とりもなおさず(少なくとも九州の)、すべての土器の絶対的位置(西暦上の時点)がほぼ(体系的に)判明することを意味する。なぜなら土器の相対年代の精密な体系の中に、この「定点」をはめこんだのだからである。

だから、右の絶対年代の〝割りふり〟がもし狂っていたとしたら、――全体系の絶対年代が狂ってしまう。そういう〝危険きわまりない〟一すじ道を日本の考古学界は、大正以来、ひたすら走りつづけてきたのであった。

## 舶載と仿製

まず右の「漢鏡」(前漢鏡・後漢鏡)という呼び名が問題だ。それが日本列島から出土しながら、なぜ国産でなく、中国製だ、と判別できたのであろうか。

この点、大半の考古学者にとって「自明の公理」とされたもの、それはつぎのようだ。

〝中国から中国鏡が日本列島へ輸入される。これが第一段階。次にそれを日本人が下手に模倣する。これが第二段階である〟と。そして前者を「舶載」、後者を「仿製《ぼうせい》」と名づけるのだ。公的な博物館にせよ、大衆的な展示場にせよ、右のような分類によって表示されている。しかし、ことはそれほど簡単だろうか。

第一、〝文字の伝来〟と比較してみよう。中国や朝鮮半島から、文字の書かれた〝既製品〟――たとえば紙、たとえば瓦《かわら》・石・金属等――が「舶載」される。その文字を日本列島人がひたすら眺《なが》めて文字を理解する。そんな光景を信ずる人は少ないであろう。当然、文字を解する中国人や朝鮮半島人が日本列島に渡来し、日本列島人たる青年や大人が彼らから文字を学ぶのだ。いわば、マン・ツウ・マンの伝授である。

〝鏡の伝来〟も同じだ。鏡という既製品が「舶載」されて、日本列島人がひたすらその鏡なるものをひねくりまわして眺め、これを下手にまねる。そんな光景を想像する人があれば、わたしにはそれはむしろ空想的なシーンに見える。ユーモラスだといってもいい。

わたしにとって現実的に見えるのは、つぎのシーンだ。

鏡を作る技術をもった中国人や朝鮮半島人が日本列島にやって来る。日本列島の青年などが彼等から鏡の作り方を学ぶ。――これである。

ただ既製品を外から眺めただけで、作る。これはたいへんなことだ。ところが、マン・ツウ・マンで一方は教え、他方は学ぶ。これなら、技術の伝来としてきわめて自然なのである。そのさい、渡来鋳《ちゅう》鏡《きょう》者が日本列島内で鏡を作った、とする（教える途次に、当然自分でも作るはずだ）。その鏡は「舶載」なのか、「仿製」なのか。――どちらでもない。「舶載」したのは〝人間〟そのものであって、その〝日本列島内で作られた〟鏡を「舶載」と呼ぶことはできない。これは自明の理だ。

また彼らから学んだ日本列島内の青年たちの、その作品は下手か、上手か。当初は確かにまずいであろう。しかし、十年、二十年たっても同じくまずいだろうか。なにより、まずいままで師匠（鋳鏡渡来者）は、容認するだろうか。こう考えると、〝うまいから〟という理由で「仿製に非ず」と断ずること、それもまた実際問題として危険なのである。

## 富岡四原則と私の公理

以上のように考えてくると、富岡謙蔵によって立てられ、以後の考古学者によって〝遵守《じゅんしゅ》〟されてきた、左のような富岡四原則（今の問題点は第一〜二項）は、方法論上〝脆弱《ぜいじゃく》〟だった、と言わねばならぬようである。

㈠鏡背の文様表現の手法は支那鏡の鋭利鮮明なるに対して、模造の当然の結果として、模糊《もこ》となり、図像の如きも大に便化され、時に全く無意義のものとなり、線其の他円味を帯び来り一見原型ならざるを認めらるゝこと。

㈡支那鏡にありては、内区文様の分子が各々或《あ》る意味を有して配列せるを常とするに対し、模倣《もほう》と認めらるる（ママ）ものは一様に是れが文様化して、図様本来の意義を失へるものとなれること。

㈢本邦仿製《ぼうせい》と認めらるゝものには、普通の支那鏡の主要部の一をなす銘文を欠く、図様中に銘帯あるものと雖《いへど》も、彼の鏡に見る如き章句をなせるものなく、多くは文字に似て而《しか》も字躰《じたい》をなさず、また当然文字のあるべき位置に無意味なる円、其の他の幾何《きか》学的文様を現はせること。

㈣支那の鏡に其の存在を見聞せざる周囲に鈴を附せるものあること。

右を簡約しよう。

①鋳上《いあ》がりが悪いため、文様・図像・線などがあいまいになっていること。

②したがって図様（文様・図像）本来の姿が失われていること。

③文字がないこと、もしくは〝文字に似て文字に非ざる〟文様めいたものにくずされていること。

④鈴鏡（鏡の周辺に数個の鈴をつけたもの）は、中国にないから日本製である（第四項は、はじめの三項とは方法論上、異質である。分布図による本来の方法だ。なお、第三項の文字問題については、本稿の主要課題としてのちにのべる）。

これに代わってわたしは、次の二項目を基本の公理として提出したい。

㈠鏡そのものからは、一般に、中国製か、国産（日本列島内での生産物）かは、判別しにくい。

㈡しかし、なんらか、特別の徴証にめぐまれたときにのみ、右について判別できる。

以上は、わたしが『ここに古代王朝ありき――邪馬一国の考古学』で、すでにのべたところ、その略要だ。

では、右の新たな公理の㈡に当たる、注目すべき事例を提示しよう。

## 黄金塚古墳を訪れる

昭和五十四年四月一日、わたしは和泉黄金塚《いずみこがね》古墳を訪れた。大阪の読者の会の方々といっしょだった。頂上には、「黄金塚」と書いた石碑が立っており、裏面に昭和二十五年秋、昭和二十六年春、の年時とともに、主査末永雅雄氏・助手島田暁氏・森浩一氏の名が刻されている（横面には建碑者堀本勝雄氏の名がある）。森少年の通報により、六年を経てこの学術発掘に至ったという、後年の森氏自身の記された述懐（『古墳の発掘』中公新書）がそぞろ思い出される。

わたしが今回ここを訪れたのは、ここから出土した鏡への関心からだった。右の発掘後、魏の年号

「景初三年」の年時を有する、と称されて（小林行雄氏『古鏡』参照）、古代史界に喧伝《けんでん》された、画文帯神獣鏡。その銘文をめぐる新たな問い、それがわたしの中に生じはじめていたからである。

もちろん、現在の黄金塚古墳頂上には、右の石碑以外何一つない。ないだけではない、荒涼としている。近隣の高校生がここに来てひそかに喫煙し、ために緑樹が全焼した（土地の堀本幸雄氏の話）と言われるように、読者が写真集（たとえば森氏『古墳』、保育社カラーブックス）で目にされたであろう、あの美観とは一変している。

わたしはかつて九州の装飾古墳が荒廃し、頽色《たいしょく》がまさに〝日進月歩〟しつづけているのを歎いたことがある（古田「『海賦』と壁画古墳」『邪馬壹国の論理』所収）が、近畿においてもまた、「天皇陵」関係ならざる古墳の中には、しばしば同類の運命が訪れているようである。

## 動詞の重用

さて、問題の文面を左にかかげよう。

A、景□三年、陳□（是か）作、詺詺之、保子宜孫

この文面の〝原型〟が島根県神原神社古墳出土の三角縁神獣鏡の左の銘文にあることは、よく知られている。

B、景□三年、陳是作鏡、自有経述（迷か）、本是京師、杜□（地か）□出、吏人□□、□□三公、母（母か）人詺之、保子宜孫、寿如金石兮

両文面を対比すれば、ただちに判明するように、AはBの単純な〝ふみかえし〟などではない。Bを

い、もとにして〝大胆な節略〟を試みているのである。

このさい、注意しておきたいことがある。A中の二字連続した「諮」字について、その最初の「諮」字を〝「鏡」の字を写し誤ったもの〟と見なす説が学界に〝通念化〟されているようである(1)(たとえば福山敏男「景初三年・正始元年三角縁神獣鏡銘の陳氏と杜地」「古代文化」26、一九七四・一一、『大阪府史』第一巻五九五ページ)。

けれども、「鏡」と「諮」とは、一見して判るとおり、相似した字形ではない。それゆえこれを〝写しあやまった〟と見なすのは、立論あまりにも〝安易〟にすぎるのではあるまいか。福山氏はこれを「いわゆる下文にひかれて誤ったもの」と言っておられるけれども、私的な下書き、草稿類ならともかく、完成せられた金石文の場合、このようなミス説は安易には採用しがたい。

なぜなら〝文字と文章を解する〟鋳鏡者なら、出来上がった自己の作品を一読すれば、ただちにこのような〝あやまり〟は発見できるからである。それとも〝見返す暇もないくらいいそいでいた〟とでも言うのだろうか。あたかも締め切りに追われた二十世紀の執筆者のように。――わたしには信じがたい。

そしてこのAの文章の作者は、Bの文を前にしてその文意に対し、〝大胆な節略〟をほどこしているのであるから、当然〝文字と文章を解する〟人だ。この点、立岩遺跡の二号鏡(古田『ここに古代王朝ありき――邪馬一国の考古学』ミネルヴァ書房版一二六ページ参照)の鋳鏡者とは、まったく撰を異にしているのである(彼の場合は、三号鏡のような同種の漢詩文から、随意の文字を勝手にピック・アップしてこれをひとつづきの文面として使用している)。

では問題は、どう解いたらいいのだろう。わたしには、右の点については、〝Aの文はあやまってはいない〟と思われる。なぜなら、わたしたちは七支刀の銘文中につぎの文章を見出す。

□辟百兵、宜供供侯王、□□□□作、（表面の末尾。古田『失われた九州王朝』第二章三参照）

ここにも「供供」という二字重複の動詞の用法がみられる。わたしはこの用法に対し、〝動詞の重用〟と名づけたい。中国本土の〝本来の漢文〟では、この種の用法は見出しにくい。

しかるに四世紀（泰和四年〈三六九〉）の百済《くだら》では、この〝動詞の重用〟が実用されていたのである。とすれば、このAの文面の「詻詻」も、いわばこの〝百済式（あるいは朝鮮半島式）漢文〟の一つ、と見て、さしつかえないのではあるまいか。少なくとも、安易に誤写説をもちこむより、その方がすじの通った理解だ。わたしにはそのように思われる（なお、このAの文冒頭の「景□三年陳□作」の表現も、同じく七支刀の銘文中に類例がある。——「泰和四年……□□□□作」〈表面〉古田『失われた九州王朝』第二章三参照）。

## 「之」の用法

だが、問題はここで終結しはしない。より重大な問題を提出するもの、それはAの文中の「之」だ。お手本をなすBの文章の場合、この「之」は文頭の「鏡」を指している。何の他奇もない代名詞の用法だ。ところが、Aの場合、この被指示語がカットされて〝消え去って〟いるのだ。これはどうしたことだろう。

けれども、一歩しりぞいて考えてみると、〝文意をとる〟上では、実際上何の支障もないのに気づくであろう。「景□三年作」とある場合、〝何を作るか〟。その答えは明白だ。なぜなら、これが銅鏡の上に刻せられた銘文である以上、この「作る」という動詞の意味する対象、それが鏡そのものであることは自明であるから。

とすれば、「之に詺詺す」。つまり〝これに名づける（「詺」は「名」に同じ。名づける）〟というとき、この「之」が実際上、何を指すかも、同じく自明だ。当然、〝当の鏡〟のことを意味する以外にない。すなわち、この〝節略〟は、まさに実用上は、何の疑いもない文意をもっているのだ。しかし、いったん視点を変えて〝漢文法〟の立場から見れば、問題は異なる。すなわち、通常・自然の文脈を構成しているとは言えないのである。

このさい、注意しておくべきは、助辞としての「之」の用法である。

○之。猶《なお》兮のごときなり。（経伝釈詞、九）

○鸜《く》之鵒《よく》之。（左氏、昭、二十六）

Aの文中の「之」も、あるいはこの助辞的用法と見なしうるかもしれぬ。しかし〝お手本〟であるBの文の場合、この「詺之」の「之」は明白に「鏡」という被指示語をもつ代名詞、通例の用法だ。たとえば、

○尚方作竟。巧工刻之成文章。（尚方、竟（＝鏡）を作る。巧工、之に刻し、文章を成す。）（永平七年尚方獣帯鏡）

○会稽師鮑作明鏡。行之大吉宜貴人。（会稽の師、鮑、明鏡を作る。之を行（＝用）ふれば大吉、貴人に宜し。）（黄初四年半円方形帯神獣鏡）。

（梅原末治『漢三国六朝紀年鏡図説』）

と同じだ。だから、そのようなBの文を承《う》けた、Aの文中の「之」だけ、助辞的な用法と見なすこと、それはやはり不自然であろう(2)（また論語冒頭の「学而習之」のような「学而」と「習之」を対句にした韻律・声調的な(3)行文というケースにも妥当しにくいようである）。

## 作者の〝身元〟

わたしたちは以上の分析によって、このAの文の作者の〝身元〟を知ることができる。

第一に、中国人ではない。もし中国人だったなら、「諮諮」といった「百済式（あるいは朝鮮半島式）」の〝動詞の重用〟など使わないであろう。

第二に、たとえば百済人のような、朝鮮半島人ではない。なぜなら、もし彼らであったなら、被指示語抜きに指示語、「之」を使用することなど、ありにくいと思われる。

たとえば、七支刀の裏面に「此刃」という表記が現われているが、この「此の」という指示語が、表面の「七支刀」という名詞を指していることは明白だ。すなわち、通常の明晰《めいせき》な指示語としての用法なのである。したがって、このAの文の作者は、「百済式」素養をうけてはいるけれども、百済人（及び朝鮮半島人）そのものではないように思われる。

したがって、結論はつぎのようだ。〝このAの文の作者は、日本列島人である可能性が高い〟と。すなわち、この画文帯神獣鏡自体もまた中国製ではない。その上、国産である可能性が高いのである。

## 「論語・千字文伝来前」の状態

以上の帰結は、従来「船載」と「仿製」を判定する基準とされてきた富岡四原則の第三項目から見れば、驚くべき矛盾と見えるであろう。

しかし、この第三項目には富岡自身による論証が付せられていない。それは『古事記』（及び『日本書紀』）の問題の記事、

○又百済国に「若《も》し賢人有らば貢上せよ」と科賜《おほせたま》ひき。故《かれ》、命を受けて貢上せる人、名は和邇吉師《わにきし》。即ち論語十巻、千字文一巻、幷《あわ》せて十一巻。是の人に付けて即ち貢進す。（『古事記』応神記）

を、「文字初伝」とする、当時の通念に立っていたからだと思われる。

しかしこれは、明らかに史料批判上の誤断であった。なぜなら、そこには「文字初伝」という記載はない。ただ〝文字に関連した〟記事として最初だ、というにすぎなかったのである。

この記事の実質を冷静に見つめてみよう。文字なるものをまったく知らぬところへ、いきなり『論語』や『千字文』といった高度の文字資料をもちこむ、などというのは、あまりにも唐突だ。『論語』が、東アジア文明世界で、最高度の文字資料、少なくともその一つ、と見なされてきたことは言うまでもない。『千字文』もまた、〝文字をまったく知らぬ〟人々にとっての指針ではなく、〝一応、文字についてあれこれと知りえたものの、いまだ知識は体系的でなく、断片的かつ不十分である〟。そのような教養状態の場において適切、そして卓効を放つべき資料なのである。

このように分析してみると、古墳前期（四世紀）とされる、この黄金塚古墳中の画文帯神獣鏡。その中に刻された銘文は、右のような「論語・千字文伝来前」の状態にまことにふさわしいことに気づく。すなわち〝文字を知りながら、いまだ中国の文字の機能には十分に習熟せぬ〟状態である。

## 鋭い一つの問題提起

わたしがこの四月一日、黄金塚の頂上で右のようなA・B二銘文の比較論にふれたとき、鋭い問いを放たれた方（丸山晋司氏）があった。〝ここの鏡の銘文（A）の作者が、神原神社古墳の鏡の銘文（B）を見たとき、すでに「景□三年」の□の字は判読しがたくなっていたのではないか〟と言われたのである。無視できぬ問いだ。

Aでは、お手本のB中、おそらく文意上のハイライトをなすと思われる「自有経述……三公、母人」の間がいっさいカットされている。ことに「詺之」の直前の「母人」は、下の「詺之」に連続した文意をなしている可能性が高い（福山氏は「母（＝毋）人詺之」を「人のこれに名付くることなし」、つまり形容できぬほど立派であるという意、と解される）。

しかるに、Aの作者は、委細かまわず、これをズバリと切り捨てているのだ。ところが、この〝切り捨てられた〟部分にもまた、不明字が（現存鏡中）多く存在するのである。とすると、これもまたAの作者がB銘文に接したとき、〝すでに見えにくくなっていた〟のではないか。そういう疑いが生じるのだ。

もちろん、これはことの性質上、確定しうるものではない。しかし、一つの鋭い問題提起として、後代の探究者の眼前におきたいと思う。

## 主観主義的方法との袂別

ここで研究史上もっとも注目せられてきた年号問題(「景□三年」)にふれよう。この第二字が、はじめ「和」と読まれ、のち「初」と読み改められた経緯については、小林行雄氏がすでに書いておられる(『古鏡』)。これに対して、その前提をなす字形考察について、基本的な錯認が存在していたことをわたしはすでに指摘した(三国時代の魏と北魏の区別。『失われた九州王朝』第一章二)。しかるに、これに対する応答は、学界から聞こえて来ない。

この年号に対するわたしの態度は、簡単かつ明白である。〝読めない文字は、読めないとする〟この一言だ。〝重要な資料に対し、自分で文字を補い、その上に立って自家の重大な論証を立てる〟この自補自証主義は、わが日本古代史学界の宿痾《しゅくあ》である。このように〝主観主義〟的な手法とは、袂《たもと》をわかつ。わたしにはそれが学問にとって肝要の一事、と思われる。

## 大きな反省を

右の分析は、従来の研究史上における鏡の処理法、ことに「船載」と「仿製」についての判別法に対し、大きな反省をもたらすこととなろう。

従来、この黄金塚古墳の画文帯神獣鏡こそ〝卑弥呼に対する銅鏡百枚下賜に関連する年の記銘鏡〟と信ぜられた。そのため、邪馬台国＝近畿説の有力な証拠であるかのようにさえ喧伝《けんでん》されることがあったのである。少なくとも、この鏡こそ〝鋳上がりがよい〟〝文様がしっかりしている〟〝文字がある〟と、三拍子そろったうえ、さらに〝魏《ぎ》の年号がある〟と考えられたのだ。すなわち「船載鏡」中、屈指の代表鏡たる光栄をになってきたのである。

ところが、その当の鏡が、実は国産の可能性が濃いこととなった。これは一方では、従来の日本考古学の一背柱たる、富岡四原則（第一～三項）の破産を意味する。そして他方では従来「船載」と信ぜられてきた、すべての日本列島出土鏡に対する再検討を〝要請〟するものだ。

たとえば、近年埼玉稲荷山古墳から出土した画文帯神獣鏡のごときも、〝鋳上がり〟〝文様〟〝文字の数及び鮮明さ〟いずれの点においても、この黄金塚古墳出土のものに劣っている。さらに出土古墳自体も、黄金塚古墳よりずっと年代がおそい。そのような稲荷山古墳出土鏡に対し〝船載鏡である〟という証明をせぬまま、〝これは文句のない船載鏡〟と断じ去って顧みないとしたら、それは軽易にすぎるのではあるまいか。

## 在野の研究者の偉大な直観

かつて河内の金剛輪寺の僧侶であった覚峰（一七二九～一八一五）は、国分神社所蔵の三鏡の写しに接し、その一つに「海東に至る」云々の文字あるを見、前漢初頭以前に「鋳工銅を持して我国にて鋳《い》たるもしるべからず」と想定した（白井繁太郎氏『阿闍梨覚峰の伝』大阪府立図書館、昭和三十三年刊、森氏『古墳』）。時代認定の誤認は別としても、先人の偉大な直観であった（この「海東鏡」については、古田の右著参照）。

この和泉黄金塚古墳の画文帯神獣鏡に対しても、故藪田嘉一郎氏は〝「鏡」を「諂」と誤っている〟点などから、これは仿製鏡ではないか、という見解をしめされた。その根拠自体は、本稿においてしりぞけるところとなったけれども、やはり偉大な直観をふくんでいたと言えよう。

いずれも在野の探究者ながら、否それゆえにこそ、既成の観念に「妖惑《ようわく》」されざる〝純真の目〟をもちえたものかもしれぬ。

この黄金塚の一枚の鏡が日本古代史の上に暗示するところ、それはきわめて深くかつ鋭いものだ。たとえば、この場合、「三角縁神獣鏡→画文帯神獣鏡」という形の模倣が行なわれている。従来、同型式の鏡の比較がさかんであったけれども、模倣は鏡の型式を〝越えて〟いるのだ。

さらに重大なこと、それは模倣の方向が「出雲→和泉」という方向をもつ点だ。〝西から東へ〟なのである。この点、〝近畿を原点とする東西への影響〟という方向性を自明のこととしてきた日本考古学界の従来の傾向に対し、見のがしえぬ警告となろう。

その他にも、本稿の到着点から再出発すべき論点は多面にわたるけれども、今いったん筆をおき、他日に期することとする。

## 鏡の再点検の重要性

わたしは古代史の三書（『「邪馬台国」はなかった』『失われた九州王朝』『盗まれた神話』）において、文献にもとづく探究を志した。『三国志』他の中国史書、『古事記』『日本書紀』等がその対象だった。

その意図するところは〝物語《フィクション》〟の玩味ではなかった。〝真実《リアル》な史実の追跡〟である。それゆえ〝裏づけ〟が必要だった。何の裏づけか。言うまでもない、考古学的出土物の分布図だ。

その時代における日本列島内の分布中心、それを求めねばならぬ。そこが「都」だ。それがたった〝一つ〟だったとしたら、日本列島は「統一」されていたこととなる。逆に中心点が〝複数〟あれば、まだ統一されていなかったこととなろう。――これは自明の道理だ。わたしにはそう思われた。

そこでわたしは三世紀（弥生期）について、また五世紀（古墳期）について、さらに七世紀（歴史時代）について、その探究を行なった。その結果、意外にも（あるいは当然にも）わたしが先に行なった文献批判の結果（邪馬一国博多湾岸説及び九州王朝説）、それとピッタリ一致した帰結をうることとなったのである。わたしはその骨格を『ここに古代王朝ありき――邪馬一国の考古学』にしるした。

その中で、焦眉の一論点、それは鏡の問題だった。周知のように〝古墳時代（四～六世紀）、近畿を中心に分布する三角縁神獣鏡こそ卑弥呼の鏡〟。これが考古学界の大多数、いわゆる「定説」派の見解だ。それゆえこれに対する新しき批判、それが不可欠だったのである。

鏡の研究史の探究によって、わたしはその一焦点が「文字」の問題にあったのを知った。従来の考古学界では「文字があれば中国鏡」という命題が確固として信ぜられていたように見える。それは富岡謙蔵氏の立てた「仿製鏡判定の基準」に対する〝妄信〟もしくは〝不十分な理解〟にもとづくものだった。その点をわたしは追求した。

その結果、いわゆる「舶載」とされてきた三角縁神獣鏡が、その実は〝中国から渡来した鋳鏡者の手によるもの〟や〝それに対する国内模造品〟であったことを幾多の面から立証しえたのである。

また弥生期に〝筑前中域（糸島郡・博多湾岸・朝倉郡）を中心に集中出土する〟いわゆる「漢鏡」の中にも、実は〝国内産〟とおぼしきものの、少なくないのを「発見」したのだった。

その重要な〝一つの手がかり〟は、ここでも「文字」の問題だった。わたしがそこでかちえた命題、それは——「文字があるからといって中国鏡とは断定できない」この一事だったのである。

これに対して奥野正男氏の反論が毎日新聞（一九七九年十一月十日夕刊）に現われた。(3) その論題「三角縁神獣鏡、仿製説は銘文だけでは立証できない——中国出土鏡にも〝日本式語法〟がある」がしめすように、わたしの命題を〝すりかえ〟いわば〝換骨奪胎〟したものだ。すなわちその批判対象は、わたしの関知せぬ、一種別の命題なのであった。

が、その点はさておき、わたしは氏の挙げられた「西安高楼村出土の清白鏡」（『陝西省出土銅鏡』文物出版社刊）の銘文に興味をもった。なぜなら立岩鏡（福岡県飯塚市立岩出土）のような〝通常の漢詩のていにあらぬ〟銘文、それは〝周辺の夷蛮の「無文字」文明が、中国の文字文明にはじめて接触したとき、一般的に生じうべき、未熟の形式〟である。——わたしにはそう思われていたからだ。平たく言えば、〝中国の詩文の用字法を、いわゆる「夷蛮」の人々がはじめから厳格に受け入れえたとは限らない〟。そういうテーマなのである。

ところが、氏のあげられた右の実例を実際に検してみると、そのケースではなかった。〝原詩を短縮しながら、原詩の趣を精妙に表現し、韻律も見事に踏んでいる〟そういう、〝縮約の絶品〟だったのである。

わたしは落胆すると共に、新たな喜びをえた。なぜなら日本の『万葉集』における「長歌に対する反歌の用法」、その先蹤をなす手法をここに〝発見〟しえたからである。

他にも、「銘文における倒置の用法」や「而文鏡」や「海東鏡」等の銘文について、氏はわたしの説を批判しておられるので、以下これに簡明に答えたい。

先ず、わたしの立場を列記する。

## 鏡は語る

第一、根本の公理は次のようだ。〃一定の出土物が一定の領域に分布しているとき、それはその領域に独自の政治的、文化的世界が成立していたことをしめす〃

第二、鏡の場合の原則は次のようだ。㈠日本列島出土の銅鏡について、中国製か、日本製か、その判別は一般に困難である。㈡しかし、何らか〃特殊な条件〃に恵まれたときにだけ、右の判別が可能となる。たとえば①その様式の鏡が中国や朝鮮半島から一切、もしくはほとんど出土しない場合。②文字の刻し方や詩文の刻し方、大きさ、図様等において〃中国鏡にない特徴〃が認められた場合、のように。

以上だ。そして㈡の②の実例の一つとして挙げたのが、立岩出土鏡だった。たとえば二号鏡の場合、三号鏡とほぼ同文を原拠としながら、各所で文字が抜き取られ、全体として意味不通となっているのだ。このような省略法は文字をよく知る中国人鋳鏡者のなしにくいところだ。従ってこれを〃疑いなき舶載鏡〃と断定してきた「定説」派の見解に対して疑問を呈したのである（右著ミネルヴァ書房版一一六ページ）。

これに対し、奥野氏は左表を提示された。

| 立岩二号鏡 | 西安高楼村鏡 |
|---|---|
| 絜精白而事君 | 絜清白而事君 |
| 惌而沄之弇明 | 志天〇〇弇明 |

| | |
|---|---|
| ○玄錫之沢流 | ○玄錫之流沢 |
| 恐疎遠而日忘 | 恐□○而日忘 |
| ○○美○○○ | ○○美天○○ |
| 外承○之可兌 | 外承□□○○ |
| ○○○○令京 | ○○○○○○ |
| ○永○而毋絶 | ○○○○毋紀 |

（○印は欠字、□は不明）

下段は『陝西省出土銅鏡』（文物出版社刊）により、「欠字の数は立岩二号鏡よりも多い文意不通の銘文といえよう」と言われた。ところが、右の本の当銘文（原形のまま）は次のようだ。「〃絜清白而事君、志天弇明、玄錫之流沢、恐□而日忘美、天外承□□毋紀〃（銘文減字）」。読み下すと、〃清白を絜（潔）くして君に事《つか》へ、天を志して明を弇《おおわ》る。玄錫の流沢、（疎）にして日に美を忘るるを恐る。天外、（永思）を承け、紀すること毋《な》し〃（補字は三号鏡等による）だ。文意不通どころか、達意の名句である。

絜清白而事君　清白を潔くして、君に事《つか》えしも、
窊泫驩之弇明　驩を泫《ふさ》がれ、明を弇《おおわ》れるを窊《うら》む。
伋玄錫之流澤　玄錫の流沢を伋し、
忘疏遠而日忘　疎遠にして、日に忘らるるを忘（恐）る。
懐糜美之窮嗌　糜美《うるわしきび》の窮嗌《ひそかなわらい》を懐《おも》い、
外承驩之可説　承驩の説《よろこ》ぶべきを外にし、
思窔佻之靈京　窔佻《たおやか》なる霊京（景）を慕う。

願永思而毋絶　願わくは、永えに思いて絶《た》ゆる毋《なか》らんことを。

（立岩三号鏡銘文『立石遺蹟』より）

原詩（三号鏡銘文の原形に類するもの）から語句を抜きつつ、別個の含蓄ある短詞形に結晶させたのである。万葉集の〝長歌にもとづいた反歌の技巧〟を思わせる卓抜の技法だ。これがなぜ「意味不通」か。解しがたい。思うに、氏は三号鏡型銘文からの撰句・抜文であるという一点に目を奪われた。ために詩句自体の姿を熟視せぬまま、わたしへの論難へと奔《はし》られたのではあるまいか。しかも、このタイプの縮約手法が、中国鏡に存することを、わたしは今回の書（右著ミネルヴァ書房版一二八ページ）にすでに明示しているのである。

次は、三角縁神獣鏡。わたしは次の諸点を注意した。①出土分布図から見て、これは当然国産である。②しかし、これが渡来人の作品である可能性は十分ある。③上質の「輸入白銅」で作られた可能性もある、等。その証例として河内国分神社蔵鏡をあげた（主銘「君宜高官」副銘「吾作明竟……用青同至海東」）。副銘は鋳鏡者の海東（ここでは日本）渡来をしめす。これに対し、近江大岩山鏡は「鏡陳氏作……用青同、君宜高官、至海東」だ。明らかに国分鏡の副銘型の文に「主銘」をはめこんだ形だ。そのため主述の文脈関係が混乱している。これは文字を解する中国人鋳鏡者のなしえぬところだ。わたしはそう指摘した。そして「鏡は陳氏作る」の句形も、通常の語法（陳氏作竟）に反する点、追記した。

しかるに氏は中国鏡（沙硯瓦池墓2）の「明竟吾作」の例を反証とされた。しかしこの例は「明竟吾作、三阳山湅、周刻列記、志象万毋……」という四言詩で、広い意味の音律上、倒置されたにすぎぬ。中国詩上、珍しからぬ技法だ。大岩山鏡の稚拙と同一視すべくもあらぬ、明晰なケースなのである。わたしの論証のポイントは国分鏡との「文脈対比」にあった。これが主点だ。しかも問題の根源は〝三角縁神獣鏡の中国不分布〟その一点だ。その疑問を出発点として、この大岩山鏡に逢い、その文字の不揃いな点も実見した。その結果〝「文字があれば中国鏡」という「定説」派の断定法は危険だ〟という命題の再確認に至ったのである。しかるに氏はわたしが〝銘文解釈だけで仿製鏡を立証した〟かのように真実をゆがめて、わたしを論難された。不当と言う他はない。

さらに氏の二論点を検しよう。

第一、「内而一青而……日而」という形の、「而」で連結された中国鏡をあげ、これも「漢文のていをなさぬ」もの、とし、あたかもわたしへの反論になるかのように扱っておられる。しかし「而」は〝連接の助辞〟であるから、右の構文に何の不思議もない。銘文の慣用語法だ。これを「反証」と称されたのは、論難に急がれたための氏の錯覚であろう。

第二、杜甫の詩の「駆石何時到海東」をあげ、この「海東」を「蓬萊山の仙人境」の意とし、「日本」にあらぬ証拠とされた。しかしこの杜甫の構文の原拠（述異記等）は「秦始皇、石橋を海上に作る。海を過《よ》ぎりて日出づる処を観んと欲す」だ。この「日出づる処」を杜甫は「海東」と表現したのである。「長老説くに、異面の人有り、日の出づる処に近し」（『三国志』東夷伝序文）とある通り、中国人は古来、黥《げい》面の倭人の本拠を「日出づる処」付近と見なしてきた。「日出づる処の天子」と自称した多利思北孤《たりしほこ》は「海西に大隋礼義の国有り」と言っている。これは自国を「海東」と見なした上での発言だ（『隋書』）。ここにも「海東――日本」を結ぶ明白な事例がある。杜甫が「日出づる処」を「海東」と表現したのも、不思議ではない。従ってこの反論もまた的外れである。

以上をもって今回の再批判を終え、改めて考古学者側の反応を待つこととしたい。

注

（1）Aの文につき「作詺」と「詺之」とに分けて理解する方法もありうる。けれども、そのさいは「作鏡」自体にまったくふれず、ただ「作詺」の件のみ重複して記すこととなり、やはり通常の銘文の様態ではない。

（2）この点（及び「動詞の重用」問題について）、尾崎雄二郎氏の御教示にあずかった。

（3）この奥野氏との論争に先立ち、次の二稿が「毎日新聞」に掲載された。「卑弥呼の鏡、論争をさぐる」（一九七九年七月十日、岡本記者）、「卑弥呼の鏡へ反論する」（同年八月十三日、古田）。

＊（編者注）一七五ページ、一八三ページともに文中に（3）があり、一七一頁は誤記載と思われるが真偽不明。復刊にあたり原文のママとした。

# 九州王朝の史料批判
## ――藪田嘉一郎氏に答える――

### はじめに

「歴史と人物」一九七五年九月号に、藪田嘉一郎氏の「『邪馬臺国』と『邪馬壹国』」が掲載された。わたしはまず、氏に対し、厚い感謝の言葉をのべたい。わたしの本『「邪馬台国」はなかった』（以下、第一書と呼ぶ）と『失われた九州王朝』（以下、第二書と呼ぶ）の二著の新説に対し、正面から忌憚《きたん》なき批判をお寄せ下さったからである。氏の反論の主題は国号問題だ。従来、三世紀卑弥呼の国の名は「邪馬台国」だ、と信じて疑われなかった。また七世紀の『隋書』に「日出づる処の天子、書を日没する処の天子に致す。恙無《つつがな》きや」と書かれている。〝これは当然、推古朝、聖徳太子の業績だ〟そのように一般の日本人は、いわば〝思いこまされて〟きたのである。

わたしはこれを全面的に否定した。『三国志』魏志倭人伝に書かれた女王国の名は、原文通り「邪馬壹国」として探究せねばならぬ。また、七世紀の『隋書』には、「俀《たい》国」（東夷伝中の俀国伝）と「倭国」（帝紀中の二例―後述）の二つの国名が現われている。わたしはこの両者を別国と見なすべきだ、としたのである（従来の研究史では、帝紀に二個の「倭国」の表記が現われることは、あまり注意されていなかった）。そして前者は筑紫の九州王朝、後者だけが近畿天皇家に関するものだ、と指摘したのである。先の「日出づる……」という国書の記事は「倭国」でなく、俀国伝の中である。すなわち、九州王朝の天子、多《た》利《り》思《し》北《ほ》孤《こ》が中国へ送った国書だ。決して推古天皇や聖徳太子ではない。わたしはそのように論証した（第二書）。これは決して単に「国号問題」にとどまるものではない。日本の古代史像は全面的に書きかえられねばならぬ。――そういう根本命題をふくんでいたのである。

　これに対する藪田氏の反論、それを再検証しよう。

## 「天下の孤証」について

　まず、版本事実と「天下の孤証」問題を見よう（中国の正史では、日本のように古写本ではなく、版本で伝えられているものが多い）。

　氏はのべられた。「紹興本の『邪馬壹国』こそ『根本の史料事実』（古田氏の語）と確信され、古田氏のもろもろの高説はこの信念の『壹』の上に築かれている」と。これはわたしの説のハッキリした誤解（もしくは誤記）である。わたしは紹熙《しょうき》本（一一九〇～一一九四）をもっともすぐれた版本だ、と明白にのべている（第一書ミネルヴァ書房版一〇五～一〇八ページ）。日本の皇室書陵部所蔵のものである（これに対し、時期的にやや早い紹興本〈一一三一～一一六二〉は中国の上海商務印書館・涵芬楼に所蔵されていた）。

　この紹熙本と紹興本とのとりちがえは、なぜか、わたしへの批判を物された各論者に、多い（鳥越憲三郎氏『大いなる邪馬台国』、松本清張・和歌森太郎氏対談〈「週刊読売」一九七五年七月五日号〉）。批判すべき、当の相手の根本の依拠本をあやまって認識する。――これが従来通りの〝版本に対する不注意〟の新しき現われでなければ幸いである。

だが、これはいわば〝単純な誤記〟だ。もっと意識的な問題点をふくむのは、氏の称される「天下の孤証」問題である。この一句は、一見スローガン風の強烈な印象をもつ。〝古田は『三国志』中のほとんどすべての版本に「邪馬臺国」とあるのを無視し、孤立した特殊な版本の文面「邪馬壹国」を摘出し、「これこそ原形だ」と騒ぎ立てている〟――そういった印象に、読者を導きやすいのだ。しかし、実際の史料事実は全くこれに反する。『三国志』の全版本、一として例外なく、「邪馬壹国」だ。「邪馬臺国」とする版本は皆無なのである。これが根本の事実だ。

『三国志』は、かなり各種の版本が伝承されている本である。たとえば武英殿本。これは乾隆勅版、清《しん》朝が諸学者を結集して編集させた本だ。巻末に詳細な校異がある。今、表示しよう。

| | 〈魏志〉 | 〈蜀志〉 | 〈呉志〉 |
|---|---|---|---|
| 北宋本 | 32 | 0 | 12 |
| 南宋本 | 60 | 35 | 70 |

（数字は校異出現回数）

次に『三国志補注』。これは「明景北宋本」を基本とした上で、「武昌一校宋本」「宛平三校北宋本」「元池州駱本」「北雍《ほくよう》本」等の各本を対校している。

次に『三国志標点本』（五冊本。北京中華書局）では、「百衲本」（紹興・紹熙、両本配合）、「武英殿本」（明の北監本による）、「江南書局刻本」（汲古閣本による）、「金陵活字本」（明の南監、憑夢禎本による）だ。

この本の末尾には、中国の学者の各本対照の校異が表現されている。

これらの各本ともすべて、「邪馬壹国」に非ずんば「邪馬一国」だ。「邪馬臺国」は皆無である。これが史料事実だ。だから、『三国志』の版本に関する限り、「邪馬臺国」こそまさに「天下の無証」なのである。

それゆえ、後代研究者が『三国志』の「邪馬壹国」を無造作に「邪馬臺国」に書き改めてきたのだ。この江戸時代の学者以来のやり方は、版本という肝心の史料根拠を全くもたない。それが確認されたのである。

この点、氏はこれらの史料事実について「以後この影響をうけたと見られるテキストについては論外である」とか、「『壹』に通じる『一』に作っただけである」（元の『文献通考』所引魏志）といった言い方で〝軽視〟するにつとめ、「天下の孤証」というようなスローガンめいた言葉で代置される。思ってもみよう。どんな本のどんな版本でも、〝影響をうけた諸本〟を除外すれば、その源流は一、二本になるのは、当然だ。このやり方なら、いかなる文献のいかなる表記でも、〝これは「孤証」だ〟と称して斥《しりぞ》けうるであろう。氏の筆法は道理に反しているとしか言いようはない。

その上、問題なのは氏の〝用語〟だけではない。氏は次のように言われる。「天下の孤証を論拠にすることは考証学において忌むところである」と。そうだろうか。わたしが直接に確かめえた中世文書、『歎異抄』の古写本問題を例にとろう。

『歎異抄』の蓮如本（蓮如の書写による本）は現存最古の古写本ではあるものの、幾多の点において他の諸本（室町期古写本群）と異なった、孤立した表記をもっていた。

たとえば、「親鸞」（諸本）を「親巒」（蓮如本）と書き、「フタツノ不思議ノ子細ヲモ分明ニイヒヒラカスシテ」（諸本）を「フタツノ不思議ヲ子細ヲモ……」（蓮如本）と書く。また「信心決定ノ道ナルカユヘナリ」（諸本）を「信心決定ノ通故ナリ」（蓮如本）と書く、等だ。ところがいずれも、孤立の蓮如本表記の方が、鎌倉期の特殊表記等にもとづく原形を伝えていた。それが判明したのである（古田著『親鸞思想――その史料批判』第二篇第二章第二節参照）。それも当然だ。古写本や版本の世界は〝多数決の政治世界〟ではない。それがかりに唯一個の孤立した写本であったとしても、〝他のすべての写本はあやまり、一本のみが正しい〟――そういうケースも、当然ありうるのだ。これは当然の道理である。それなのに、氏のように「考証学において忌むところである」といった、専門家風の標語めいた言い方でこの道理を無視されるのは、一種〝素人おどし〟の言というべきではあるまいか。

まして従来の「邪馬臺国」こそ、『三国志』のいかなる版本にも全く根拠をもたぬ。にもかかわらず、「全版本の例外なき表記」たる「邪馬壹国」に対して「孤証」呼ばわりし、先のような標語につづける。およそ無態としか言いようはない。

## 史料批判と「多数決の論理」

このように明白な道理にもかかわらず、氏が右のような標語をかかげられたのは、他でもない。「紹興本」「紹熙本」といった版本名を、わたしにならって点綴《てんてい》して論じながら、その実は、版本問題ならぬ〝他書籍との問題〟へと「問題転化」を行なわれたからだ。

すなわち、五世紀の『後漢書』や七世紀以降の唐宋代等の史書（『隋書』『北史』『梁書』『太平御覧』『文献通考』等）には、いずれも「邪馬臺国」とある。これを根拠として三世紀の『三国志』の「邪馬壹国」

を「孤証」視しようとされたのである。

だが、先にのべた道理のように、異種著作間の場合も、かりにそれらがすべて同時代の著作であったとしても、当然「多数決」をもって是非を決すべきいわれは全くない。ましてこの場合、一は三世紀の同時代史料であり、他ははるかのちの後代史料なのである。ことに唐宋代以降の著作の場合、もしその時代に原文面を「邪馬臺国」とする『三国志』版本・古写本の類が現存していて、それを反映していたとしたならば、その「邪馬臺国」本が、先の清朝所蔵等の各種南北宋本中にも全く姿を見せぬこと、それは不可解としか言いようはない。さらに現存する各種の『三国志』版本（中国・日本とも）に全く「邪馬臺国」という原文をもつ刊本の存在せぬ事実——この史料事実をいかにしても説明しようはないのである。

この同じ問題は、実は五世紀時点においてもすでに現われている。朝命をうけて『三国志』に対する校異を行なった裴松之《はいしょうし》が『三国志』と同時代の史書・資料二七二種を対比して、二〇二〇回にわたって、異同を精細に検証していながら、問題の「邪馬壹国」については何等の校異も注記していない事実。この史料事実に刮目《かつもく》すべきだ。裴松之は冒頭の「上三国志注表」に次のように書いている。

「其《そ》れ、寿の載せざる所、事の宜しく録を存すべき者は、則《すなは》ち採取して以て其の闕《けつ》を補はざるは罔《な》し」「或は事の本異を出し、疑いて判ずる能《あた》はざれば、並びに皆、内に抄す」「事の当否、寿の小失に及ばば、頗《すこぶ》る愚意を以て論弁する所有り」

つまり〝『三国志』本文に問題があれば、のがさず批判を加え、異本があれば正文・異文ともに収録する〟といっているのだ。しかも、これは南朝劉宋《りゅうそう》の朝廷の勅命によって行なった仕事だ。当時現存の『三国志』諸本は、当然裴松之の視野内にあったはずである。しかるに、裴松之は「邪馬臺国」という異本のあったことを一切記していない。

これに対し、もし藪田氏が〝その裴松之の時点ではすべて「邪馬臺国」であって、「邪馬壹国」とする版本はなかった。だから、裴松之は校異を加えなかったのだ〟と言われるなら、先にあげたように各種版本すべて「邪馬壹国」、「邪馬臺国」、という現存諸版本の分布事実とあまりにも矛盾しよう。〝五世紀以前は諸版本・古写本すべて「邪馬壹国」、それが宋本以降の各版本はすべて「邪馬壹国」に書き変えられた〟——このような流伝史上の反転を〝空想〟することは恣意《しい》的だ。単に後代論者の立論の都合のために仮構された仮想図にすぎぬ。版本事実という現実的基礎をともなっていない。

このような史料事実を直視する限り、従来「邪馬台国＝大和」説を唱導してこられた直木孝次郎氏が「公平にみて古田説に歩《ぶ》のあることは認めなければなるまい」(「邪馬台国の習俗と宗儀」、「伝統と現代」第二十六号〈邪馬台国〉特集号）と言われるに至ったのは、不可避の成り行きである（補論一）。

後代著作をもってする「多数決の論理」で代置するのではなく、「壹」を非とし、「臺」を是とする、具体的な実証だけが必要だ。それなしにこの史料事実を恣意的に〝書き変える〟ことは許されない。では、藪田氏はどんな実証を提起されたであろうか。

## 「臺」は卑字か貴字か

氏は〝「臺」には奴隷・下人を意味する用法がある〟として、左の例をあげられた。

○故に王の臣は公、公の臣は大夫《たいふ》、大夫の臣は士、士の臣は皁《そう》、皁の臣は輿《よ》、輿の臣は隷、隷の臣は僚、僚の臣は僕、僕の臣は臺なり。（『春秋左氏伝』昭公七年）

〝この「十等官」最下の意味では「臺」は卑字だ。だから「邪馬臺」全体も卑字の連続となって矛盾しない〟そう言われるのだ。

わたしは第一書でのべた。「臺」は『三国志』では「天子の宮殿とその直属政庁」を意味する。すなわち魏晋《ぎしん》（西晋）朝では、最高の貴字に属した。そのような特殊の用字を、「邪」「卑」「奴」といった〝卑字の大海〟ともいうべき倭人伝の表音漢字（固有名詞の表記）の中で、夷蛮の国名表記に使用するはずはない、と。「表音漢字選択の道理」だ。

これに対する氏の反論がこの「臺は卑字」論である。検証しよう。

「臺」に〝奴隷〟の意味があること、それは別段氏の「発見」ではない。たとえば諸橋轍次氏の『大漢和辞典』の「臺」項（八）だ。

○こもの。やっこ。下役。儓に同じ。

①臺、賤者之称。別に儓に作る。（『正字通』）

②僕の臣は臺なり。〈疏〉服虔云う。臺は、臺下に給する微名なり。（『左氏』昭七）

③蓋《けだ》し、是より臺、餽無きなり。〈注〉臺は賤官。使命を主る者なり。（『孟子』万章下）

④輿馬臺隷。〈注〉臺隷は賤職なり。（『後漢書』済南安王康伝）

わたしは第二書において『後漢書』中の「臺」の例すべてをあげた。だから当然右の④の事例を左のように提示しているのである（ミネルヴァ書房版、四二ページ）。

〈賤者名〉　1、臺隷一例（賤職、十等官の最下）

2、厮臺一例（賤人）

3、臺牧一例（音律にくわしい倡伎）

右の1（つまり先の④）の意義について、わたしは「十等官の最下」と記した。これはすなわち、藪田氏のあげられた『左氏伝』の「十等」の事例に依拠した解説なのである。事実は以上のようだ。それなのに、藪田氏は平然と、古田は「『臺』が賤者を意味することを知らなかった」（右号五五ページ）と書かれる。批判すべきわたしの本を漫然と読みすごされたのであろうか。

さて、問題の急所は、「臺」の〝一般的な意味〟ではない。辞書にある「臺」の意味十七個（諸橋）中、三世紀において、ことに今問題の文献たる、当の『三国志』において、実際に「臺」がどの意味で使用されているか、それが検証のポイントだ（第一書ミネルヴァ書房版、二八〜三〇ページ）。全五十八個。そこには「奴隷・下人」の意味の用例は全くない。代わって魏朝の造営した「臺」の用例が頻出《ひんしゅつ》しているのである。銅爵臺・金虎臺等十一例だ。ことに注目すべき例。それは、当の倭人伝にも出てくる「臺に詣《いた》る」といった用例だ。「臺」の一語で〝魏の天子の宮殿とその直属政庁〟を指している。――それが魏晋朝の特殊用法だったのである。

従って藪田氏が〝「邪馬臺」の「臺」は奴隷の意味だ〟などと言われても、それはいわば〝恣意的なあてはめ〟にすぎず、客観的な史料上の根拠をもたないのだ。

考えてもみよう。魏晋朝の記録官（もしくは史官）がかりに倭国の中心国名「ヤマト」「ヤマタイ」の類を「邪馬臺」と表記したとする。これに対して上級官僚から〝わが「天子の宮殿と中央政庁」を指す、この至高の字を夷蛮の国名などに使うとは、不謹慎ではないか〟と詰問されたとき、彼は〝いえ、昔、左氏伝などの用法に「奴隷」の意味がありますので、その意味で使いました〟などと答えて、それで〝すむ〟ものだろうか。現実に自分たちの居る場所の中心が「臺」と呼ばれている、さ中で。

また考えてみよう。「ダイ」「タイ」「ト」の類の音に当たる表音漢字は数多い。「ダイ」三一五個、

「タイ」四二六個、「ト」二〇一個、計九四二個（諸橋）。平仄《ひょうそく》等、厳密に音の適合する漢字だけでも、十や二十ではないはずだ。それなのに何を好んで〝紫のタブーに触れる、問題性をふくむ〟ような「臺」字を抜き出して夷蛮の表音漢字に使用する、そんな危険を犯す必要がどこにあろう。二十世紀の学者たちの、書斎での「自由な思案」とは異なり、〝こう考えれば卑字にもとれる〟といったような立場からの、呑気な用字選択権は、肝心の魏晋朝の記録官・史官には存在しえなかったのである。

## 魏における「臺」の用例

以上は、わたしの本の論証を正確に読んで下さった方なら、誰にでもわかっていただける理路だ。今は、さらに一歩をすすめよう。

倭人伝に次の二文がある。

A景初二年六月、倭の女王、大夫難升米等を遣わし郡に詣《いた》り、天子に詣りて朝献せんことを求む。

B壱与、倭の大夫《たいふ》率善中郎将掖邪狗等二十人を遣わし、政等の還るを送らしむ。因って臺に詣り、男女生口三十人を献上し、白珠五千孔・青大勾珠二枚、異文雑錦《ざつきん》二十匹を貢す。

右の二文について、わたしは疑いをいだいていた。〝Aの「天子に詣る」とBの「臺に詣る」と、この両者は実質上、同一の意味をしめしているのではないだろうか〟と。まさかBの場合、〝宮殿には行っても、天子には会わぬ〟という意味ではなかろう。その国の住民の場合ならともかく、外国からの使臣の場合、当然〝天子に拝謁して献上物を捧呈《ほうてい》する〟のが正規の礼儀だ。とすると、この場合は実質上「天子＝臺」に近いのではないかという疑いだった。しかし、それはなお、わたしの心中の推測にとどまっていた。だから、第一書ではこの「臺」をあくまで〝天子の宮殿とその直属政庁〟という理解にとどめたのである。

わたしにこのような疑いを抱かせた、もう一つの理由は次の史料だ。

○臣松之、案ずるに、魏臺、物故の義を訪う。高堂隆答えて曰く、「之を先師に聞く。物は無なり。故は事なり。復《また》事に能《よ》くする無きを言うなり」と。〈「物故」は〝人の死〟を言う〉（蜀志一、裴松之注）

右で「魏臺」は「訪う」という動詞の主格だから、当然〝人間〟をさしている。宮殿や政庁などではない。ところで、相手の高堂隆とは、『魏志』（二十五）に出てくる人物である。義を以て正諫《せいかん》する老臣として著名だ。客気の魏の明帝に対し、事あるごとに諫言し、戒めた事績がのせられている。さすがの明帝も、いつも正論を吐く彼の前では、いささか〝頭があがらなかった〟ようである。だから、右の「魏臺」とは、当然、明帝だ。つまりここでは「臺」は〝天子自身〟を指す用法なのである。これはちょうど後代の「殿様」「殿」といった言葉で、その御殿の主人公を指す、あれと同じ用法なのである。

だが一つ、史料上の難点があった。それは右が「裴松之案ずるに」とあるように、五世紀の裴松之の〝地の文〟の形で書かれていることだ。問答という、文章の形式からして、当然〝魏代の記録〟を背景にしているとは思われるものの、もう一つ、確証がなかった。

ところが、この問題を解決すべき史料が見出された。『隋書』の経籍志（二）だ。

○魏臺雑訪議　三巻　高堂隆撰。

この本の著者は高堂隆だから、当然三世紀魏代の本だ（彼は魏代に死んでいる。卑弥呼と同世代の人である）。この本の題名に出てくる「魏臺」。これこそ裴松之の文の背景なのである。『隋書』礼儀志（七）にも、引文がある。

○魏臺訪議に曰く、「天子、五采《さい》・玉珠、十二を以て之を飾る」と。

これは明白に直接引用だ。「魏臺」（明帝）の問いに答えた、高堂隆の「答え」を引文したものと思われる。これに対し、裴松之の場合、魏臺の質問文を要約して「物故」問題だけ抜き出したため、「魏臺（雑）訪議に曰く」という直接法の形にしなかったのであろう。

さて、この「魏臺」の「魏」とは、必ずしも「魏晋朝」の「魏」つまり国号ではない。

「魏闕《ぎけつ》　宮門外の双闕。転じて、朝廷をいう」。

○心は魏闕の下に居る。（『呂覧』審為）

○朝廷、魏闕と曰《い》う。（『故事成語考』宮室）

この「魏」は〝魏魏（＝巍巍）高大のさま〟である。この「魏闕」のことを、高堂隆は「魏臺」と言っているのだ。漢代に朝廷のことを「闕」と言った。それに代わって魏代には「臺」と言った。その変遷に対応した表記なのである。そしてこの表記をもって高堂隆は、その中の君主たる明帝その人を指示する、代名の辞として使用しているのだ。

こうしてみると、魏代には「天子」自身のことを「臺」と称した。その第一史料が右の本だ。高堂隆は魏朝最高の名臣だから、その使用例は、断乎たる重味をもつ。こういう魏晋朝の空気の中で、高堂隆のはるか下位に位置する史官たる陳寿たち、彼等が夷蛮の国名に対し、どうしてこの至尊指称の一字を用いて、「邪馬臺」などと書きえたであろうか。断じて否！

ここに「邪馬臺、原形」説は、第一書にもまして、決定的に拒否されざるをえないのである。この明々白々の道理を回避して、（この道理への反論を行ないえぬまま）なお、「邪馬臺（台）」の名を使いつづける人々は、もはや率直なる学問探究者の名に価いしない、そう言っても過言ではないのではあるまいか。

## 「俀」と「倭」の異同

氏の第二の力説点、「俀」と「倭」の異同問題に入ろう。

氏によれば、「緌」と「綏」（『干禄字書』）、「捼」と「挼」、「緌」と「綏」（『五経文字』）は混用文字であり、さらに『大宋重修広韻』の「捼」の項には「俗に挼に作る」とある。すなわち「委」と「妥」とは混用されている。だから、両字を峻別《しゅんべつ》する古田の議論は「野暮な話である」と説かれた。

なるほど、もし氏の言われる通りであったなら〝『隋書』には「俀国」と「倭国」と二国が記されている〟というわたしの立論は、その史料的根拠を失うこととなろう。ところが、氏の論議には方法上重大な欠落点がある。字書類に対する氏の右の見解が正しかったとしても（この点、後に検証する）、それは要するに〝一般論〟だ。肝心の『隋書』において、果たして「委」と「妥」の両字が本当に混用されているか、否か。その実証こそ眼目だ。——それが欠けているのである。

では、『隋書』中の全事例〈計、二七九個〉を左に表示しよう。

一、①委、一三〇個。②妥、五六個。
二、①緌、九個。②綏、六二個。
三、①餧、二個。②餒、六個。
四、①萎、一個。
五、①倭、二個。②俀、一一個。

左に各文例と解説をしめそう。

一①〈委〉(a)高祖、弥《いよいよ》意を頴《えい》（＝高頴。人名）に属《しょく》し、委《ゆだ》ぬるに心膂《しんりょ》を以てす。（列伝六、高頴伝）

(b)委曲蛇形《だけい》。〈委は〝まげる〟意〉（煬帝紀《ようだいき》下）

(c)紅腐の粟《ぞく》、塞下《さいか》に委積す。〈委積は〝あつめたくわえる〟意〉（煬帝紀下）

②〈妥〉何妥、字《あざな》は栖鳳《せいほう》。西城の人なり。（列伝四十、儒林伝）

「委」には「ユダネル」「ステル」「タマル」「オク」「シタガフ」「フス」「マゲル」「ヤスラカ、ヤスンズル」等、各種の意味があり、『隋書』各巻に頻出する。ところが、そのいずれにおいても、「妥」と書いているものは絶無である。

これに対し、「妥」もかなりの数が出現しているが、そのすべてが隋代の著名の儒学者「何妥」の名を指すものである。そしてそのいずれにも「委」という表記は絶無だ。この両字の表記例からみて、『隋書』が藪田氏の推定に反し、両字を明白に区別し、まぎらせていないこと、一点の疑いもない。氏の推論は、全く史料事実に反していたのである。

二、まず「緌」の実例をすべてあげよう。

翠緌（1）、鈴緌（2）、鈴及び緌（1）、翠羽を以て緌と為す（1）。

すべて「かんむりなどのたれひも」の意だ。これに対し、「綏」の場合は次のようだ。

①官名。綏戎将軍等（20）。②地名。綏州等（19）。③ヤスンズル。仰いで霊志を綏んず（15）。④旌のたれ毛。大綏・小綏（2）。⑤人名、成公綏（2）。⑥シリゾク。交綏（1）。

これらの場合、一切「緌」字は用いられていない（④は「たれひも」の場合と共に通例は「緌」と混用しうる意味だ）。さて、官名・地名の場合、「ヤスンズル」の字義と見られる。とすると、①②③総計五十四個は「ヤスンズル」の意と見られる。ところがそのさい、「緌」は一切用いられていない。ゆえに一般的な「緌＝綏」混用説は、ここでも明白に否定される。

三、右と異なるケースは、「餧」と「餒」だ。共に「ウエル」の意をもつ。『隋書』に出現するのは、いずれもこの意義だ（従って実際問題として、そのいずれが使われていても、それを「他の字の代わり」と考える必要はない）。全例をあげる。――①〈餧〉「凍餧」（1）「餧疾」（1）。②〈餒〉「飢餒」（2）。「凍餒」（3）。「兵餒」（1）。「餒棄」（1）。

四、〈萎〉哲人、萎《い》して、微言絶ゆ（1）。（経籍志一）ここにも「委」と「妥」の混用は見られない。

以上、〝『隋書』は決して「委」と「妥」を漫然と混用していない〟。その事実が立証された。従って藪田氏の推測は、直接の史料事実によって明白に否定されたのである。

次の写真を見よう。「委」と「妥」とが同一紙葉の中に、隣接しながら別々の形で版刻されている、この一片の写真によっても、必要な立証は明確に存在していたのである。

さらにふりかえれば、八個の「俀」字の叢出する俀国伝内に「云、委我弟」（云う「我が弟に委《ゆだ》ねん」と）の一句がある。ここでも「委」は決して「妥」とは書かれていない。この一点によってみても、『隋書』において「妥」と「委」は混用されていない、その事実は明瞭だった。そして今、『隋書』全体の全用例もまたそれを裏づけしたのである。

次に藪田氏の三種の唐・宋代字書類の処理の仕方自体にも、問題のあることを指摘したい。たとえば、『広韻』。氏は『捼』項に「俗に挼に作る」とある点に着目され、「このように『委』と『妥』は混用されていた」と言われた。しかし、『広韻』には無論「委」項（上平声及び上声）も「妥」（上声）項もある。しかし、そのいずれの項にも「両者混用」しうる旨は記されていない。また「倭」項も三か所出現する。

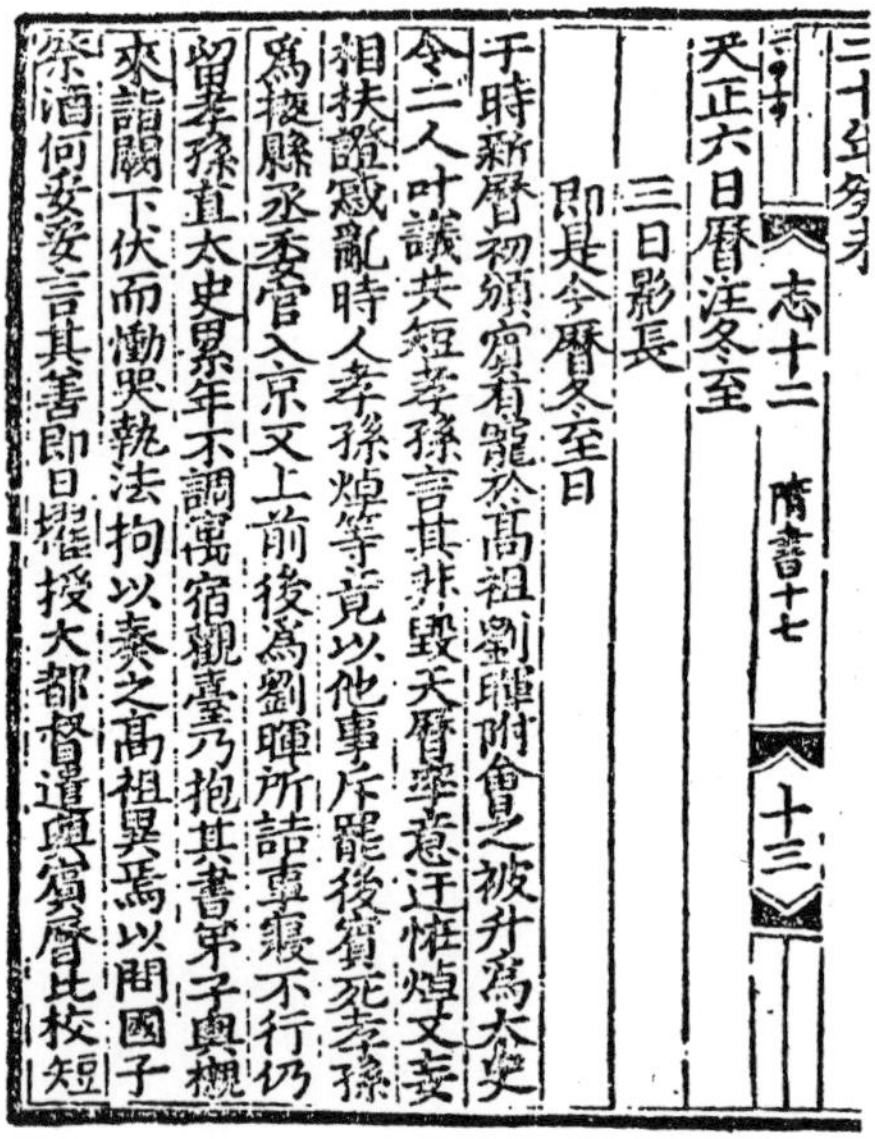
志十二　隋書十七　十三
天正六日暦注冬至
三日影長
即是今暦冬至日
于時新暦初頒寳有寵於高祖劉暉附會之被升為太史
令二人叶議共短孝孫言其非毀天暦率意迂恠焯又妄
相扶證惑亂時人孝孫焯等竟以他事斥罷後賓死孝孫
為掖縣丞委官入京又上前後為劉暉所詰事寢不行仍
留孝孫直太史累年不調寓宿觀臺乃抱其書弟子輿櫬
來詣闕下伏而慟哭執法拘以奏之高祖異焉以問國子
祭酒何妥妥言其善即日擢授大都督遣與賓暦比校短

『隋書』律暦志（中）〔元大徳刊本〕百衲本二十四史

〈上平声〉慎皃。〈下平声〉東海中国。烏禾切七。〈上声〉倭堕。又烏戈切。ところが、そのいずれにおいても「俀」と混用しうる旨の表記はない。このような『広韻』の史料事実自体を重んずる限り、「捼—挼」間の俗用関係等を抜き出して、「扁は問題でない」と称して「委—妥」「倭—俀」すべて混用できるように説かれたことは、この『広韻』自体の主張点を〝漫然と拡大し、恣意をもって変質せしめた〟ものではなかろうか。事実、『広韻』の主張点（「委—妥」「倭—俀」間の混用を全く説かぬ点）は、ほぼ同時代の史書たる『隋書』のしめした先記の全史料事実とピッタリ一致していたのである。

『干禄字書』や『五経文字』の場合もまた、「委—妥」や「倭—俀」間の混用を説かぬ点、『広韻』と変わるところはない。失礼ながら藪田氏は、わたしの論証を非とするために、いささか我田引水の字書利用法に陥られたのではないだろうか。

## 『北史』と『南史』の「俀」と「倭」

第三の問題は、『北史』と『南史』の異同だ。両書は同じ李延寿の著述である。それなのに『北史』の方は表題が「俀国伝」で、出現例八個とも、すべて「俀」だ。これに対し、『南史』の方は「倭国伝」だ。出現例十二例とも「倭」なのである（いずれも百衲本二十四史所収、元大徳刊本）。

藪田氏はこの点を突いた。『南史』の冒頭に「倭国。其の先、出づる所、及び所在、事は北史に詳し」とあるのを指摘し、「北史―南史」は相関しているから、これこそ「俀＝倭」の証拠とされたのである。まことに興味深い論点だ。しかし、遺憾ながらここでも藪田氏の看過されたのは、両書の内容それ自身の検証であった。左に構成内容をしめそう。

まず、『北史』。

①『三国志』の行路記事。〈三世紀〉
②『後漢書』の光武帝・安帝時貢献記事（「俀奴国」と記す）。〈一～二世紀初頭〉
③『三国志』の貢献記事（卑弥呼と「臺与」）。〈三世紀〉
④（挿入文）「其の後、復《また》男王を立つ。並《なら》びに中国の爵命を受く。江左、晋・宋・梁・朝聘絶えず。陳の平らぐに及び、……（隋書記事へつづく）」〈五世紀の要約〉
⑤『隋書』のほぼ全体の記事。〈七世紀前半〉

次に『南史』。

①『三国志』の産物・風俗記事。〈三世紀〉

②『宋書』のほぼ全体〈倭の五王の貢献記事と倭王武の上表文〉。〈五世紀〉
③『南斉書』の授号記事〈倭王武〉。〈五世紀〉
④『梁書』の授号記事〈同右〉。〈六世紀初頭〉

焦点は、次の各欠如部分だ。――〝『北史』は『宋書』(五世紀)の記事を欠き、『南史』は『隋書』(七世紀前半)相当の記事を欠いている〟のである。考えてみれば、これは当然だ。なぜなら、『宋書』の記事(倭の五王)は〝南朝にのみ関する〟ものであり、『隋書』の記事は〝北朝系の隋にのみ関する〟ものだからである。この視点から「国号の差異」問題を見つめよう。

「俀国」という国号は、『隋書』にはじめて出現する。そこで、『隋書』は〝『後漢書』―『三国志』相当の記事〟をも、「俀国の歴史」の一齣《ひとこま》として叙述したのである。「俀奴国」の表記は、その好例だ。これをうけついだのがすなわち、この『北史』なのである。

ところが、〝『宋書』―『南斉書』―『梁書』相当記事〟で終わっている南朝側では、「俀国」などという国号には〝およそお目にかかったことはない〟のだ。すべて「倭国」だった。だから『南史』では、一貫して「倭国の歴史」の一齣として処理したのである。すなわち、李延寿が『北史』と『南史』で、それぞれ「俀」と「倭」とに書き分けたのは、決して〝漫然たる混用〟の類ではない。逆に〝厳密なる峻別《しゅんべつ》〟の表記なのだ。この点、『隋書』における「俀国」と「倭国」の峻別という表記例と、ここでも軌を一にしていたのである。

考えてもみよう。この『北史』『南史』とも、元大徳刊本だ。つまり同一刊本である。それなのに(かりにいくら「混用字」だったにせよ)、「俀」と「倭」に両著述で版刻し分ける、というのは、何とも〝気まぐれすぎる〟ことではあるまいか。この不自然さ、という事実に藪田氏は深く目をそそぐことなく、いたずらにわたしの説への論難に奔《はし》られたようである。

## 「遂に絶つ」の主体は何か

第四は、「此の後、遂に絶つ」問題だ。『隋書』俀国伝の最末尾は、この話で結ばれている。大業四年の項だ。それなのに、同じ『隋書』帝紀（煬帝紀上）で、「大業六年春正月」の項に「倭国」の貢献記事がある。この一点をとっても、「俀国」と「倭国」は別国だ。――わたしは第二書でそのように論証した。これに対し、藪田氏は次のように言われる。「大業四年の後朝貢があっても、それを通常儀礼的な小事として省き、『此後』をずっとあとの意味で書いたのかもしれない。おそらく俀国伝の文意は、彼我国使の来往のごときが、その後はなかったというのであろうか。方物貢進のごときは一方的のもので、中国としては蛮夷の普通当然の礼儀にすぎなかった」つまり、要旨は次の二点だ。

①大業四年項に「此後遂絶」とあっても、実際は大業六年よりのちのある年を「基準点」として、「此後」と言ったものかもしれぬ。

②「絶」といっても、「彼我国使の来往」に関することであって、「方物貢進」は継続していてもさしつかえない。つまり、この「絶」の対象は俀国伝や『日本書紀』に現われた〝隋使来訪〟を指すものであり、「夷蛮→隋」の一方的な「方物貢進」の類ではない。

右の①については、失礼ながら、氏の都合にあわせた〝単なる想像〟としか言いようがない。『隋書』がこのように〝杜撰《ずさん》な〟構文を行なっている、という氏の論証は、何もない。ないどころか逆に、別の個所（同号四八ページ）では「『隋書』が編修に非常に慎重であったことには定評がある」と平気で書いておられる。甚だしい矛盾だ。

これに対し②の方は、『隋書』における「絶」の用字法の問題だから、的確に検証できる。『隋書』には四夷蛮伝がある。東夷〈六国〉、南蛮〈四国〉、西戎《せいじゅう》〈二十三国〉、北狄《ほくてき》〈五国〉の計三十八国だ。その中の「絶」の用例を左にあげよう。

1、(大業)十年、復《また》使を遣わして朝貢す。後天下乱れ、使命遂に絶つ。(百済)
2、(大業二年)爾《これ》より、遂に絶つ。(流求国)
3、(大業四年)是《ここ》に於て宴享を設け、以て清を遣わし、復使者をして清に随ひて方物を来貢せしむ。此の後遂に絶つ。(俀国伝)
4、高祖既に陳を平《たいら》ぐ。乃《すなわ》ち使を遣わして方物を献ず。其の後朝貢遂に絶つ。仁寿の末、上、大将軍劉方を遣わし、……元を撃つ。(中略)梵志《ぼんし》(林邑王)其の故地を復し、使を遣わして謝罪す。是に於て朝貢絶えず。(林邑)
5、大業十二年、使を遣わして貢献す。帝之《これ》を礼すること甚だ厚し。其の後亦絶つ。(真臘)
6、大業十二年、使を遣わして朝貢す。後遂に絶つ。(婆利)
7、漢氏、初めて西域を開き、三十六国有り。其の後五十五王を分立し、校尉を置く。都護以て之を撫納《ぶのう》す。王莽簒位《おうもうさんい》、西域遂に絶つ。後漢に至り、班超通ずる所の者五十余国、西、西海に至る、東西四万里、皆来り朝貢す。(西域伝、序文)
8、大業年中、相率いて来朝する者、三十余国。帝因《よ》りて西域校尉を置きて以て之に応接せしむ。尋《つ》いで中国大乱に属し、朝貢遂に絶つ。(同右)
9、(開皇)十六年、……子弟を遣わして入朝謝罪す。……是より朝貢絶えず。(党項)

10、大業中、始めて使を遣わし、方物を貢す。後、遂に絶つ。（康国）
11、大業五年、使を遣わして貢献す。後、遂に絶つ。（安国）
12、開皇六年、使を遣わして朝貢す。其の後、遂に絶つ。（女国）
13、是に於て朝貢遂に絶つ。……是に由りて朝貢遂に絶つ。（突厥）

以上の事例を検証すると、そのほとんどの国には〝隋使が訪問した〟記事は全くない（「百済伝」（大業七年）に「（煬帝）尚書起部郎、席律を遣わして百済に詣《いた》らしむ」とある）。たいていの国々は記事量も少なく、簡潔で、「隋使派遣」の気配すらないのだ。従って「絶」の内実を〝隋使派遣の有無に求める〟という藪田氏の臆測《おくそく》は、全く史料根拠をもたないのである。逆にこの「絶」の語は、いつも夷蛮側の「遣使貢献」をしめす語を承《う》けて使用されている。すなわち、この語（従来の慣例通り一応「絶つ」と読んだが、「絶ゆ」と読む方がより的確であろう）はまぎれもなく〝隋朝への貢献が絶えた〟ことを示す慣例表現なのである。

この点をさらに明瞭にしめすのは、7の例だ。王莽時代、西域の三十六国・五十五王について「遂に絶つ」と書かれているのであるが、この国数・王数から見ても、また後漢代の復活を「皆来り朝貢す」と記していることから見ても、「絶」の内容がこれらの国々からの、いわば一方的な「方物貢進」の事実を対象としていることは、これを疑いえない。

また8で「中国大乱」のために「朝貢遂に絶つ」とある点からも、「絶」の用字法は疑いようもなく明晰《めいせき》である。

この点、実は俀国（3）の場合も、その文脈を静かに見つめると、「来貢方物」の語を承けているのであるから、この「絶」の内容が「方物貢進」に関するものであることは、すでに明白だったのである。

以上、四夷蛮伝の全体からも、俀国伝の文脈自体からも、ともに藪田氏のような臆測は全く根拠がない。すなわち、俀国伝の「俀国」と、煬帝紀上に二例出現する「倭国」と、この二国が別存在であること、この厳然たる事実は、誰人といえどももはや否定することはできない。

## 藪田氏の誤解について

主要問題は終わった。その他の問題に簡明にふれよう。第一は、藪田氏の誤記・誤解等に類するものだ。

氏は冒頭でわたしの説を次のように紹介された。〝いわゆる「邪馬台国」は『三国志』魏志の倭人伝に記す「邪馬壹国」を誤伝したもので、その誤伝は『三国志』よりも二世紀後出の『後漢書』「倭伝」にはじまる〟と。

わたしの立場は右と異なる。『三国志』の「邪馬壹国」は三世紀の表記であり、『後漢書』の「邪馬臺国」は五世紀の表記である。それぞれ正しい（第二書）。右の「誤伝」説はわたしに存しない（この点「邪馬壹国の史料批判」〈『邪馬臺国の常識』毎日新聞社刊〉に詳記）。

また氏は言われる。「古田氏は范《はん》の『後漢書』は〝産物、風俗等の記事も、ほとんど『三国志』の文面の換骨奪胎だ。まさに公然たる盗作である〟と極言されているが、とんだ見当ちがいである」と。しかし、わたしの文章は次のようにつづく。「だが、むろん、『三国志』は一般周知の史書である。だから〝前代の史書を継承して記述した〟というべきかもしれぬ。事実、唐・宋代の史書にもこの方法は一般化している」（第一書ミネルヴァ書房版、三九ページ）

つまり〝現代人から見れば一見「盗作」かと思うかもしれないが、実際はそうではない。中国史書の「承前」(前代の書をうけつぐ)という記述法なのだ〟と。これがわたしの文意だ。氏の引用は不適切である。わたしは目下「盗用」問題(高木彬光氏『邪馬台国の秘密』光文社版による)の被害者の場に立たされているので、特に誤解なきよう、この点を明記する。

また氏は右の点について、さらに言われる。〝范曄《はんよう》の『後漢書』が承述したのは、『三国志』だけでなく、呉や晋朝に成立した、後漢を対象とした史書類だ。それなのに「陳寿→范曄」間の継受と変改だけを古田が説くのは「中国史学史を無視したもの」である〟と。

この〝大仰《おおぎょう》な〟論断にもかかわらず、これもまた氏の完全な錯認だ。わたしが第一書(ミネルヴァ書房版、三三七〜三三八ページ)に十個の実例をあげて二書間の関係を具体的に指摘したのは〝『三国志』倭人伝→『後漢書』倭伝〟間の関係だ。これを氏は一般的な「『三国志』→『後漢書』」間の問題ととりちがえられたようである。氏が『隋書』経籍志から抜き出して名前だけ提示された〝後漢を対象とした史書類〟はほとんど(他書中の引文類以外)現存しない。従ってそれらの書の中に果たして「倭伝」の類があったか否か、またあったとしてもどのような内容だったか、実証的に確認しようがないのだ。だから「推測の域を出でず」とか「何等事実関係を確認し、明証したものでない」との論難は、氏自身の立論への評語とするとき、はじめて適切ではあるまいか(なお、勅命をうけ、右の史書類を実際に大量に引文し、精密に注記した人こそ、范曄と同時代の裴松之である。その『三国志裴注』は、先記のように「邪馬壹国」という本文に対し、何等の異文をも注記していない)。

また、先にのべたように、氏は『干禄字書』に「綏、綏」の正俗関係が記されている、と書かれた。ところが、実際にこれを検したところ、全く存在しなかった(武英殿聚珍版書本、『説郛』所収本、宝永四年版〈宮内省寄贈本〉、明治十三年版本、京大所蔵写本〈百々復太郎寄贈本〉等の各本を検したが、いずれにも見出すことができなかった)。あるいは同書中に「餧・餒上奴罪反・下於偽反」として両字別音たるをしめしたものを誤記されたのではなかろうか。

また氏は元代の『文献通考』の注記中に「邪馬維」とあるのを見出して次のように言われた。「注は全く南宋版『魏志』に拠ったものと見なければならない。このことは『邪馬壹』が南宋版『魏志』に初出したことを暗示しよう」と。つまり、元の学者馬端臨がはじめて「邪馬維」という注記を行なっている。これは「邪馬壹(あるいは「一」)」の文面が新しい(南宋以後)証拠だ、とされるのだ。しかし、これも氏の錯認である。左を見よう。

A　其大倭王居邪馬臺国　(『後漢書』)
　　案今名邪摩惟音之訛也　〈李賢注〉

B　其大倭王居邪馬臺国
　　按今口《ママ》邪摩維音之訛也　(『文献通考』)

右によって明白なように、馬端臨は『後漢書』の李賢注(唐初、儀鳳元年、六七六)を転載した。そのさい「惟→維」と変化しているだけなのである(両字は同音同義)。だから、これを元代の注と見なし、「南宋本の影響」を云々された氏の議論は全く見当はずれだ(李賢注については別稿に詳論する)。

また氏は、〝裴世清来訪〟の記事について、一方では「よって『倭国伝』の記載と『煬帝紀』の記載とは少しも矛盾しない」と言いながら、他方では、『日本書紀』の記事が煬帝紀の記事に合わない点については、『日本書紀』が「未曾《みぞう》有の盛儀を誇大に記したもの」であり、「唐家興隆後に作為したものであろう」から、彼此《ひし》合わなくてもさしつかえなし、とされる。このように、合えば「矛盾なし」と言い、合わなければ〝片方の作為〟だから「矛盾さしつかえなし」と称する。こんな〝自由無礙《むげ》の論法〟が論者に許されるなら、本来〝両者対応の有無を検する比較論〟など、はじめから無意味である。

また氏は「『邪馬臺』という漢名がわが国に伝わって、それによって『やまと』という和音を作った」と言われる。「臺」という漢字を〝訓読み〟で「ト」と読んだのが「ヤマト」という和名のはじまりだ、というのだ。だが、この立論も、全くの臆測にとどまり、一片の実証すらない。

また氏は南宋版「邪馬壹国」の字面の〝生じた理由〟として、次のようにのべられた。

〝ある南宋代の学者（校定者）がいた。彼は熾烈《しれつ》な「攘夷《じょうい》思想」の持主だった。そこで「その彼が東夷もまた憎しとして『邪馬臺』なる国名中の一字を書き替えたのではなかろうか」そして彼は「臺」が賤者を意味することを知らなかった。もしくは「激情の前に忘却してしまった。でなければ、このような子供っぽいことはしなかったであろう」さらに彼は『魏志』に本来あった「聞其旧語。自謂太伯之後」の一句を削った。それは「東夷の一国が周王の後裔とは生意気千万」と考えたからであろう〟と。

では、左の史料事実を見よう。『後漢書』の「南宋紹興本」にハッキリと「邪馬臺国」とある。また『漢書』地理志の「北宋景祐本」に「南蛮」たる粤地《えつち》について「其の君、禹《う》の後、帝少康の庶子と言う」とある。氏の臆説はここでも簡明に否定せられている。

第二に、氏の反論中、わたしの既刊論文等（氏の論点につき、すでに詳論したもの）を看過された諸点がある。以下摘記する。

①唐宋代史料（『隋書』『梁書』『太平御覧』等）中の「邪馬臺国」表記、及び通典の「倭面土」表記について。——「邪馬壹国の史料批判」に詳述。また「九州王朝の論理性」（「東アジアの古代文化」一九七五年爽秋号）も参照。

②「臺と壺と壹」間の錯誤について。――「邪馬壹国への道――榎一雄氏に答う」（一九七三年九月十～二十九日、全十回、読売新聞に「邪馬壹国論」として掲載。また『邪馬壹国の論理』所収）

③「一大率」の中国（帯方郡）側派遣説について。――「邪馬台国論争は終った」（「別冊、週刊読売」一九七五年七月。右の『邪馬壹国の論理』所収）

## 藪田氏への質問

以上、反論を終えた。ただ一つ、特記することがある。『隋書』煬帝紀上の「二月」（壬戌）としてわたしが第二書（ミネルヴァ書房版、二六四～二六五ページ。ミネルヴァ書房版訂正ずみ）に書いたのは、「三月」のあやまりだ。氏の御指摘に深く感謝させていただく（ただ、この記事の「倭国」〈大業四年項。当然「大業六年項の倭国」と同一国である〉を俀国伝の「俀国」と同一とする氏の論点については、同《どう》じえないこと、先記のようである）。

さて、終わりにわたしから藪田氏に向かって、左の五点を質問したい。

㈠わたしは第一書において「魏晋朝の短里」という新概念を提出した。〝魏や西晋では、漢代の約六分の一に当たる短里（一里＝約七五メートル）が使用されていた。『三国志』もその里単位にもとづいて記述されている〟と。もし、この命題が正しければ、従来の論議は一変するであろう。一方では「帯方郡治と女王国との間、一万二千余里」によって近畿に到達することは到底不可能だ。他方では榎一雄説のような計算方法（短里値「千五百里」を漢・唐の長里値による「一日五十里」の行程日数で割り、「陸行一月」を算出する）も全く不可能である。

藪田氏には『中国古尺集説』(綜芸社刊) の著述がある。中国の距離単位の専門家たる氏の御批判を待つ(「魏晋(西晋)朝短里の史料批判」「邪馬台国論争は終った」〈いずれも『邪馬壹国の論理』所収〉参照)。

(二)『宋書』、倭王武の上表文の中の「帝(順帝)―臣(武)」の使用法から見ると、この文中の夷蛮表記(衆夷・毛人)は、帝の居所(建康)を基点として理解せねばならぬ。これがわたしの第二書の論証の一焦点だ。『三国志』と『隋書』を結ぶ要《かなめ》として逸することができぬ。氏の反論を待つ。

(三)『隋書』俀国伝を『日本書紀』推古紀と結ぶ上で、幾多の難点がある。たとえば①俀王の多利思北孤《たりしほこ》は男性、推古は女性。②俀国の中枢山河として阿蘇山を記載(この点「古代船は九州王朝をめざす」に詳論、本書二三三ページ参照)。③俀国伝中の裴世清の行路記事は「竹斯国・秦王国」どまり(同上)、等だ。氏の反論をえたい。

(四)『旧唐書』は明確に「倭国」と「日本国」を別記し、「四面に小島、五十余国」(倭国)と「其の国の界、東西南北各数千里」(日本国)と、境界まで各々別あつかいだ。この点、氏はいかに解されるのだろうか。

(五)わたしの「近畿天皇家に先在した九州王朝」という新命題に立つとき、従来の『記・紀』解読上の難点が次々と解決する。これを論証したのが第三書『盗まれた神話――記・紀の秘密――』だ。第一・第二書と不可避の関連をもつ。氏の克明な御批判をお願いする。

最後にのべたいことがある。学問上の論争は私怨《しえん》ではない。過剰の揶揄《やゆ》は真摯《しんし》な討論をそこなうものではあるまいか。明治生まれの老大家に対し、失礼とは存じながら一言付記させていただく。

〈補論一〉

直木氏はこの一句の前提として「『邪馬壹』とする三国志の刊本が十二世紀のもので、三国志の原本そのものではなく、五世紀や七世紀に書かれた後漢書や梁書などが『邪馬臺』と記しているのだから、古田説の『邪馬壹』が絶対に正しいと断言することはまだできないが」とのべておられる。この論点に対するわたしの答えが「邪馬壹国の史料批判」(先記)と共に本稿自身である(なお、直木氏は、『三国志』では「刊本時点」を、その他では「著作時点」をあげておられる。しかし厳格な史料批判の立場から検証し、比較しようとするならば、同じ〝刊本同士〟でなければ、論証の論理上、不公平である。「刊本時点」では、『後漢書』〈宋紹興本に北京図書館蔵本配補〉『梁書』〈宋の蜀大字本に涵芬楼蔵元明遞修本配補〉『隋書』〈元大徳刻本に北京図書館・江蘇省立国学図書館蔵本配補〉『北史・南史』〈元大徳本〉〔いずれも百衲本二十四史所収〉であるから、大異ない。むしろ、南宋本二本〔紹熙本と紹興本〕の配補された『三国志』の方が優秀とさえ言えよう)。

〈補〉

『隋書』中の「倭国」史料及び「俀国」史料(俀国伝以外)のすべてを左に掲載する。

(倭国)

一、(大業四年三月)壬戌。百済・倭・赤土・迦羅舎国、並びに使を遣わして方物を貢す。(煬帝紀上)

二、(大業六年春正月)己丑。倭国、使を遣わして方物を貢す。(煬帝紀上)

(俀国)

一、始めて開皇の初め、令を定め、七部楽を置く。一に曰く、国伎、二に曰く、清商伎。三に曰く、高麗伎。四に曰く、天竺伎。五に曰く、安国伎。六に曰く、亀茲伎。七に曰く、文康伎。又、雑《まじ》わり

て疏勒、扶南、康国、百済、突厥、新羅、俀国等の伎有り。（音楽志下）

二、其の人、雑わりて、新羅・高麗・俀等有り。（百済伝）

三、明年（大業四年）帝復《また》寛（朱寛。人名）をして之を慰撫せしむ。流求、従わず。寛、其の布甲を取りて還る。時に俀国の使、来朝す。之を見て曰く、「此れ、夷邪久国人の用うる所なり」と。（流求国伝）

# 邪馬壹国と冢

## はじめに

再びわたしは衝撃をうけた。

最初（一九七六年）は一月の中旬、藪田氏の訃報《ふほう》を新聞に見たときである。その直前、氏からお便りをいただいていた。新年を賀するお言葉と共に、「幾度もおたずね下され恐縮千万です」とあり、病中ゆえ失礼した旨が氏の自筆で書かれていた。その矢先だったのである。

第二は「歴史と人物」三月号に「邪馬台国新義」と題する氏の遺稿を見たとき。告別式で氏の温顔を写真に拝しつつ、〝もしや遺稿でも残されてあれば。いや、それは無いものねだりだろう〟そのように思って、無念をつくづくかみしめていたからである。

今、思わざりし再反論をえた喜びの中に、氏の霊前にこの一篇を捧《ささ》げたいと思う。

## 個々の論点を駁す

まず、氏の論点に従って考えよう。

### 一、「天下の孤証」問題

氏は第一論文において、わたしの邪馬壹国説に対し、上の語をもって揶揄《やゆ》せられた。けれども、思うにこれは、次のような版本状況に対して、はじめて適切な評語であろう。〝『三国志』の全版本、すべて「邪馬臺国」と版刻せられている。ただ唯一の例外として「邪馬壹国」がある〟と。

しかし、事実は全くこれに反している。『三国志』の全版本すべて例外なく「邪馬壹国」だ（ただし「邪馬一国」も数例ある）。これに対し、「邪馬臺国」は一例もないのである。だから、邪馬臺国説こそ三世紀の『三国志』に関する限り、「天下の無証」だ。わたしはこのように応じたのである。

これに対し、氏は今回次のように言われた。〝いずれにしても南宋以前の『魏志』証本に「邪馬壹国」を検証されなければ、やはり、「天下の孤証」たらざるを得ない〟

この一文がすべてだ。だが、これだけでは、わたしの指摘した事実に対する反証とは到底なりえないようである。その上、右の行文には新たな、事実の誤認がふくまれている。なぜなら、わたしの第一論文（「九州王朝の史料批判」本書一八九〜二一七ページ）でしめしたように、乾隆年間の清朝勅撰武英殿本の校記によると、各種の北宋本が対校本として用いられている。ところが「邪馬臺国」という校異は一切表われていない。また現代の台湾側刊行の『三国志補注』には「宛平三校北宋本」等の各種北宋（依拠）本が対校されているが、これにも「邪馬臺国」という校異はいっさいない。また現在わたしたちの目にしうるものとして、東京の静嘉堂文庫に明景（＝影）北宋本を所蔵する。これも「邪馬一国」だ。無論これは、北宋本そのものでなく、北宋本に依拠して明代に影刻した版本だ。ちょうど、現在わたしたちの使用している二十四史百衲本所収の紹熙《しょうき》本が南宋本そのものでなく、張元済による影刻本（一九二八）であるのと似ている。これは、いわば「張元済景、南宋本」というわけだ。

ところで明代の版刻のさい、「邪馬臺国」とあった原本（北宋本）に対し、版刻者がこれをあやまりとし、「邪馬一国」と〝改刻〟したのがこの静嘉堂文庫本だろうか。それはありえない。なぜなら、明代の学者に〝「邪馬臺国」はあやまり〟などという学説の存在した形跡は皆無だからである。だから、やはり版刻原本（北宋本）の表記を踏襲した、と考えるほかない。

この点、現二十四史百衲本所収の「張元済影南宋本」に「邪馬壹国」とあるのが、張元済による「改定」でないのと、同様だ（この点は、張元済景刻の原本たる、日本の宮内庁書陵部所蔵の紹熙本によって確認できる）。

それゆえ、氏の提言に反し、「南宋以前の『魏志』証本」たる北宋本に邪馬壹国（もしくは邪馬一国）とあったことは、十分に「検証」できるのである。この事実を、まず氏の霊前に報告しよう。

ここに注目すべき一点がある。「邪馬臺国」の表記は、五世紀の『後漢書』（南宋本）に表われ、以後、『隋書』『北史』『太平御覧』『翰苑』等の唐宋代史書がこれをうけついだ。つまり宋代は「邪馬臺国」という後代名称（五世紀以降）の〝花ざかり〟だったのだ。ところが、その同時代（宋代）成立の『三国志』版本では「邪馬壹（一）国」の表記が確固として厳守されつづけていたのである。

この対照的な事実。そのしめす意味は何だろう。それは次の二点だ。その一、『三国志』原版本は

「邪馬壹国」であり、その原本事実は尊重せられつづけた。その二、ただ後代（五世紀以降）には「邪馬臺《だい》国」と呼ばれたので、〝通史的叙述〟では、もっぱらこの後代名称に依存することとなった（たとえば「日本の神武天皇」「中国の孔子」のように）。このような見地に立ってのみ、右の対照的な二つの史料事実を過不足なく説明することができるのである。この一点を霊前に告げると共に、世の論者の深い認識を求めたい。

二、「多数決」問題

「版本の原形」という、学問上の真偽が多数決的決定の対象でない点、幸いに氏にも異論がない。ただ先記のように、『三国志』に関する限り、全版本一致で「壹（一）」だ。およそ〝多数対少数〟の類の問題ではないのである。

三、「臺」字の尊卑問題

わたしは前章の論文でのべた。〝春秋左氏伝などに賤官の義の「臺」があっても、現に魏晋朝の朝廷内で天子自身（上御一人《かみ》）を指して「臺」と指称している（高堂隆撰『魏臺雑訪議』）のに、わざわざこの至高貴字『臺』を選び出して夷蛮固有名詞の「ト」の類の表記に、魏晋朝の史官が使用する、そんなことは決してありえない〟と。

しかるに氏はこれに対して直接の反証をなしえられず、「いかに謂《い》われても『臺』には卑人の義もある。……それが絶対的でないことを論じたまでである」と言われたにとどまった。「臺」に賤官の義のあることは、すでにわたしが第二書（『失われた九州王朝』ミネルヴァ書房版四二ページ）にしめしたところだ。だから問題のキイ・ポイントは、あくまで「魏晋朝史官の、至高貴字不選択の道理」だ。これに正面から反証しえぬまま、「絶対的でないことを論じたまで」と言われるのでは、遺憾ながら学問的な反論を実質的に放棄されたもの、と言わざるをえないのではあるまいか。

## 四、「倭と俀」の混用問題

わたしは第二書において、『隋書』においては「俀国伝」であって「倭国伝」ではないことを指摘した。「倭国」の方は、帝紀に二回出現するだけなのである。

これに対し、氏は両字は筆法の相異にすぎず、混用字形として慣用されたもの、と称されたのである。そしてその混用例として、

①「緌と綏」(『干禄字書』)

②「捼と挼」「緌と綏」(『五経文字』)

③「捼と挼」(『大宋重修広韻』)

をあげられた。この①は氏のミスであり、その史料事実はなかった。この点、わたしは右字書の各種版本を渉猟したがついに発見しえず、これを不可解として直接氏の宅へ訪れてお聞きしようとしたのであるが、氏は入院中(面会謝絶)のため、これを果たせず、このことが先の氏のお便りの文言となったのである。この点は、幸いにも氏自身、そのミスたることを承認されるところとなった。

さてわたしは、〝「委と妥」は混用字形〟という氏のアイデアを『隋書』という史料事実において、実際に検証した。その結果、氏のアイデアが全く史料事実に反していたことが証明されたのである。わたしは前回、その検証結果を具体的、統計的にしめした。そこには右の混用事実は全く存在しなかった。

たとえば「委」一三〇個、「妥」五六個、いずれも明白に峻別《しゅんべつ》して使用されていたのである。

このような実証的結果に対して、氏はやはり正面から反論されず、ただ〝「倭」と「俀」は明らかに混用されたと見る〟（傍点古田）とくりかえされただけだ。そしてその「証拠」としては、次のようだ。

このようなあやまちを〝私も時々これをやる〟と。

ここにしめされた論法は特徴的だ。〝私はこう見る〟〝私の経験では……〟と。これはいわば〝前実証的手法〟だ。〝自己のいだいたアイデア〟が恣意でないかどうか、その客観的な検証こそ学問の生命である。――わたしの目には、そのように見えている。しかるに、実証的な検証結果を〝意に介さぬ〟風で、〝私はこう見る〟と氏が言われるとき、失礼ながらそれはすでに学問的論争のらち外に出られたものと、わたしの目に映ずるのをどうしようもなかったのである。

## 五、「九州の倭国」問題

氏は一九六二年のみずからの論文（「和泉黄金塚出土魏景初三年銘鏡考」「日本上古史研究」第六十一号）をあげ、次のようにのべられた。

「古田氏の九州王朝論に似たところがあり、発表の先後問題が起こるといけないから、ここに一言ことわっておく」何かわたしの説が氏の説の模倣であるかにも見える筆致だ。奇怪に思いつつ、右の論文を検してみると、その関係要旨は次のようだ。

(1)耶馬台国は九州にあり、ヤマトと称した。

(2)近畿天皇家の始祖は応神天皇であり、騎馬民族が侵入して設立したものである（この点、江上波夫説を継承）。

(3)ただし、右の騎馬民族は九州上陸でなく、日本海沿岸地方（多分、越前の敦賀）上陸である（天日槍に注目する）。

(4)応神こそ倭王讃である（前田直典説による）。

(5)近畿の応神（讃）は九州の邪馬台国を滅ぼし、その名（倭――ヤマト）を伝襲して、その後継王朝であるかによそおった。

(6)「讃の計画は図に中《あた》った」中国側は彼の言い分を信じて倭の五王に次々と授号するに至った（『宋書』倭国伝）。

(7)やがて推古天皇朝に至って、「日出づる処の天子……」の対等の国書を隋帝におくった（『隋書』倭国伝）。

以上であるから、これがなぜ、わたしの九州王朝論の先蹤《せんしょう》となるのか、わたしには不明である。わたしの場合、〝前二世紀から七世紀末に至るまで、中国を中心とする東アジア世界において日本列島代表の王者と目されたのは、一貫して九州（筑紫を中心とする）の王朝であった〟とする。これを九州王朝と名づけたのである。これに反し、氏の場合、倭の五王も『隋書』の多利思比（「北」の改定）孤も、共に近畿天皇家を指すものと見なされる。これでなぜ、わたしの説の先蹤なのであろうか。〝邪馬台国を九州とし、倭の五王以降を近畿とする〟九州論者の場合、近畿天皇家が邪馬台国を滅ぼし、その国号（倭）を襲うた、とするのは、明治以来、しばしば説かれた所（たとえば白鳥庫吉「卑弥呼問題の解決」昭和二十四年）であって、必ずしも氏の独創ではない。何故、氏が「先後問題云々」をもって、その最後の論稿の末尾を結ばれたのか、今はただ虚空に向ってこれを空しく問うのみである。

## 「邪馬台国一所不住説」について

以上のべたように、氏の反論はその実質に乏しく、率直に言ってわたしにとっては、一種物淋しき感を拭《ぬぐ》いえなかったのである。けれども、死の床に近かりし氏のことを思えば、それもまた、万止《や》むをえぬ事態だったのであろうか。これに対し、望外の収穫となったもの、それは氏の邪馬台国観の全体像がいわばスケッチのようにその輪郭をしめされたことである。

氏は「軍事力も経済力も持たぬ宗教王国」としての邪馬台国を思い描かれた。そして「邪馬台国には一定の国土がなく、諸国に宿借りをして、一定の期に移動していたのではなかろうか」と言われる。そのようないわば〝一所不住〟の宗教王国に対して、魏主は〝「邪馬台国」なる国名を作った〟とし、それは〝魏主のロマンであった〟とまで〝想像〟されている。何か、魏の天子は当世風の小説家並みに仕立てられた趣であるが、わたしは今、このような氏のデッサンに接しつつ、とりわけ深い興味をおぼえざるをえなかったのである。わたしが興味を覚えたのは、次の点だ。氏の旧論文（先記）では、左のように明記されていた。

「倭国は後漢以来中国に朝貢し、魏に至って耶馬臺の卑弥呼女王が魏主より親魏倭王に除せられた。倭国はシナ朝廷から承認を受けた国家となっていたのである」

つまり、ここでは邪馬台国は、決して〝一所不住〟の「宗教王国」などではない。レッキたる主権国家の態だ。それがなぜ、今や「邪馬台国には一定の国土がなく、諸国に宿借りをして、……」などという、〝奇想天外〟なデッサンで描かれることとなったのだろうか。

わたしには、この変容には深い意味がある、と思われる。なぜなら、考古学的遺物の出土状況が「邪馬台＝ヤマト（山門等）＝中心の都邑地《とゆう》」説を全く支持しないからである。

たとえば、二・三（前半）世紀の出土物とされる（中）広矛・（中）広戈を例にとろう。それは明白に博多湾岸が中心だ。筑後山門などではない（古田「邪馬台国論争は終った」『邪馬壹国の論理』所収、参照）。

次に「銅鏡百枚」について。これを三角縁神獣鏡とすれば、当然近畿説とならざるをえぬ（ただし、この鏡は弥生遺跡から全く出土しないため、近畿論者は不可避的に「全面伝世論」という、「時を飛び越える」手法に奔《はし》らざるをえなかった）。

これに対し、九州説の場合、「漢鏡」をそれとして比定する以外に道はない。とすると、全一六八面中、第一位は福岡県（一四九面）であり、第二位の佐賀県（一一面）を大きくひきはなしている。その福岡県の中では、筑前中域（博多湾岸と糸島郡。一二九面）は、筑後（四面）を大差をもってひきはなしている（筑前東域は一六面）。

この「鏡の事実」を見失わぬかぎり、筑後山門等をもって権力中心（都）とすることは、誰人にも不可能である。すなわち、帰結するところはただ一つ、――「筑前中域こそ倭国の中心である」この命題である（「九州王朝の銅鏡批判」「別冊週刊読売」古代王朝の謎に挑む、一九七六年二月刊、『ここに古代王朝ありき――邪馬一国の考古学』参照）。

これは決して主観的解釈などの問題ではない。何人にも回避しえぬ、客観的な出土事実なのである。

このような現実に対し、「博多湾岸＝奴国」説という旧説を墨守《ぼくしゅ》しつつ、なお「九州説」を建てようとすれば、いったいどうなるであろうか。それは必然に二大分される。その一は「無邪気なる九州論者」、その二は「さまよえる九州論者」だ。

第一の論者は、筑後・宇佐・島原半島など、九州各地に〝任意に〟邪馬台国を「創建」する。それぞれの主観的な倭人伝読解を誇示しつつ。しかし、右の考古学的出土物状況がこれと決定的に矛盾する、という根本事実を一向に〝意に介さない〟のである（〝自分の邪馬台国にも、矛や鏡が若干出る〟というのでは無意味だ。都という以上、最多密集出土地でなければならぬ）。

第二の論者は、右を〝意に介した〟ため、結局いずこにも邪馬台国を〝定めがたく〟なった人々である。すでに松本清張氏がその一人であり、森浩一氏もこれに準じておられた（ただ、森氏は最近になってようやく、「博多湾岸＝奴国」説は決定的ならず、とされるに至った）。

このように分析してくると、一見〝奇矯《ききょう》〟に見える、藪田氏の邪馬台国〝一所不住〟説が、実はいわば深い論理性を帯びて〝造出され〟、必然的に〝導かれ〟たものであることが知られるのである。

近年、〝邪馬台国の位置論は、結局決定しがたい〟といった揚言を好む人々がある。これは藪田氏の立言と、実は似て非なる、皮相の説である。なぜなら、諸「邪馬台国」説の乱立する、表面の「現象」を外部から眺めているだけで、その実質を見極めず、一種〝物知り顔の評言を放つ〟人々だからである。

藪田――松本――森の三氏の場合は、これとは異なる。近畿説を非とし、九州説に立ちながら、考古学的出土遺物の事実に目をそむけることができないために、かの「無邪気なる九州論者」とはなりえなかった。そして真の解決の一歩手前で立ちどまってしまわれた人々だからである。

## 「径百余歩」の問題

今回の遺稿を通視して、わたしにもっとも残念に思われたことがある。それは、わたしが前章の論文

（「九州王朝の史料批判」）で氏に問いかけた、五か条の質問に対するお答えが全くなかったことである。ことにその中でも第一にあげた「魏晋（西晋）朝の短里」問題については、尺度問題の権威たる氏の御批判を是非ともうけたまわりたかったのである。しかも、これは一「里単位」の問題にとどまるものではない。史料としての倭人伝の記載が果たして厳格か放漫か、それを的確にテストすべき〝絶好の基準尺〟となるべき性格の問題だったのである。そしてこれは『三国志』全体の里数表記、さらに魏・西晋朝産出全文献の里数表記の客観的検出によって、方法上容易にその検証結果をうることができる。いわば〝物理的に〟解決可能なテーマだったのである。

従来の研究史上、「倭人伝内里単位誇張説」（白鳥庫吉氏等）、「東夷伝内（一部）里数値誇張説」（山尾幸久氏）、「三国志内全里単位誇張説」（藤沢偉作氏）が次々と生産されてきた。しかしそれらがひっきょう成立しがたいことを端的にしめす証拠が新たに見出された。それは『蜀志《しょくし》』諸葛亮《しょかつりょう》（孔明）伝にしるされた冢と墳の区別だ。

「山に因りて墳を為し、冢は棺を容《い》るるに足る」

孔明の遺体は漢中の定軍山に葬られた。そのとき生前の遺言によって右のような質素な冢が〝既存の山（定軍山）〟を墳に見たて、その一角に築かれた、というのである。『三国志』では墳と冢の両概念は明晰《めいせき》に区別されている。「大君公侯墓」の場合は、通例「墳」であった（蜀志十四）。これに対し、「棺を容るるに足る」程度のものは、当然「冢」であって「墳」ではないのである。孔明は中国三分の非常時たるにかんがみ、多大の人力・経済力を費消する「墳」を、自分の遺骸《いがい》のために築かれることをいさぎよしとしなかったのであろう。

こうしてみると、卑弥呼の場合、「大いに冢を作る」とあり、それは「径百余歩」の規模だった、という。よく知られているように（藪田氏の名著『中国古尺集説』にも書かれている）「歩」は「里」の下部単位であり、「一歩＝三〇〇分の一里」である（後世は三六〇分の一里）。

従って「漢の長里＝約四三五メートル」なら、百余歩（一三〇〜四〇歩）は「一八〇〜二〇〇メートル」の巨大古墳となろう。ところが、「魏晋朝短里＝約七五メートル」なら、「三〇〜三五メートル」となって、大き目の「冢」となる。この程度では到底「墳」とはいえないのである（森浩一氏も注意されたように、「墳」としては肝心の、「高さ」も書かれていない）。すなわち、陳寿がこの条に至って「径百余歩」と書いたとき、その脳裏に描かれていた規模は決して二〇〇メートル近い大古墳ではなかった。それなら必ず「大いに墳を作る」と書いたはずであるから。逆に〝三〇メートル前後のイメージ〟だったから、これを「大いに冢を作る」と表現したのである。

この検証によって、陳寿は決して誇大癖の放漫な筆を奔らしていたのでないこと、その目はきわめて真実《リアル》であったことがまさしく証明せられたのである。従って倭人伝における陳寿の里数値記載が『三国志』の他の個所と同じく、「短里」に立っていたこともまた、今やこれを疑うことができない。従って、「誇張」として有名だった「郡より女王国に至る万二千余里」は、実は決して誇張などではなかったのである。

それゆえ、氏はみずから描かれた「邪馬台国」について、「その内容として語られるところのものはすこぶる曖昧《あいまい》で、ことごとくは事実として受けとりにくい」として、「里程」もその一つ、とされたが、それは以上の物理的検証の結果たる「冢の証言」と明白に矛盾していたのである。亡き氏に報告すべき論文の、一つの〝きめ手〟が死者を葬るべき「冢」の問題であったということ、これも、今は何たる奇縁であろうか。

# おわりに

わたしは、新緑の東山に向かった。二条近くの法華寺に眠る、藪田氏の墓所を訪れるためである。にわかにそそぎはじめた驟雨《しゅうう》の中で、百か日忌の卒塔婆の墨色の香も新しい「嘉藻院耀山日修居士」と書かれた文字を見つめつつ、わたしは氏に深い謝意を告げた。

思えば、邪馬一国論争にわたしが身を投じたのは、決して百花乱るる大家に伍して、空しき野花の妍《けん》を競おうとしたのではない。ただ従来の論争中にかえりみられなかった「邪馬台国」という根本の文字にささやかな疑義を投ぜんがためであった。そして各自、自家の識見を誇り合うに非ず、科学的に検証しうる端的な実証の道を求めようとしたのである。思うに、その方法は簡単である。〝倭人伝の一字一句といえども、『三国志』の全用例に立って検証する〟この一事に過ぎなかった。

その後も、各家の発表は相次いだ。けれども、表面の華やかさに相反し、学問としての「論争」はあまりにもとぼしかった。なぜなら、煮つめられた相手の論点に的確に反論する、そのような論文は、遺憾ながら多くを見なかったからである。

その中で、一九七四年八月、霹靂《へきれき》のように氏の論文（〝「邪馬臺国」と「邪馬壹国」〟「歴史と人物」九月号）が現われた。久しぶりにわたしの論点に対し、真っ向から批判の太刀を浴びせて下さったこの論文を見、ひそかに心躍るものを覚えたことを告白したい。わたしは直ちにこれに応じ、かねての課題であった『隋書』中の「委と妥」の全検証を行なった。そして予想以上に明瞭《めいりょう》かつ的確に両字の使用法が峻別《しゅんべつ》されているのを知ったのである。そしてはからずもその作業中、『隋書』経籍志の中に〝「臺」は魏朝において天子自身を指す言葉であった〟という、確固たる命題を立証する史料をえたのである（先記、高堂隆撰『魏臺雑訪議』）。

これらの発見は、いずれも氏のおかげである。そして氏は忽然《こつぜん》と幽冥《ゆうめい》へと去ってゆかれた。まさに渾《こん》身《しん》最後の力を、未熟なる後生のためにそそいで下さったのである。論証の当否は、後代の研究史の記録するところにまかせよう。今はただ、氏の懇篤なる御志に無限の謝意をいだき、この一文を静かに霊前に捧げたいと思う。

——一瞬の前君ありき、
一瞬の後君あらず。——（「弔吉国樟堂」晩翠詩抄）

# 古代船は九州王朝をめざす

## 飛鳥《ひちょう》の海流

ある人がわたしに言った。「古田さんの本を読んでいると、あまりにもハッキリと分かりすぎてしまう。古代史はあんなに割り切れるものだろうか?」と。わたしは答えた。「いや、古代史は分からないことだらけです。その中で自分にハッキリ分かったこと、それだけを書いたのです」と。『「邪馬台国」はなかった』『失われた九州王朝』から最近の『盗まれた神話——記・紀の秘密』まで、みんなそうだ。たとえば『三国志』魏志倭人伝。どうにも分からない所があった。「狗邪韓国——(A)対海国——(B)一大国——(C)末盧国」と三つ海域があるのに、(B)だけしか名前(「瀚海」)がついていない。これが解《げ》せなかった。また「瀚」は〝広大なさま〟だというのだが、こんな狭い海域になぜこんな名前が? 分からない。だから、私の本には書いてないのだ。

ところが今度、ふとしたことで解けた。「氵」をとって「翰」で調べた(たとえばこの三海域を「わたる」ときに度と渡が使われている。卑弥呼も帝紀では俾弥呼だ)。この字は〝飛ぶ鳥(やまどり)〟〝速くとぶさま〟とある。わたしは躍り上った。「対馬海流だ！」百科事典を調べた。流速一ノット。黒潮（流速三〜五ノット）を知っている倭の水人から見れば、たいしたことはない。だが、袋小路で淀んだ海の、黄海や東シナ海しか知らぬ中国人から見れば、まさに〝速く流れる海〟だ。それにしても、海流を飛鳥になぞらえるとは、いかにも中国人らしい雄勁な造語力ではないか！

〝この解釈にまちがいない〟と自信がもてたのは、ほかでもない。海流なら三海域それぞれに名のあるはずはない。中心の対馬海峡の所だけしるされていて当然だからだ。つまり、これは海名ではなく、海流名だったのである。ここでも陳寿（と漢代以来の中国人）の目は真実《リアル》だった。

## 航海実験の時代

大いなる航海実験の時代は、はじまった。

わたしたちは、古代と現代とを〝全くちがったもの〟として、見ることになれている。だが一方、〝ちがわないもの〟もある。たとえば「海流」だ。三世紀と現代と、黒潮のルートは変わっただろうか。否！　対馬海流のルートは？　これも否、だ。

もちろん、それらの海流の中にも、文明社会で汚染された諸物質は投棄され、間断なく一方から他方へと運ばれていることであろう。その点、一見同じように見えても、真の〝透明度〟など変わっているかもしれぬ。だが、海流そのもの、流れ自体についていえば、当然大きな変化はない。

またたとえば、日本列島とアジア大陸との間が海でへだてられていること、この事実も、五千年や一万年さかのぼったくらいでは、全く変化はない。

つまり、これらの点については、わたしたちは、たとえば弥生期の人々と、全く同一の地質世代のまっただ中に生きているのだ。すなわち、同一グループの人間なのである。

この平凡、かつ基本的な事実——その上に、各種の古代史への冒険的実験が、現代人によって挑《いど》まれうる、生き生きした理由がある。そして今回の「野性号」は、未来に生起すべきあまた諸実験の、いわば〝はしり〟を切ったのである。


今回（一九七五年）の航海実験は、大きくいって三つの部分に分かれている。
(A) 朝鮮半島周行（西岸と南岸）と、
(B) 三海峡（朝鮮海峡・対馬海峡・玄界灘）横断行と、
(C) 九州北岸行（唐津〜博多）だ。

この航路をえらんだこと自体、実は試行錯誤の一つとしての〝実験的企画〟なのである。〝いや、これは九州説と近畿説とのいかんを問わず、共同に承認されている、いわば「定説コース」だ〟——このように言う論者があるならば、それは、実験的探究者という厳正な立場への自覚を忘れた人々であろう。なぜなら、わたしの本『「邪馬台国」はなかった』を一見すれば、明白なように、ここでは、解読上、右の(A)のコースは全くとっていない。従って、正確に言えば、〝わたしの説以前の、定説コース〟というべきであろう。

そのことは、とりもなおさず、次の事実を指すこととなろう。今回の航行が真の〝実験〟であるならば、韓国全水行の従来説、是《ぜ》か、わたしの韓国全陸行説、非《ひ》か、——その当否をもまた、「実験の成果」

として明らかにしうるのではないか。――わたしがそのような目で見つめていたとしても、それは必ずしも不遜《ふそん》ではないであろう。なぜなら、およそ科学上の実験は、その成果を万人の面前に赤裸々にさらし、人間の理性のクールな検証に敢然とゆだねるべきものであるから。

## 「謎のX区間」の設定

奇《く》しくも、今回の航行のさ中に当たる、一九七五年六月、わたしは一つの〝紙上実験〟の成果を手にすることとなった。

その資料は、次の周知の二文だ。

(α) 南、邪馬壹（一）国に至る、女王の都する所。水行十日・陸行一月。

(β) 女王国より以北、其の戸数・道里は略載す可《べ》きも、其の余の旁国は遠絶にして得て詳かにす可からず。

問題は、(β)の「以北」文だ。(α)の直後にある。その間には、邪馬一国の官名（四つ）と戸数（七万余戸）が書かれているだけだ。だから、(α)と(β)は文字通り、一連の文面だ。

ところで、(α)の「水行十日・陸行一月」の実区間を、従来説によって図示してみよう（左図）

（水行二十日）（水行十日・陸行一月）
①不弥国――投馬国――邪馬一国　〈連続読法〉
　　（水行十日・陸行一月）
②伊都国――邪馬一国　〈放射線読法〉

この他、わたし以前の、いかなる説をとってみても、この「水行十日・陸行一月」が、〝邪馬一国以前の一限定区間〟だ、と見ることには、変わりない。つまり、この長日月は「投馬国もしくは伊都国――邪馬一国」間の区間日程の表記だ、と見なされてきたのである。

これを今、「謎《なぞ》のX区間」と呼ぼう。

問題の焦点。それはこの長区間内の〝実体〟だ。

たとえば「陸行一月」。このような長距離間が「無人の野」の連続であるはずはない。なぜなら、ここはゴビの沙漠《さばく》やサハラの沙漠のさなかではない。れっきとした日本列島内部だ。とすると、この「謎のX区間」の中に〝国々が存在すること〟――それは自明のことなのである。

またもし、これに「陸行一月→陸行一日」という改定を加えたとしよう。では「水行十日」の方はどうだろう。これだけの間、渺《びょう》たる大海を進むところなど、日本列島内部にはない。必ず、〝海岸沿い〟なのである。それが九州東岸であれ、九州西岸であれ、九州内部の河川利用であれ、また瀬戸内海航路であれ、日本海航路であれ、それらはいずれも陸地沿い、つまり国々の海岸（あるいは河岸）を進行していること、その一点に変わりはない。とすると、この間にもまた、〝国々が存在すること〟——それは自明の理である。

さて、その「国々」とは、当然倭国の一部だ。とすると、右の(β)の「以北」文の直後、投げ出されたように記載されている、戸数も道里も方角さえ不明の、これこそ〝まぼろしの二十一国〟。その中のいくつかの国々は右の「謎のX区間」内にふくまれていると考えられること、それもまた必然の帰結であろう。

とすると、俄然《がぜん》、亀裂《きれつ》と矛盾が生ずる。なぜなら、(β)の「以北」文で、著者の陳寿自身が「邪馬一国より以北《いほく》については、戸数や道里の類が略載できる」と言っている。そう言っていながら、片方では、その直前に〝戸数や道里は無論、国名さえ書かれていない〟邪馬一国以北《いほく》の「謎のX区間」の記載を平然と行なっている、としたら、——これではまるで支離滅裂だ。およそ、文章の態をなさぬ、としか言いようがないではないか。

〝いや、この「水行十日・陸行一月」は、現実的《リアル》な記載ではない。倭人のいいかげんな虚言を、そのまま魏使《ぎし》が信じこんで伝えたのだ〟——このような、研究史上おなじみの「倭人虚言説」も、ここでは全く通用しない。なぜなら、今の問題は、〝執筆者（陳寿）の意識〟なのだ。彼が「わたしは女王国以北については、（国名はもとより）戸数や道里の類を記載できた」こういう確信に立っていなければ、(β)の「以北」文は書けはしない。それなのに、その文を「倭人の虚言」であれ、何であれ、国名も、戸数も、道里も、一切実体不明の「謎のX区間」を書きつけた、その直後にしるす、——そんなことがありうるだろうか。断じて否、だ。

また「倭人虚言説」に代えて、「魏使虚言説」「帯方郡吏虚言説」等、研究史上はなやかに展開された諸臆測《おくそく》説を導入してみても、右の道理に全く変わりはない。要は、本人（陳寿）は、〝女王国以北については、国名・戸数・道里等、明白だという意識の上で書いている〟――この一点の事実を動かすことは、いかなる人にもできないのである。

こうしてみると、「水行十日・陸行一月」を「直前の一定点――邪馬一国」間の日程だと見なす、従来の一切の読解は、およそ全く道理に反していたのである。

では、わたしの解読の場合はどうだろう。

この「水行十日・陸行一月」を「帯方郡治～邪馬一国」間の総日程と見なした。そして「奴国」（東南、百里）と「投馬国」（南、水行二十日）の二者を傍線行路と見なしたのである。その結果、「狗邪韓国――対海国――一大国――末盧国――伊都国――不弥国」の六国が主線行路であり、不弥国は邪馬一国に相接している（〝邪馬一国の玄関〟）、という帰結をえたのである。

この場合、「女王国より以北」とは、右の六国を主とし、二国を従とする、既定の国々だ。だから、額面通り、これら八国についての「戸数・道里」の類が「略載」されているわけだ（狗邪韓国の場合、「戸数」なく、投馬国の場合、「道里」に代えて「日数」が書かれている。他の六国については正確に「戸数」「道里」ともにある）。

だから、この解読の場合にだけ、(α)と(β)の両文は、〝まともに連続した文〟として理解できるのである。

この解読結果は、当然「韓国全陸行説」を直指する。なぜなら、「帯方郡治～邪馬一国」間に「陸行一月」の日程といった大行程が存在するとしたら、それは当然、朝鮮半島内部にしか、求めえないからだ。九州北岸へ上陸してから、六百里（末盧国――伊都国――不弥国）。これに島廻り半周読法の千四百里（対海国――八百余里、一大国――六百里）をプラスしても、総計二千里だ。陸行一日行程を平均二百五十里としても（『「邪馬台国」はなかった』ミネルヴァ書房版、二四六ページ参照）約八日の行程にすぎぬ。残りの二十二日分は、当然〝朝鮮半島内部の陸行〟（韓国西北端より東南端までの東南行）とならざるをえない。

それゆえ、この「韓国全陸行説」以外に、倭人伝に対する、矛盾なき解読は決してありえないのである。

## 文章読解のルール

このようなわたしの解読に対し、〝不自然（無理）な読み方だ〟という批評があった（たとえば、「日本経済新聞」一九七一年十二月十九日、井上光貞氏書評）。この「自然」とか「無理」とかは、一体何だろう。

そこで中国文の性格を考えてみよう。

たとえば、ドイツ語の場合、各文間の論理関係は、一つ一つ厳密に結合されている。このような性格の文体とは異なり、中国文の文体は、いわば〝自由（ルーズ）〟である。

一例をあげよう。

○孫賁字伯陽。父羌字聖壹。堅同産兄也。

(A)孫賁、字《あざな》は伯陽。(B)父は羌《きょう》、字は聖壹。(C)堅の同産の兄なり。（呉志六）

右について、二つの解釈があった。

(一)　郝経《かくけい》（『続後漢書』）

(B)を挿入句とし、(C)を(A)の説明とする（孫賁が孫堅の兄）。

(二)　盧弼《ろひつ》（『三国志集解』）

(C)を(B)の説明とする（孫羌が孫堅の兄）。

これに対して、わたしたちは今、(二)の方が正しいことを知っている。なぜなら、同じ呉志の孫堅伝に〝賁をもって堅の兄の子とする〟との記事がある。これによって、盧弼の文脈理解の方が正しいことは明白なのだ（わたしの前出の本『「邪馬台国」はなかった』、ミネルヴァ書房版三二一ページ参照）。

ところで、今の問題の焦点は次の点にある。つまり、右の文面だけに対する判断なら、(一)(二)ともに成立するのである。どちらが無理か、どちらが不自然か、といってみても、しょせんナンセンスなのだ。郝経も盧弼も二人とも、中国の学者であるから、中国人の文章感覚から、それぞれ自分の判断をえたはずである。ところが、その判定の決定的な基準は、その文面自身にはなかった。他のポイントの個所（同じ著者陳寿の他の文――孫堅伝）と、いずれが適合しているか、否か、これが決め手となったのである。

これと同じだ。(α)の「水行十日・陸行一月」を邪馬一国直前の一定点からの〝部分日程〟と見るか、それとも、「郡より倭に至るに」ではじまった行路記事の最終末、しめくくりのような位置におかれている点に注目して、〝全行程の総日程〟と見るか、それはここの文脈自体から見れば、いずれともとれよう。いわば〝自由〟なのである。

これに対し、〝わたしの解釈こそ自然だ〟と論者が自分で言ってみても、ナンセンスだ。人おのおの、みずからの自然さを信じている。信じていなければ、公表などできはしない。だから、いくら相手に向かって自分の読解の〝自然さ〟を誇称してみても、何の論証にもなりえないのである。

問題の焦点、それは〝他の関連個所と過不足なく適合するか否か〟その一点にある。もし、適合すれば、すなわちその解読は「客観的な自然らしさ」をそなえているのである。これに反し、先の郝経読解のように、他の個所と亀裂・矛盾が生じれば、いかに本人が〝これが自然だ〟と自称していたとしても、客観的には、その読解は〝不自然〟なのである。

このような立場から見ると、直後の「以北」文(β)と、全く矛盾するような「水行十日・陸行一月」(α)理解など、全く〝客観的な自然さ〟をもたないのである。いかなる後代の学者の権威も、この明白な道理に抗することはできない。

## 「以北略載の論理」

もっとも、このさい、かえりみるべき一つの学説がある。それは牧健二氏の大著『日本の原始国家』（有斐閣刊）に展開された弁証だ。

この書の目次を一覧すれば明白なように、氏はこの「女王国より以北」問題を、倭人伝読解上、肝要の一点と見なした。そしてこの一句に適合する解釈を求めて、いかにも法制史家らしい、克明な究明に氏の精力を傾注されたのである。

氏の結論（都の所在地）は、筑後山門だ。その点、格別の新説ではない。にもかかわらず、氏はこの文面上の矛盾に正面から立ち向かい、これと格闘された。

その答えは次のようだった。

(一)　女王国とは、「不弥国より南にあった諸国をふくむ連合国家」である（二六三ページ）。

(二)　具体的にいうと、「倭地の三十国の中から、〈自二女王国一以北〉の六国と宮崎県中部にあった投馬国と女王に属しなかった狗奴国（熊本県球磨郡がその故地）との八国を除いた北九州の二十二国の地方又はそれに近い地方」だ、とされた（七九ページ）。

すなわち、この女王国は邪馬台（筑後山門）を中心（都）として、西（島原半島）から東（大分）に至る、東西領域をふくむ連合国家なのである。これに対し、九州北岸や壱岐・対馬（すなわち「女王国より以北」の領域）は、〝女王国以外〟とされたのである。

さらに氏は「女王国＝倭国」という定式から、〝九州北岸や壱岐・対馬は、倭国に非ず〟という、驚くべき命題（これらは、「倭地」内ではあっても、「倭国」ではない、との立場）へと進まれることとなった。

このような〝奇異〟の地点にまで、あえて氏が進まれたのは、その〝学問的勇気の所産〟でもあろう。それは、先の「女王国より以北」文を満足させるための〝格闘〟であった。

けれども、氏の綿密を極めた弁証にも、根本において一点の、重大な見逃しがあったように、わたしには見える。

「〈K〉より以北」（自二K一以北）という文形は、当然〈K〉を「基準の定点」とし、その一点から他の領域について言及する、そういうときの文体である。すなわち、執筆者にも、読者にも、その文中の〈K〉が〝明晰《めいせき》な概念〟をもって、疑いなく〝印象〟されていなければ、このような文型は、およそ無意味なのだ。

ところが、氏が設定されたような、右の(二)の連合領域、それは果たして〝直観的に鮮明な概念〟であろうか。否！　それは牧氏の手によって、倭人伝の文面から、いわば〝算出された概念〟なのである（「狗奴国」は、「女王国より以北」文より以後、出現する）。

いいかえれば、この文面を読む時点において、読者は、はじめて出てきた「女王国」という名について、〝牧氏の規定による概念〟など、一切もっていない。牧氏自身が、他ならぬこの(β)の「女王国より以北」文と九州実地図との比較から、右のような実範囲を〝算出〟されたのだ。だから、それは中国の当時の読者にとっては、想像の外にあるというほかない。

このような〝実体不明の複合領域〟を、あたかも「明白な定点」であるかのようにあつかい、これを基準点とする文面を作る、——そのようなことは、ありえない。ここに牧氏の錯失があった。

では、「女王国」とは何だろう。これは直前の(α)文に「邪馬壹国に至る。女王の都する所」と書いたから、これ以後、これを簡約して「女王の国」つまり「女王国」と記したのである。すなわち、「邪馬一国(従来説では邪馬台国)＝女王国」という通常の理解、それがやはり正しかったのである。

しかしながら、そうすると、牧氏の鋭く着目された通り、この「女王国より以北、略載」文を満足させることはできぬ。牧氏の批判は、氏の意図とは逆に、筑後山門説をはじめとする、九州北岸以外の地に都を発見しようとする、すべての説の、ひっきょう成立しがたいこと、その帰結を明々白々と証明してみせていたのである。

(「女王国より以北」問題から、〝女王国範囲の新解釈〟へと手厚い努力を重ねられた牧氏も、肝心の「水行十日・陸行一月」問題については、榎一雄氏の放射線読法〈伊都国基点〉を踏襲するにとどまられた。しかし、この榎説の成立しがたいことについては、すでにわたしの第一書の第三章二「榎説への批判」で詳論した)。

このようにして、(β)の「女王国より以北」文は、「水行十日・陸行一月」をもって〝女王国への最終里程〟と見なしてきた、すべての従来説に対してとどめをさす、決定的な論理力をもっていたことが判明したのである。

以後、これを「以北略載の論理」と呼ぶこととする。

だが、このような帰結は、この「以北略載の論理」だけの指示するところではない。他の論証によってもまた、同一の帰結をうるのである。これが第二の論証だ。

(γ)其の北岸狗邪韓国に到る、七千余里。(倭人伝)

(δ)韓は帯方の南に在り。……方四千里なる可し。(韓伝)

右の(δ)によって直ちに判明すること、それは朝鮮半島の西岸が四千里、南岸も四千里として、著者(陳寿)によって記述されていることだ。従ってその両岸を全水行するとすれば、それだけで当然、「計八千里」となるはずだ(「狗邪韓国」は釜山もしくは金海付近)。その上、帯方郡治から韓国西北端までの間も、少なくとも千里前後はあるはずだ。とすると、「帯方郡治——狗邪韓国」間の距離は、〝約九千里前後〟として、著者(陳寿)の目には見えていたはずなのである。それなのに、その同じ著者が(γ)のような文面、つまり右の距離を「七千余里」として書く——これは万々一、ありうることではないのだ。

〝同一の執筆者の意識〟の問題としてこれを見た場合、韓国全水行説では、(γ)(δ)両文を同時に満足させることは決してできない。これは〝倭人伝の里数値は誇張だから〟といった類の遁辞《とんじ》で逃げかわせる問題ではない。

その上、明確になってきたこと、それは、「魏晋朝の短里」問題だ。この点、すでにわたしの本の中に詳述したが、さらに新たな確証が加えられることとなった(『日本古代史の謎』朝日新聞社、一九七五年。「邪馬台国論争は終った」『週刊読売』別冊、「邪馬台国の謎に挑む」一九七五年七月所収、参照)。

こうしてみると、陳寿は『三国志』倭人伝を、決して誇大値や妄想値《もうそう》で書いているのではない。魏晋朝の里単位に立つ、正確な数値として書いているのだ。このことが判明した今、いよいよ、先の「七千里対九千里」の矛盾に〝目をつぶる〟こと、それは誰人にも許されることではない。

にもかかわらず、「魏晋朝短里」への反論も行なわず、「七千里対九千里」の矛盾にも、しっかり目をふさいだまま、依然、〝韓国全水行は、既定の事実だ〟とうそぶきつづける人があるとしたら、——これはもう、学問の問題ではない。忌憚《きたん》なく言わせていただければ、既成の大家が自己の〝趣味〟を〝末輩〟におしつけているだけ、そんな感じに堕してしまうのではあるまいか。

## 瀚海と東まわり航路

以上のような帰結は、論証の真実のさししめすところ、不可避だ。だが、それを今ここに書きつけたのは、決して今回の「野性号」の航行実験の航路を〝非難する〟ためではない。逆だ。この冒険的実験は、肝要の一点において、見事な実験成果をあげた。わたしには、そのように見えている。以下、その理由をのべよう。

わたしは、新聞紙上で今回の航路予定図を見たとき、一見して〝奇異〟に感じた。それは、釜山（および金海——以下略）以後だ。

次ページ図のように、対馬の東側を通って行く。そのような航路が書かれてあったからである。

わたしはそれまで、魏使（帯方郡使）の航路は対馬の西側を通るもの、とばかり思っていた。つまり、わたしはそのように、疑わず解読してきたのである。それは、わたしの本の中の図（『「邪馬台国」はなかった』ミネルヴァ書房版一九九ページ）にも現われている。

だから当然、一瞬、違和感を覚えたのだ。だが、そのときはそれだけで、さして深く気にもとめなかった。〝企画の中心の学者たちが現地の航海経験者と相談して、こうなったのだろう〟くらいに、軽く考えていたのである。

ところが一九七五年七月二十三日、新聞を見て、ハッとした。そこには、

「朝鮮海峡の『渡海』は二日間にわたったが、二十一、二十二両日とも潮と風に妨げられ、一部区間はパイロット船にえい航された。自力『渡海』は事実上失敗に終わったわけだが、それだけに古代の『渡海』がいかに危険なものであったかを知るのに十分な体験航海であった」（「朝日新聞」）

と書かれてあった。

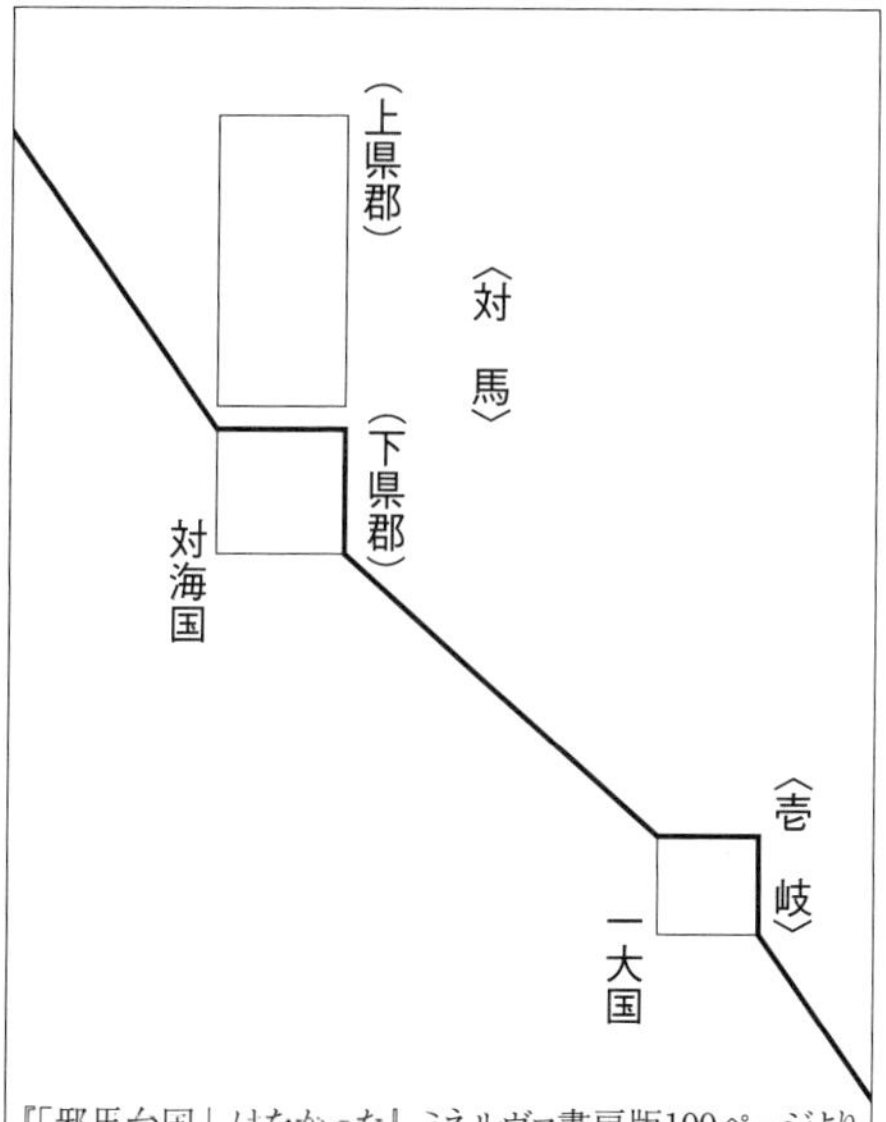

『「邪馬台国」はなかった』ミネルヴァ書房版199ページより

図4　魏使の航路

わたしは一瞬、その行間に真実の曙光《しょこう》が閃滅《せんめつ》するのを見た。今回のいわゆる「失敗」の一つの重大な原因は、この〝東まわり路線を採用した〟点にあったのだ！　なぜなら、ここには流速（平均）一ノットの対馬海流が流れている（冒頭にあげた、「飛鳥《ひちょう》の海流」にのべた「瀚海《かんかい》」だ）。その中心部は、名のごとく、対馬海峡にあるけれども、海流だから、当然朝鮮海峡にも玄界灘にも分岐している。

ことに前者では、壱岐～対馬間とほと

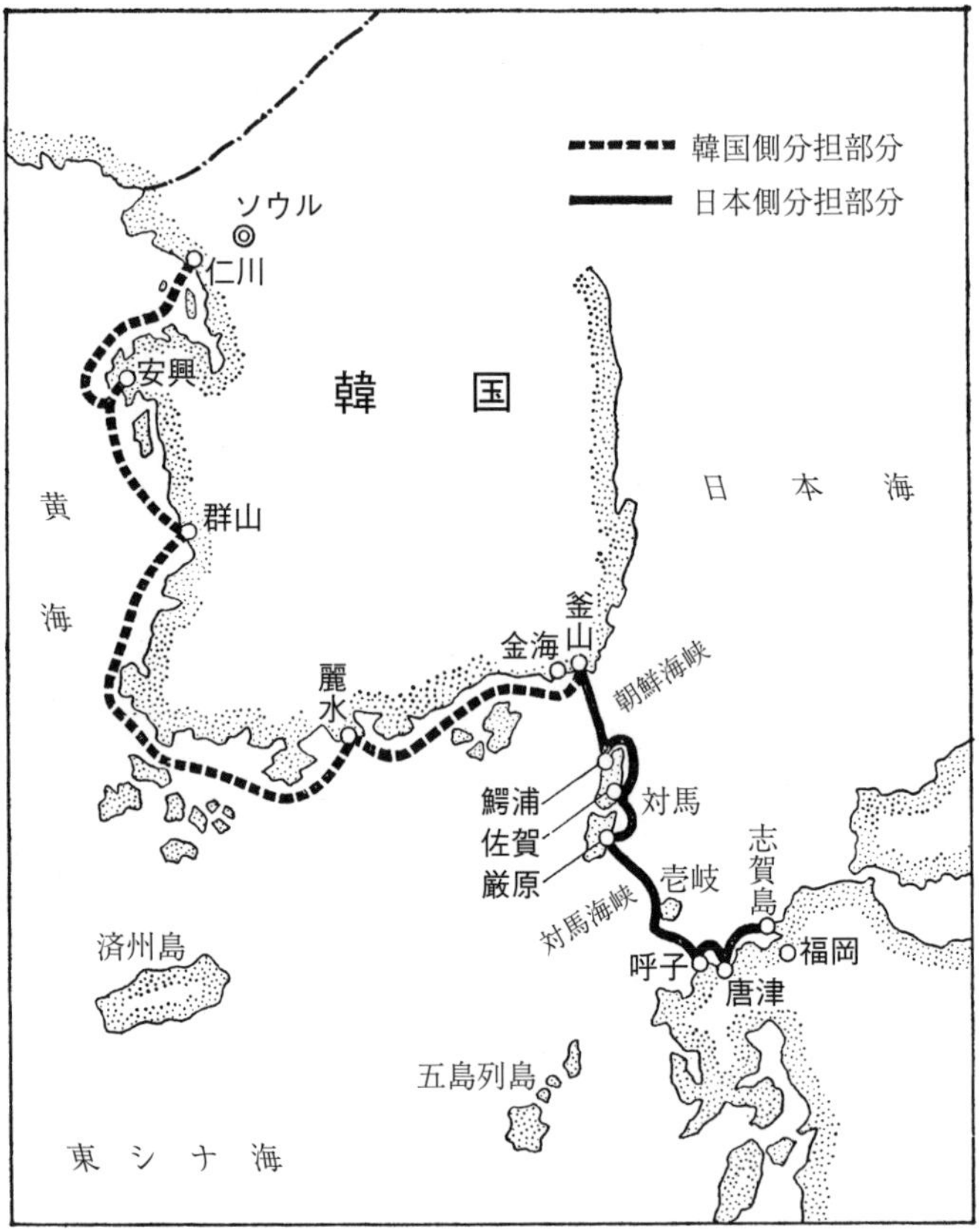


図5　古代船（野性号１）の航路

んど変わらぬスピードで、海流は東へ東へとおしよせ、すべてを流し去ってやまぬ。

その奔流の中に手こぎ舟でのり入れたら、どうなるだろう。当然、今回のように東へ東へ、つまり日本海へと、この海峡からいわば〝押し出されて〟しまう。とても、対馬へは着けはしない。もちろん、季節や舟の構造（たとえば帆のありなし――後述）や風の有無によって、ちがいはあるだろう。が、その大原則に変わりはない。三世紀も二十世紀も、対馬海流の方向が変わらない限り。

では、どういうコースが、より合理的だろう。答えは一つだ。

釜山より海岸沿いに西行し、かなり行った所（たとえば五百里、あるいは千里――魏晋朝短里）から、南下するのだ。そこで海流に乗る。そうすると、〝風と帆の関係〟や〝漕力《そうりょく》〟にささえられて、東南へと向かう。そのとき、自然に対馬へと着くのである。ここはかなり南北に細長い島だから（小さい方の南島だけでも、一辺四百里）、そのいずれかの西海岸に突き当たることができるのだ。

わたしは、海流図から見て当然、そのように考えていた。そこで先のような形の、西側から着く図を書いたのだ。

その上、わたしの解読の、もう一つのキイ・ポイントは〝対海国と一大国の半周読法〟だった。このアイデアの場合、先ず西側から着かなければ、ナンセンスだ。なぜなら、舟の行く先たる壱岐や末盧国（東松浦半島、唐津）は東南方向にある。だから、西側に着いてこそ、島を半周することの意味があるのだ（「半周」自体は、わたしの本の図のような〝右まわり〟でも、あるいは逆に〝左まわり〟でも、どちらでもかまわない）。

この点からも、わたしは「釜山↓対馬」が西まわり航路であることを疑わなかったのである。

〝では、なぜ？〟わたしは疑った。〝なぜ、今回の企画者たちは、西まわり航路をとらなかったのだろう?〟と。

「半周」はわたし自身の解読の問題だから今はおくとしても、先の〝海流と手漕ぎ〟の力関係は、紙上で海流図を一目見ただけでも、すぐ気づくことではないか。北九州や博多の現地に関係深い人々も、おられるだろうに。――こんな勝手な思案がひとり湧《わ》くうち、ふっと気づいたのだ。

〝そうだ、今回の航行では、「西まわり航路」は原理上とれないのだ!〟と。なぜなら、この古代(推定)船は今まで「韓国全水行説」に従って、進路をとって釜山に至ったのだ。それなのに、また五百里も千里も、同一航路を往復して西へ逆もどりする、そんなことは、いかにも不自然なのである。

何も、狗邪韓国は目的地ではない。単なる経過地だ。それなら、朝鮮半島西南端から南岸の中域まで来たとき、そこで直ちに南下を開始すればよい、のだ。わざわざ釜山まで行き着く必要は、全くない。もし、必要なら(あるいは舟の規模によって)朝鮮半島西南端を廻ってまもない頃、南下しはじめてもよいのだ。熟練と経験によって風量や漕力を計算すれば、南北に細長く連なる島、対馬海流を大きくさえぎる島、この対馬に首尾よく〝ぶつかる〟ことができるであろう。ともあれ、いずこを南下開始地点とすべきかは、要するに経験と技術の問題だ。そのいずれにせよ、〝釜山まで行き着く必然性は全くない〟――この一点にゆるぎはないのである。

これに反し、もしいったん釜山に着いたときは、話がちがう。「釜山から西まわり」などと簡単に言うけれども、手漕ぎ舟の場合、海流に逆らって、そこ(釜山)からいきなり〝西まわり〟できるはずはない。

だから、朝鮮半島南岸中央部(前後)から南下しはじめること、それが必須条件となるのだ。少なくとも、もっとも〝労少なくして効率のいい〟方法なのである(後述の帆船の場合でも、当然、途中南下の方が楽だ)。

このような実際上の視点からみると、ここでもまた、「韓国全水行説」は、致命的な弱点を蔵している。そのことがはっきりしてきたのである。『三国志』倭人伝では、狗邪韓国到着は明白だ。そのことはすなわち、この地へ「西から舟で」来たのではない。そのことを証明しているのである。すなわち「北西から(洛東江沿いに)陸を」来たのだ。

このようなことは、紙上で海流図をにらみながら、考えをめぐらせば、あるいは容易に〝分かる〟ことかもしれぬ。だが、二十人の若者たちがその全力をこめて力漕しても、むなしく東へ東へと流されてしまう(七月二十三日、朝日新聞参照)。——この現代の日本青年の実地の体験こそ、百千の雄弁にもまして、江戸時代以来の学者たちの「韓国全水行説」の無理、その机上の空論性を、明白かつ見事に立証してみせたのである。

わたしは、今回の古代(推定)船実験の最大の成功をここに見る。

## 三世紀、倭人は帆を使った

閑話休題。私事にわたることを許していただきたい。

今回の航行の途次に当たる、一九七五年七月のはじめ、わたしは義兄(井上嘉亀)を失った。自然科学者(神戸大学工学部)であったが、豊富な想像力と創造的な思考力をもった人だったように思われる。わたしはこの兄から学問の方法の実際上のすすめ方について、多くを学んだ。わたしの若い頃、その兄と話していて、しばしば次のような述懐を聞いたことがある。

「実験したあと、〝うまくゆきました〟と言ってくる。何がうまくいったのか、と聞くと、〝教科書に書いてある通りの結果が出ました〟と言うんです。だが、こんなのは、ちっとも実験の成功でもなんでもない。むしろ、教科書に書いてあるのとはちがう、意外な結果が出た。――これは何だろう。そこから、考えはじめる。これが本当の実験の醍醐《だいごみ》味ですよ、ね。それが本当の成功ですよ、ね。これがなかなか分かってくれないんですよ」と――。これこそ実験者の真実だ。わたしはそう感じた。

古代（推定）船が企画に従って予定通り、すらすらとゆき、無事帰りつく。――それだけが、果たして成功だろうか。もし、そんなものだったとしたら、まことに〝お手軽な成功〟だ。たとえば某々主催の〝一大ショウ〟とちっとも変わらない。なるほど、ショウなら「予定通り、恙《つつが》なく終了」――それが何よりも成功の要件かもしれぬ。

だが、未知に挑む、知性の触角としての実験、それはそのようなものとは、本質を異にする。〝思い通りにゆかない〟現象を見出す。――これこそ、実験の本領、正念場ではないか。真実がありありと露呈する、その一端ではないか。わたしは、そう思う。

さて、本題にかえり、ここで舟の「帆」の問題について考えてみよう。

今回の「野性号」は帆を活用しなかったようだ。反面、船内で青年たちが〝三世紀当時、帆が使用されたか否か〟について討論していた、という。

だが、この問題の答えははっきりしている。当然、使用していたのである。倭人伝には、その資料はない。だが、もう一つ、新しく「発見」された三世紀倭人の航海資料がある。「海賦《かいふ》」だ。

これは六世紀梁の昭明太子撰の『文選《もんぜん》』に収録されている。著者は木華《ぼくか》（字《あざな》は玄虚《げんきょ》）、三世紀魏晋朝の人。楊駿府の主簿をしていた。だから陳寿と同時代人だ。一史官だった陳寿より、より枢要の位置にいた中央官僚であった。

この文献が三世紀倭人のことをしるしたものだ、という論証は、それを主題とした別論文にゆずり（古田著『邪馬壹国の論理』）、今は直ちに目下の主題に入ろう。

A　若し、其れ、穢《わい》を負《お》い、深きに臨み、誓いを虚《むな》しうし、祈りを愆《あやま》てば

この一文は従来のように（たとえば李善注や五臣注）、〝罪を背負うて航海する〟ときの話、というのでは、何とも意味不明だ。これはほかでもない、倭人伝上著名な「持衰《じさい》」のことなのである。

○其の行来・渡海・中国に詣《いた》るには、恆《つね》に一人をして頭を梳《くしけず》らず、蟣蝨《きしつ》を去らず、衣服垢汚《こうお》、肉を食《くら》わず、婦人を近づけず、喪人《そうじん》の如くせしむ。之を名づけて持衰と為す。若《も》し行く者吉善なれば、共に其の生口・財物を顧《こ》し、若し疾病有り、暴害に遭《あ》えば、便《すなわ》ち之を殺さんと欲す。其の持衰謹まずと謂《い》えばなり。（倭人伝）

つまり、先のAの文は、「反道徳と海」といった、世にも〝珍奇なテーマ〟をもてあそんでいるのではない。「持衰」という倭人の航海信仰について、のべているのだ。

この文献ではさらに「其の持衰謹まざる」場合の、「暴害に遭う」状況の真実《リアル》な描写がしるされている。

B　羣妖遘迕《ぐんようこうご》して眇瞟《びょうよう》として冶夷《やい》、帆を決《やぶ》り、橦《ほばしら》を摧《くじ》きて戕風《しょうふう》、悪《にくしみ》を起す。

これは四つの海の妖怪（守護神——海童《かいどう》、馬銜《ばがん》、天呉《てんご》、蝄像《もうぞう》。〈右の本参照〉）の描写につづく文だ。ここでは明らかに帆が用いられている。「持衰」の舟だから、当然、倭人の帆船なのである。

この文には、中国（魏）が倭国の求援に応じて天子の宣告の使者をつかわした事件（倭人伝の正始八年

〈二四七〉の項。狗奴国の男王卑弥弓呼が卑弥呼を攻め、彼女が救援を魏に求めたため、魏は直ちに詔書・黄幢《こうとう》をつかわした事件を指す）の描写においてもまた、〝帆船〟が用いられている。

Ｃ　是《ここ》に於て、勁風《けいふう》を候《ま》ち、百尺《ひゃくせき》を掲《あ》ぐ。長綃《ちょうしょう》を維《か》け、帆席《はんせき》を挂《か》く。

「百尺」は〝帆柱〟、「長綃」は〝長い帆綱〟、「帆席」は〝むしろの帆〟だ。だから、三世紀にこれらの帆船が使用されたこと、その事実に一点の疑いもないのである（ここでは、Ｃは倭国側の帆船のようであるが、中国側もまた帆船を使用していたこと、いうまでもあるまい。なぜなら、「帆」「橦」「百尺」「長綃」「帆席」といった中国語〈文字・熟語〉の存在、それ自体が、その「物」〈帆船〉の実在をはっきりと証明しているのであるから）。

右においては「勁風を候ち」の一語こそ、焦眉《しょうび》のポイントだ。〝海流を乗り切る〟その秘密は、これである（この「海賊」の描写もまた、「朝鮮海峡→対馬海峡→玄界灘」の描写なのである）。

海流は一定方向だ。朝も夜も、春も夏も。まかりまちがっても、対馬海流が〝東から西へ流れる〟ことは、ありえない。ところが、風は別だ。季節によって、また朝・昼・晩によって、その向きを変ずるのである。そして〝風が東から西へ吹くとき〟――それが一刻千金のチャンスなのではあるまいか。その時間の到来を待って、舟出する。――その待望の緊張を一点に要約したのが、右の「勁風を候ち」の一語なのであった。

中国において古くから（三世紀以前）帆の用いられた資料をあげよう。

○帆、汎なり。風に随《したが》って幔（バン・マン――〝まく〟〝ほろ〟のこと）を張る、帆と曰《い》う。舟をして疾《と》くして、汎汎然《はんはんぜん》たらしむ。（後漢、劉熙撰、『釈名』釈船）

劉熙《りゅうき》は字《あざな》成国、北海（山東省）の人だ。「汎汎然」とは、〝迅速にして礙《さまた》げざるさま〟のことである。

〝帆走の快適さ〟が感覚的に見事に表現されている。

　このようにしてみると、三世紀以前の中国において、帆の用いられていたことは疑いない。とすると、前二世紀よりこの中国へ往来し、この中国以上に海を主たる生活領域としていた、海洋の民、倭人が「帆」の存在を知らなかったこと、それは万々一ありうることではない。

## 卑弥呼の後裔

　わたしは近年、『古事記』『日本書紀』の探究にとりくみ、中国の史書から、しばし遠ざかっていた。古代伝承の世界の謎《なぞ》の中に没入していたのである（『盗まれた神話——記・紀の秘密』参照）。ところが最近、必要あって再び中国の歴代史書の森の中に入った。そして読み返すうち、わたしはいくつかの個所で、「あっ！」と声をあげるような思いがした。かつては気づかなかったところに、論証上、緊要の個所を新たに見出したからである。たとえば、『南斉書《なんせいしょ》』の倭伝。短いから全文をあげよう（本書一一二ページ等参照）。

○倭国。(A)帯方の東南大海の島中に在り。漢末以来、女王を立つ。土俗已《すで》に前史に見ゆ。(B)建元元年、進めて新たに使持節・都督、倭・新羅《しらぎ》・任那《みまな》・加羅《から》・秦韓《しんかん》・〔慕韓〕六国諸軍事、安東大将軍、倭王武に除せしむ。号して鎮東大将軍と為せしむ（「慕韓」は脱落。(A)・(B)は古田）。

　後半部(B)は『失われた九州王朝』にも引用した。前半部(A)は、『三国志』倭人伝を知る者にとって、何の他愛もない。——この判断が盲点だった。

　有名な『宋書』の倭の五王。五世紀の倭の王者だ。これを三世紀の女王卑弥呼と連続している、と見るか、それとも断絶している、と見るか。それが一つの重要ポイントだった。

通常の「邪馬台国」九州論者の場合。当然、この両者を断絶と見る。一方で「倭の五王」が近畿天皇家の王者であることは自明だ、と考えられていたから、他方で卑弥呼の国を筑後山門や大分・島原半島等にあり、としたとき、当然、この三世紀と五世紀との両者は、〃別物〃だということになろう。このさい、直接「倭——中国」の国交記事のない（失われている）、いわゆる〃謎《なぞ》の四世紀〃が絶好の〃かくれみの〃となった。すなわち、この間に（中国側の知らぬうちに）九州の地方政権は滅ぼされ、代わって近畿の統一政権の力が日本列島の大半をおおうた、こう見るのである。

もう一つは、「邪馬台国」東遷説。〃地理的位置は変わっても、系統は連続している〃というわけだ。その東遷記事が中国史書にないのも、例の「謎の四世紀」つまり「四世紀の同時代史料欠如」のせいだ、と考えたのである。

その三として、「邪馬台国」近畿説。この場合にのみ、両者は、スムーズに連続していることとなった。

このように、三種三様に、三〜五世紀間の権力の継承と断絶の関係が考えられている。これが現況だ。混乱の根本原因、それは『宋書』倭国伝の中に、直接この倭の五王と前代（三世紀の王者）との両王朝間の関係を語る史料がなかったからだった。

もしこれがあれば、『宋書』は同時代史料だ。著者の沈約《しんやく》（〜五一三、梁《りょう》）は、宋代にはすでに宋の官僚（尚書度支郎）であり、倭王武たちの使者に直接接触している、と見られる。それゆえそれ（両世紀の関係記事）は絶大の史料価値をもったはずだ。

そこに「この倭の五王は、卑弥呼の王朝の後裔《こうえい》だ」「いや、あれとは別だ」といった類の記事があったとしたら、あれこれとややこしい紛議のほとんどは、（史料事実を重んずる限り）はじめからおこらずにすんだのである。

ところが、『宋書』と並ぶ、もう一つの同時代史料、この『南斉書』の存在を忘れていたのだ。著者、蕭子顕《しょうしけん》（～五三七、梁）もまた、南斉の中枢官僚（給事中）だった。彼は、斉の予章、文献王、嶷の子であり、「聡慧《そうけい》」だったため、父の文献王にことに愛せられたという。そして「王子の例」として、「給事中」（天子の左右に侍し、殿中の奏事を掌る官）に任命された〈『梁書』、二十九〉。（より重要なことは、『宋書』も『南斉書』も、同じ連続した史局（宋～斉～梁）の産物だ、という点である。後記）。

つまり、右の後半部(B)の倭王武の使者の記事は、彼が直接、南斉の天子のかたわらにあって、じかに目にし、直接耳にした事実なのだ。史料としての信憑《しんぴょう》性は極度に高い。その彼が、〝この倭王武の王朝は、『三国志』に書いてある卑弥呼や壱与の王朝の後裔だ〟と前半部(A)にはっきりと記載し、明述していたのだ。それが一見、抽象的な表現に終始しているのは、前史（『三国志』）をうけた南斉代の、正史の記述者として、当然のつつしみであろう。

また、「東遷」などということがあれば、当然書くはずだのに、書いてない。

もし、「東遷」したのだったら「都」の位置が変わるのであるから、中国の夷蛮統治――ことに軍事的視点――にとって、必ず認識し、必ず記録しなければならぬ、必要不可欠の事項なのだ。しかるに、ここにその記事は全くない。

このような史料事実から見る限り、（史料事実を無視し、これを恣意《しい》的に自分の構想の都合にあわせて処理するような、責任なき論者は別として）次の命題は不可避である。

1　倭の五王の王朝は、三世紀卑弥呼の王朝の直接の後裔である。

2　その間において、とりたてて言うべき大きな地理的変化、つまり「東遷」などはなく、ほぼ同一領域に都をおいていた。

これだ。これは次のことを意味する。〝三世紀の卑弥呼の王朝が筑紫（博多湾岸）に都していたことが決定的となったならば（古田『邪馬壹国の論理』所収の「邪馬台国論争は終った」参照）、そのときはすなわち、倭の五王もまた筑紫の王者だ、と必ず見なさねばならぬ〟と。

## 軽率なルート比定

次の〝発見〟は、『隋書』俀国伝《たいこくでん》だった。ここにも、中国の使（裴世清《はいせいせい》）が俀国へと向かった「行路記事」がある。従来、『三国志』倭人伝の行路記事に対しては、おびただしい論者の、ありとあらゆる読解がくりかえされてきた。それにひきかえ、この『隋書』の行路記事は、ほとんど論争の圏外におかれてきたのであった。

○明年（大業四年、六〇八）、上、文林郎裴清を遣わして俀国に使せしむ。百済《くだら》を度《わた》り、行きて、竹島に至り、南に耽羅《タンラ》国を望み、都斯麻国を経、迥《はる》かに大海の中に在り。又東して一支国に至り、又竹斯国に至り、又東して秦王国《しんおうこく》に至る。

第一に重要なことは、〝釜山に立ち寄っていない〟――この事実だ。「竹島」は、その直後、「南に耽羅国（済州島とされる）を望む」というのだから、朝鮮半島の西南端に近いようだ。今の珍島あたりかもしれぬ。ともあれ、「南に耽羅国を望む」位置から、いきなり、「都斯麻国を経」となるのだから、先にのべた通りの、朝鮮半島南岸部西辺から、対馬海流を東南に横断して対馬西岸部に到着するルートだ。

七世紀ともなれば、三世紀よりはるかに船も進歩していたはずだ。それなら、このようなルートがもっとも効率がいいはずなのである。

そしてこの場合、明らかに百済の西岸を南下してきたのだ。これこそ文字通り「全水行ルート」なのである。その上、対馬の場合、「経」の文字を使っている。「都斯麻国に至る」ではない。いわば、ほんの〝経過地〟として、とり扱われているのである。

このような七、八世紀の「全水行ルート」を軽々しく倭人伝理解のさいに無批判にあてはめた。――ここに、「韓国全水行説」が従来、〝異論なき定説〟であるかのごとき観を呈してきた、その歴史的背景があったのではあるまいか。

（また、『隋書』では、末盧国にも立ち寄らず、直接「壱岐→博多湾近辺」といったコースをとっているという可能性も高い）

もう一つ、興味深い事実がある。それは右の行路記事につづく左の記事だ。

○(A)その人、華夏に同じ。以て夷洲《いしゅう》と為すも、疑ひて明らかにする能《あた》はざるなり。(B)又十余国を経て海岸に達す。(C)竹斯国より以東は、皆な俀《たい》に附庸《ふよう》す。

第一の問題は、(A)の意味だ。「岩波文庫本」は「以て」以下について、次のように注記している。

「ただし夷洲は今の台湾であるから、ここで疑っているのは正しい」（七五ページ）

つまり、〝ここは台湾だというが、果たしてそうかどうか確かめられない〟という意味だ、というのである。しかし、これはまるっきり錯覚の上に立った解釈のようにわたしには思われる。わたしの理解ではこうだ。「この俀国の人々は、中国の人々とそっくりだ（よく似ている）。だから、〝ここは東夷の洲《しま》だ〃といわれても、中国人とはっきり区別できないほど、よく似ている」

つまり、この俀国（「其の人」は、この直前の「秦王国」の人だけを指しているのではない。——次節後述）の人々の（服装・風俗とも）〃中国化〃が著しくすすみ、風貌《ふうぼう》も似ている、そのさまに驚嘆しているのである。俀国人の「中国同化」状況は、次の記事でも明らかだ。

○(A)故時、衣は横幅、結束して相連ね縫うこと無し。頭にも亦冠無く、但々《ただ》髪を両耳の上に垂るるのみ。

(B)隋に至り、其の王始めて冠を制す。錦綵《きんさい》を以て之を為《つく》り、金銀を以て花を鏤《ちりば》め、飾りと為す。婦人は髪を後に束《たば》ね、亦裙襦《くんじゅ》を衣《き》、皆襈襹《ちんせん》（ひだかざり）有り。

右の(A)は明らかに『三国志』倭人伝の、次の記事をバックにしている。

○男子は皆露紒《ろかい》（みずら）し、木緜《もくめん》を以て頭に招《か》け、其の衣は横幅、但々《ただ》結束して相連ね、略略《ほぼ》縫うこと無し。婦人は被髪《ひはつ》・屈紒《くっかい》し、衣を作ること単被の如く、其の中央を穿《うが》ち、頭を貫きて之《これ》を衣《き》る。

つまり、この段階（三世紀）では、中国人と大いに異なっているのだ。ところが、〃現代〃（七世紀）では、俀国の人々は中国の服装・風俗と大異がないのだ。——このような歴史的変化の背景の上に立っているのが、先の(A)の文面なのである。

例をあげよう。たとえば、わたしたちがテレビで活躍する、来日中の中国の卓球選手を見て、「あ、あの人なんか、日本人や言うても、分からへんね」などと、家庭内で言いかわしている、あの心理なのである。卓球選手の場合、スポーツ・シャツを着ているから、服装も日本選手と大差ない。すると、よけい「ソックリだ」と感じさせられるのだ。

この点、従来の解釈（「岩波文庫本」）は、わたしには理解しがたい。一国の使者として、日本の現地へ来ておいて、〝ここは台湾だというけれど、おかしいなあ〟という感想をもらす。これでは、何とも〝とぼけすぎた〟話ではあるまいか。

## 「其」の用法と解釈

ここで一つの問題にふれよう。

従来から、ここの「秦王国」の存在は、よく引用されてきた。渡来人（いわゆる「帰化人」）問題で、いつも出てくる。つまり、前の(A)の文を、直前の「秦王国」だけの説明と見るのだ。そこで〝この倭国中の一地域に、中国人とそっくりの住民からなる、異色の小国がある〟という意味に解するのだ。このような文脈理解を、渡来人を論ずる各論者は、何の疑いもなく、採用してきた（日本のみならず、外国の学者も、そのような文脈理解のもとに、論じている。たとえば金錫亨氏『古代朝日関係史』三八六ページ。――ここでは、氏の「分国論」の証拠史料に使われている）。

しかしながら、注意すべきことがある。この俀国伝内に、「其」の字に次の二つの使用法が現われていることだ。

(A)如意宝珠有り。其の色青く、大なること鶏卵の如し。

(B)大業三年、其の王多利思北孤《たりしほこ》、使を遣わして朝貢す。

右の(A)が直前の文（語）をうけた用法であるのに対し、(B)の方は直前の文ではなく、表題（俀国）を指している。

とすると、問題の「其の人」についても、この指示代名詞が、直前の「秦王国」をうけるのか、それとも表題の「俀国」をうけるのか、客観的判断をうるためには、その吟味が先ず、不可欠のはずだ。

そこで『隋書』における「其」の用法を客観的に知るため、「四夷蛮伝」(東夷《とうい》〈六国〉、南蛮《なんばん》〈四国〉、西戎《せいじゅう》〈二十三国〉、北狄《ほくてき》〈五国〉)の全使用例を検査した。そこには三八〇個の用例がある。

(a)直前の文(語)を指すもの――二六八個

(b)表題の国を指すもの――一一二個

そして(b)の内実は次のようだ。

| 〈A〉(四回以上) | 〈B〉(各二回) | 〈C〉(各一回) |
|---|---|---|
| 其王――29 | 其官――2 | 其女王――1 |
| 其国――23 | 其風俗――2 | (以下、一例ずつのもの――23) |
| 其俗――19 | 其主――2 | |
| 其人――6 | 其名王――2 | |
| 其都――4 | | |
| 〈計81〉 | 〈計8〉 | 〈計23〉 |

すなわち、〈A〉のような特定用語に、この類の用法が頻出《ひんしゅつ》する事実が認められる。各表題の国名をさして、「其の国」や「其の王」などが使われていることは、考えてみれば、当然のことだ。そしてこのビッグ・ファイブの中に「其の人」の表現が入っているのである。〝この表題の国の人民は〟の意だから、これも、夷蛮伝に頻出して当然の語法なのだ。その全用例を左にあげよう。

①(百済〈東夷〉)其の人、雑《まじ》わりて新羅・高麗・俀等有り。亦、中国人有り。

②（新羅〈東夷〉）故に其の人、雑わりて華夏・高麗・百済の属有り。
③（俀〈東夷〉）其の人、華夏に同じ。以て夷洲と為すも、疑ひて明らかにする能はざるなり。
④（林邑《りんゆう》〈南蛮〉）其の人、深目・高鼻にして、髪は拳《けん》（〃まがる〃「巻」に通ず）にして、色は黒し。
⑤（真臘《しんろう》〈南蛮〉）其の人、行止に皆、甲仗《こうじょう》を持つ。若《も》し征伐有れば、因《よ》りて之を用ふ。
⑥（附国〈西域〉）其の人、並びに姓氏無し。

このように、問題の③を除く、他の五例とも、「其の人」の「其」はいずれも、「表題の国」を指して用いられている。すなわち、この『隋書』の著者、魏徴《ぎちょう》の慣用表現なのである。してみると、③のみ特例として孤立させ、俀国中の一小国たる〃秦王国の人〃という、直前の語を指す用法と見なすことは、史料批判上不自然、かつ客観的に不可能である。

ことに『隋書』の著者は、各表題の国々について、中国との比較に深い興味をもっている。

(イ)（高麗《こうらい》）兵器、中国と略《ほぼ》同じ。
(ロ)（新羅《しらぎ》）其の五穀、果菜、鳥獣、物産、略、華と同じ。
(ハ)（俀《たい》）正月一日に至る毎《ごと》に、必ず射戯・飲酒す。其の余の節、略、華と同じ。
(ニ)（林邑《りんゆう》）楽に琴、笛、琵琶《びわ》、五絃《げん》有り。頗《すこぶ》る中国と同じ。
(ホ)（婆利〈南蛮〉）其の余の兵器、中国と略、同じ。
(ヘ)（吐谷渾《とこくこん》〈西域〉）其の器械・衣服、略、中国と同じ。
(ト)（高昌《こうしょう》〈西域〉）其の風俗・政令、華夏と同じ。
(チ)（焉耆《えんき》〈西域〉）婚姻の礼、華夏に同じき有り。

これらは、いずれも各表題の国の解説だ。とすると、この点でも、問題の文（先の③）のみ、特例として孤立させ、俀国内の一小国（秦王国）のみの説明と見ること、それは客観的に不自然、かつ不可能である。

さらにもう一つ、簡明な論証がある、もし、この「其の人」が従来説のように「秦王国の人」を意味するとしたら、次の矛盾につきあたるのだ。

それは「以て夷洲と為す」の一語だ。「以為二夷洲一」という、この語形が、「以二其国一為二夷洲一」（其の国を以て夷洲と為す）の省略形であることは明らかである。

この「以二A一為二B一」という語形は、当然「A＝B」を意味する。

○以二建寅月一為二歳首一（建寅《けんいん》の月を以て歳首と為す）。（百済伝）

○婦人以二羅紋白布一為レ帽（婦人、羅紋《らもん》白布を以て帽と為す）。（流求伝）

ところが、「夷洲」というのは、〝東夷の洲《しま》〟の意であるから、「秦王国＝夷洲」ではありえない。やはり「俀国＝夷洲」なのである。もし、秦王国を指すのなら、「以為二夷国一」（以て夷国と為す）とか「雖レ属二夷洲一」（夷洲に属すと雖も）といった文型がより適切なのではあるまいか。

このような点から見てもまた、「其の人」にはじまるこの一節の文を、直前の秦王国のみの解説と見ることは、文脈的に不自然、かつ矛盾をふくんでいる。

以上のように、従来疑われたことのなかったように見える「秦王国特記論」が一片の誤読に属していたこと、それは今や明白となった。

しかし、この問題のさししめす帰結は、あまりにも鋭くかつ深い。なぜなら、従来、この文を（おそらく倭国伝だけ読んで）秦王国だけの説明と見なしてきた、第一の理由。それは、いうまでもなく、「倭国伝」を『隋書』全体の一部として見なかったこと、すなわち『四夷蛮伝』の全三十八国中の一つとして、客観的に位置づけさせようとしなかったことだ。この点は、『三国志』倭人伝の場合と同じである。ところがもう一つ、このケース独特の、第二の重大な理由がある。それは他でもない、「対馬国↓一支国↓竹斯国↓秦王国」と進んできた行路記事を、まだここでとどめず、先（軽率なルート比定）の(B)の「又十余国を経て海岸に達す」につづけ、この一文に〝瀬戸内海行路と大阪湾到着〟を〝読みこもう〟としていたのである。

しかし、本質的にこれは無理だ。なぜなら、

①今まで地名（固有名詞）を書いてきたのに、ここには「難波《なにわ》」等の地名（固有名詞）が全くない。

②九州北岸・瀬戸内海岸と、いずれも、海岸沿いだ。それなのに、その終着点のことを「海岸に達す」と表現するだけでは、およそナンセンスとしか言いようがない。

ことに①の点は決定的だ。裴世清の「主線行路」は、先の「対馬——秦王国」という地名（固有名詞）表記部分で、まさに終了しているのだ。これに対して(B)（「十余国」表記）は、地形上の補足説明（傍線行路）にすぎないのだ。だから地名（固有名詞）が書かれていないのである。後代人の主観的な〝読みこみ〟を斥《しりぞ》け、文面自体を客観的に処理する限り、このように解読する以外、道はない。

この点をさらに確証するのは、先の「其の人」問題だ。従来は、無理強《じ》いに「十余国」まで「主線行路」として〝読みこもう〟とした。だから、「其の人」文(A)を、その主線行路記事中の「挿入句」として、見なさざるをえなかった。ために、直前の「秦王国」の説明のように見なし、『隋書』四夷蛮伝全体の表記慣例を〝強引に無視する〟ていの読解へとひきずりこまれたのである。

しかし、「其の人」が『隋書』四夷蛮伝全体の表記慣例通り、この表題の国たる〃俀国の人民〃の意であるとすれば、もはやその直前の「竹斯国・秦王国」で、主線行程は完結していること、その事実は、太陽のように明白である。

## 「基準点が指示領域に入らない」事実

この事実を、一段と明々白々に裏づけているのは、「竹斯国より以東」問題だ。

この「Kより以東」とか「Kより以北」といった表記の場合、この句の指示領域の中には、〈K〉という基準点（定点）をふくんでいるのだろうか。それとも、ふくまないのだろうか。たとえば、「京都より以西」という場合、この句でしめされる地域に、肝心の「京都」は入るか、入らないか、という問題だ。現代の数学では、「以上」「以下」というとき、「以て上る」「以て下る」として、〃その基準点をふくむ〃もの、として定義している。中国文では、その点、どうなのだろうか。それをもっとも明白にしめす用例を、『三国志』と『隋書』から、各一例ずつあげよう。

㈠　夫人より以下、爵せしむ。凡《およ》そ十二等。貴《き》[1]嬪《ひん》、夫人[2]。位は皇后に次ぐ。爵は視《なぞら》へる所なし。淑《しゅく》[3]妃《ひ》。位は相国《しょうこく》に視へ、爵は諸侯王に比す。淑媛《しゅくえん》[4]。位は御史大夫《ぎょしたいふ》に視へ、爵は県公に比す。昭儀[5]。県侯に比す。昭華[6]。郷侯に比す。脩容[7]。亭侯に比す。脩儀《しゅうぎ》[8]。関西侯に比す。倢伃《しょうよ》[9]。中二千石に視ふ。容華[10]。真二千石に視ふ。美人[11]。二千石に視へ比す。良人《りょうじん》[12]。千石に視ふ（算用数字は古田）。

（魏志五、后妃伝）

これは帝妃（皇后）の下の、十二等の、後宮《こうきゅう》の女たちの順位の提示だ。一・二位の「貴嬪・夫人」

は、天子や帝妃と同じく、「無爵の高位」だ。これに対し、三位の「淑妃」から下は、それぞれ、男子の官位における相等官が記せられている。この場合、「自二夫人一以下」の指示対象が「夫人」を含まないことは明瞭《めいりょう》である。

(二) 伏允、懼《おそ》れ、南、山谷の間に遁《に》ぐ。其の故地、皆空《むな》し。西平の臨羌《りんきょう》城より以西、且末《しょまつ》以東、祁《き》連《れん》以南、雪山以北、東西四千里、南北二千里、皆、隋の有為《た》り。郡県の鎮戍《ちんじゅ》を置く。

(『隋書』第八十三、西域伝、吐谷渾)

これが図のような、四囲図の指示であることは、明白だ(「且末以東」は「自二且末一以東」の略)。すなわち、「自二西平・臨羌城一以西」という場合、その指示領域内に、中国領の「西平郡の臨羌城」は、当然入らないのだ。他の西・南・北辺についても同じである。

以上、いずれの例から見ても、「基準点が指示領域に入らない」——この道理は、一切変わらないのである。もう一つ、周知の例をあげよう。

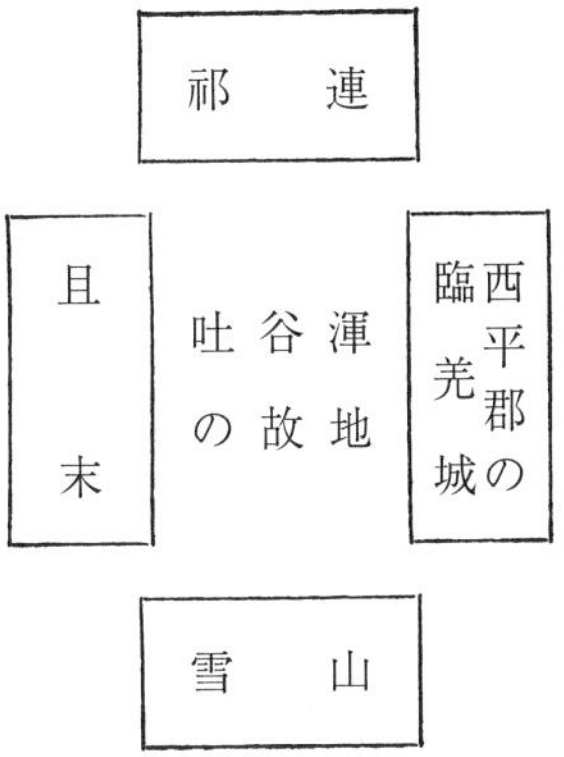


○女王国より以北、特に一大率を置いて検察せしむ。諸国、之を畏憚《いたん》す。

〈倭人伝、紹熙本。紹興本では、「諸国を検察す」となっているが、意味に大異はない〉

ここでも、一大率の検察対象に「女王国」自体は入らないことは当然だ。

このような語形理解から、先(軽率なルート比定)の(C)を見よう。「竹斯国より以東」という指示対象に、基準たる「竹斯国」

自体は入らないのである。すなわち、「俀」に附庸しているのは、〝竹斯国より東の領域〟（直接には、東の「秦王国」等、間接には「東西五月行」――俀国伝冒頭――の領域が入るであろう）であって、肝心の「竹斯国」自体は入らない。なぜなら、「竹斯国」は、以東の諸国を「附庸」せしむべき、基準の定点だからである。

この「附庸」の語は、『隋書』に頻出《ひんしゅつ》する用語（政治関係をしめす術語）だ。

○（䑸牟羅国）百済に附庸す。（百済伝）

○（新羅）其の先、百済に附庸す。（新羅伝）

それゆえ、右の文において、「附庸」の基準点（すなわち権力中心の「都」）が「竹斯国」であること、――この事実を今や疑うことはできない。

## 九州王朝――多利思北孤の国――

『隋書』俀国伝中、この国の特色ある地理的景観をのべた、白眉《はくび》の一節がある。阿蘇山の描写だ。

○阿蘇山有り。其の石、故無し。火起り、天に接する者なり。俗以て異と為し、因《よ》って禱祭《とうさい》を行う。如意宝珠有り。其の色青く、大なること鶏卵の如し。夜は則《すなわ》ち光有り、と云う。魚の眼精なり。

（『失われた九州王朝』ミネルヴァ書房版二六〇ページの読みと、小異あり。ただ大意同じ）

これこそ、この俀王多利思北孤の国の中心が九州であることの、はっきりした証拠だ。――わたしは、右の本において、そう論断した。

そしてその後、この肝心の一点に対する反論を見ない。見ないはずだ。それほど、この一句は、まがうかたなき鮮明な地理的指定性、それを決定的にもっているのである。この俀王の都を近畿大和の飛鳥《あすか》の地だ、と思いこみ、これを疑わずに来た、すべての従来論者は、この論定に対して決して真正面から反論することができぬ。まさか、〝この阿蘇山とは、大和の香久山《かぐやま》のまちがいだ〟などとは、言えないであろうから。しかし、反論のできないまま、〝いや、何かで知ったこの山のことを、日本人からの聞き書きででも書いたのだろう。それが近畿大和の飛鳥を都とする大和朝廷の記事として、かりに適切でないとしても、それは、彼等（隋使、裴世清――『隋書』の著者、魏徴）の記事選択のミスだ。そのミスをおおげさにとりあげてみても……〟

あるいはこんな風に考えているのではあるまいか。あるいはさらに積極的に、

〝現代でも外国人は、日本といえば富士山をあげる。それと同じだ。当時（七世紀）の中国人は富士山の存在を知らなかったから、代わって西国（九州）の代表的な火山として、阿蘇山のことをあげたのにちがいない。富士山があげられているからといって、日本の都が静岡県や山梨県でないのと同様、阿蘇山があげてあるからといって、九州が都城の地だなんて、とんでもないことだ〟

そのように、ささやいているのではあるまいか。失礼な言辞を許していただきたい。

わたしの言いたい点はこうだ。論者ごとに、あれこれと〝かげでひそかにりくつをつける〟――それでは、真実の探究は一歩もすすまない。あくまで問題を客観的に処理し、クール（冷静）に検証せねばならぬ、と。その方法は一つだ。

『隋書』中、四夷蛮伝全体の中に、この阿蘇山の記事を正確に位置づけてみることである。

四夷蛮伝中、四十七個の山河が出現している（重複出現をふくむ）。

一、単純な記載。三十九個

A　その国へ行く経過をしめすため、既知の山河を利用したもの（十五個）

〈例〉○（赤土〈南蛮〉）焦石山に至りて過ぎ、東南、陵伽鉢抜多洲に泊す。

○（康国〈西域〉）西のかた葱嶺（そうれい）を踰《こ》え、遂に其の国有り。

B　その国の都の位置を指定するためのもの（二十四個）

〈例〉○（疏勒〈西域〉）白山の南、百余里に都す。

○（挹怛〈西域〉）烏滸水（うこすい）の南、二百余里に都す。

これらはいずれも、地理的位置の説明の必要のために、使用されているにすぎぬ。ところが、これらとは全く異なる、使用事例群がある。それは、その山河をめぐって、種々の説明が付されている。いわば、その山河自体が描写の主体なのだ。それは次の八個の事例である。

二、解説つきの記載（一国の中枢の山河）。

①（高麗〈東夷〉）平壌城に都す。亦《また》長安城と曰《い》う。東西六里、山に随って屈曲し、南、浿水（はいすい）に臨む。（中略）毎年初、聚《あつま》りて浿水の上《ほとり》に戯る。王、腰輿《ようよ》に乗り、羽儀に列し、以て之を観《み》る。事畢《おわ》り、王、衣服を以て入水し、左右を分って二部と為す。水石を以て相濺擲《あいせんてき》し、諠呼《ぎこ》・馳逐《ちちく》、再三にして止《や》む。

②（靺鞨《まつかつ》〈東夷〉）居る所、多く山水に依る。渠帥《きょすい》、大莫弗瞞咄と曰う。東夷中、強国為《た》り、徒太山なる者有り。俗、甚《はなは》だ敬畏《けいい》す。上に熊《ゆう》・羆《ひ》・豹《ひょう》・狼《ろう》有り。皆、人を害せず。人亦敢へて殺さず。

③（倭国〈東夷〉）――略（先記）

④（真臘〈南蛮〉）都に近く、陵伽鉢婆山有り。上に神祠《しんし》有り。毎《つね》に兵五千人を以て之を守衛す。城の東に神有り。婆多利と名づく。祭るに人肉を用う。其の王、年別に人を殺し、夜を以て祀禱《しとう》す。

亦守衛する者千人有り。其の鬼を敬すること、此《かく》の如し。

⑤（吐谷渾〈西域〉）伏俟城に都す。青海の西十五里に在り。（中略）青海、周廻千余里。中に小山有り。其の俗、冬に至れば、輒《すなわ》ち牝馬《ひんば》を其の上に放ち、龍種を得《う》と言う。吐谷渾、嘗《かつ》て波斯《ペルシャ》の草馬を得、放ちて海に入る。因りて驄駒《そうく》を生み、能《よ》く日行千里。故時、青海の驄と称す。

⑥（高昌〈西域〉）北に赤石山有り。山の北七十里に貪汚《たんお》（汙）山有り。夏、積雪有り。此の山の北、鉄勒《てつろく》の界なり。武威より西北、捷路《しょうろ》有り、沙磧《させき》千余里を度《わた》る。四面茫然《ぼうぜん》。蹊径《けいけい》有る無し。往《ゆ》かんと欲する者、人畜の骸骨《がいこつ》有るを尋ねて去る。路中、或は歌哭《かこく》の声を聞く。行人、之を尋ぬるに、多く亡失を致す。蓋《けだ》し、魑魅魍魎《ちみもうりょう》なり。故に商客の往来、多く伊吾の路を取る。

⑦（漕国〈西域〉）葱嶺山に順天神なる者有り。儀制極めて華なり。金銀、鍱《いたがね》して屋《おく》を為す。銀を以て地と為す。祠《し》する者、日に千余人有り。祠前に一魚の背骨有り。其の孔、中通し、馬騎出入す。国王、金魚頭の冠を戴《いただ》き、金馬の座に坐す。

⑧（突厥《とっけつ》〈北狄〉）世、金山に居《きょ》す。鉄作に工なり。金山の状、兜鍪《とうぼう》（かぶと）の如し。俗、兜鍪を呼んで「突厥」と為す。因りて以て号と為す。

右について分析しよう。

第一に、涓水。平壌城に面する。あたかも中国の洛陽《らくよう》・長安の都域を貫流する黄河のように、高句麗中、代表的な河川だ。

第二に、徒太山。靺鞨は、粟末《ぞくまつ》部をはじめとする七部に分かれ、特に都邑《とゆう》の地を記さない。ただ、ここで「俗」というのは、〝その七部中のいずれかの部の風俗〟というのではない。靺鞨全体の風俗として、この山を神聖な山として「敬畏」しているさまがのべられている。

第四に、陵伽鉢婆山。都に近い所にあり、国王がその「神祠」を兵をもって守衛しているさまがのべられている。

第五に、青海（蒙古《もうこ》語でココノールと呼ばれる）。青海省の東北部にあり、面積四四五六平方キロ。従って、この吐谷渾にとって〝中心的かつ象徴的な存在の大湖〟であることは当然である。この地の龍種伝承が書かれている。

第六に、赤石山・貪汚山。高昌国は現在の新疆《しんきょう》省、吐魯番《トルファン》県。シルク・ロードの中枢地の一である。このトルファンの地が、北は山嶺《さんれい》を以て鉄勒（匈奴《きょうど》の苗裔《びょうえい》。回紇《かいこつ》等）の界と相接し、南は凄絶《せいぜつ》な、不毛の大沙漠《さばく》と相接している様子が活写されている（伊吾は新疆省、哈密《はみ》県）。

第七に、葱嶺山。漕国は、『漢書』西域伝でその特異の存在を詳記された「罽賓《けいひん》国」の後身だ（『「邪馬台国」はなかった』ミネルヴァ書房版二九〇ページ参照）。西域地方の西限をなし、葱嶺の北に当たる。天山山脈、崑崙《こんろん》山脈の起点として知られるこの葱嶺山で、国王が華美を尽くして祭事をおこなっているさまが描かれている。

山上の祠《ほこら》では、「一魚の背骨」が信仰対象となっている。この点、俀国の場合も、阿蘇山で、如意宝珠と称して「魚の眼精」を祭っている。これと好一対《こういっつい》だ。

第八に、金山。阿爾泰《アルタイ》山を言い、「突厥」の国号の起こりとなった、と説かれている。当然、突厥の中枢、シンボルをなす高山だ。

以上、阿蘇山以外、右の七例を見通してみよう。いずれも、その表題の国の中枢に位置し、その国の骨格を形成する、名山大河もしくは大湖だ。また国王や国号との関連やその国の一般風俗との関連が説かれている。すなわち、その表題の国の象徴《シンボル》として、代表的な位置を占め、その国王・人民の尊崇を集めている。――そのような山河・湖海のみが特記されているのである。決して〝その国の中の一辺域の奇山・名勝を（観光的に）紹介する〟といったていの記事ではない。

ことに注目すべき点、それは阿蘇山記事が、俀国伝中に占めている位置だ。

○其の俗、殺人・強盗及び姦《かん》は、皆死せしむ。盗む者は、贓《ぞう》を計りて物に酬《むく》いせしめ、財無き者は、身を没して奴《ど》と為す。……（中略）……阿蘇山有り。其の石、故無し。火起りて天に接する者なり。俗以て異《い》と為し、因りて禱祭を行う（下略）。

右の冒頭の「其の俗」は当然、表題の「俀国の風俗」の意だ。そしてこの場合、「俀国」という概念は当然、〝国王と都〟を中心としている。とすればすなわち、〝その風俗〟もまた〝国王と都の住民〟を中心とした概念だ。

〝国王や都の風俗と切り離された、その国の中でも辺域に属する異風・片俗を好んで採取する〟そういった現代民俗学者《フォルクロリスト》風な採取姿勢は、この『隋書』には、未だ存在しないのである。

問題の阿蘇山記事でも同じだ。ここに「俗」とあるのは、この一節冒頭の「其の俗」と同義である。すなわち、〝この俀国王と都の人民をふくむ一般的風俗として、この阿蘇山禱祭は行なわれている〟――これがこの一文に対する、必然の理解だ。

一に、「其の俗＝俗」という、文脈上の理解、二に、七つの特記山河の性格、そのいずれから見ても、これ以外の理解は不可能である。そうでなければ、『隋書』という史料のさししめす客観的性格を無視することとなろう。文字通り、主観的・恣意《しい》的手法におちいらざるをえない。

では、問おう。〝七世紀、近畿大和の天皇家と飛鳥の地の住民は、九州なる阿蘇山を尊崇し、その禱祭をおこなっていたか？〟と。

この問いに対しては、誰人も「否！」と答えるほかないであろう。すなわち、この俀国の中心は、決して近畿ではない。九州だ。その九州王朝の中域の地に、阿蘇山は千古の噴煙を、七世紀も今も、天空にふきあげつづけてきたのである。

## 九州王朝――火の山は語る――

かつて阿蘇山頂に立った日のことを、わたしは思い浮かべていた。一面、赤紫灰色におおわれた山肌が印象的だった。それはわたしが幼時より馴れ親しんできた山々とはちがっていた。たとえば瀬戸内海岸、中国山脈の山々などとは、いちじるしく異なった山脈の色だった。また青年時代をすごした信州、日本アルプスの山々の、あの乗鞍《のりくら》や常念、穂高などともちがう色合いだった。そのように生涯《しょうがい》の記憶のフィルムがまわりはじめたとき、突然、わたしは思いあたった。――〝あれだ！〟と。

○其の石、故無し。

「故」は「故山」「故石」「故郷」「故人」のように〝昔のまま〟〝自然のまま〟の意だ。つまり、〝ここ阿蘇山は、中国（隋）の山々のような自然石ではない。皆、火山が新たにふきあげ、地表に露出させた石だ〟この一文はそう言っているのである。

〝この観察者は誰か？〟そう考えたとき、わたしの中から、直ちに答えがはねかえってきた。〝裴世清《はいせいせい》だ！〟と。

○火起り、天に接する者なり。

右の表現も、〝火山を見たことのない中国人が実地にこれにふれた驚嘆〟の表現と見れば、実に的確である。「天に接す」といった言い方は、とても「日本人の感想」の〝また聞き〟ではない、中国人らしい造語力の所産だ。——わたしにはそのように感ぜられる。

ことに次の「如意宝珠」の件。すでにわたしの『失われた九州王朝』(ミネルヴァ書房版二六〇ページ)でのべたように、〝(A)この珠は夜光る、と俀人は言う。(B)だが、実際は自分(中国人)の見るところ、「魚の眼精」だ〟というのであるから、この中国人は実際に「如意宝珠」を見、これを冷静に観察しているのである。

ところで、この「如意宝珠」のある所はどこだろう。当然、前文の「禱祭」をうけている。「阿蘇山の禱祭」にこの「如意宝珠＝魚の眼精」が使われているのである。すなわち、この中国人は、阿蘇山に足を運び、そこで禱祭の実態を見た、のだ。では、「この中国人」とは誰か。『隋書』俀国伝自身のしめすところ、「裴世清」その人の一行しかない。


わたしたちは、従来から『日本書紀』の推古紀の記事にひきずられて、〝裴世清は近畿をめざしてきた〟と信じてきた。従って、博多湾より上陸したばかりか、九州中部の阿蘇山まで足を運んだ、などという事態は、とても、思いつきさえしなかった。わたし自身さえ、『失われた九州王朝』では、筑紫を彼(裴世清)の主要到着点としながらも、やはりその後に「筑紫→近畿」というコースを思い描いていただけだった。

しかし、『隋書』俀国伝は、直接的には〝近畿への旅〟を書くことが全くない。ないだけではない。海岸の「竹斯国」に上陸したのち、内陸の「秦王国」へとすすんだ形跡が濃厚である。たとえば、今の筑紫《ちくし》郡から、朝倉郡へのコースが考えられよう(「都斯麻国→一支国」が八分法では「東南」ながら、大方向

〈四分法〉指示で「東」と書かれているように、この場合も「東」と記せられうる）〈補論一〉。

では「秦王国」とは、何だろう。現地名の表音だろうか。否！　文字通り「秦王の国」なのである。「俀王」と同じく「秦王」といっているのだ。いや、この言い方では正確ではない。「俀王」というのは、中国（隋）側の表現であって、俀王自身は、「日出づる処の天子」を称しているのだ。つまり、中国風にみずからを「天子」と称している。その下には、当然、中国風の「――王」がいるのだ〈補論二〉。そのような諸侯王の一つ、首都圏「竹斯国」に一番近く、その東隣に存在していたのが、この「秦王の国」ではあるまいか。筑後川流域だ。

博多湾岸から筑後川流域へ。このコースの行く先はどこだろうか。――阿蘇山だ〈補論三〉。

この点、冒頭の「東高西下」の地勢についても、「東高」とは、他ならぬ〝阿蘇山の山系を指している〟のだ。〝現在の日本列島地図〟でなく、あくまで「俀国伝の叙述」それ自身を読む、七・八世紀の中国の読者の視点に立つ限り、これは必然の帰結なのである。

なぜなら、「東高」とは、〝東に山々が連なっている〟ことだ。そしてこの俀国伝中に「山」として特記されているのは、「阿蘇山」だけなのであるから、この高火山が右の「東高」の中心的存在だ、と見なすこと、それは中国側の読者にとって、選択の余地なき思考の流れ、まさに必然だ。すなわち、この地勢図は〝九州西側を現地で見て〟書かれているのだ。――この観点から見ても、この情報提供者（裴世清）たちの一行が、七世紀のいにしえ、阿蘇山系、この熔岩台地にその歩を印したこと、わたしにはそれを疑うことができない。

そしてこの帰結のかなたには、新しい探究の山並みが連なっているように思われる。

## むすび

ふりかえってみれば、〝三世紀の卑弥呼の国と七世紀の多利思北孤の国とは、共に筑紫なる同一王朝である〟という命題は、『隋書』俀国伝の冒頭の左の一句に明白に表現されていた。

○邪靡堆に都す。則《すなわ》ち魏志の所謂《いわゆる》邪馬臺なる者なり。

この「邪馬臺」が〝五世紀時点の後代名称〟の置換によって、記されているものであることは、すでにのべた（古田「邪馬壹国の史料批判」『邪馬臺国の常識』所収）。

従って「邪馬台国論争は終った」（『邪馬壹国の論理』）において論証したように、三世紀卑弥呼の国の都邑《とゆう》の地が博多湾岸であることが確定したとき、七世紀多利思北孤の国も、必然に「竹斯国」の地とならざるをえない。

逆に、この稿の最終論証のしめすように、「竹斯国」こそ俀王の都、〝以東の国々〟を「附庸」せしめた原点（権力中心）である、という認識をえたとき、それは同時に、五世紀倭の五王、三世紀卑弥呼の国もまた、この「竹斯国」に都をおいていたことをしめしていたのだ。必然的かつ、頑固《がんこ》なる論理力をもって。――わたしは、この六～八月の古代（推定）船航行のさなか、そのことをまがうかたなく再確認していたのである。

この「竹斯国」の地、博多湾に「野性号」は終着した。「韓国全水行説」の否認という、偉大なる実験成果をたずさえて、このいにしえの女王の都なる邪馬一国《やまいち》、すなわち九州王朝の中枢の地に入りきたった実験船の労苦に対し、洛西《らくせい》の片隅《かたすみ》からわたしは心から歓迎の声をおくりたいと思う。

〈補論一〉

たとえば、朝倉寺は「長安寺」と称せられていた（『大宰管内志』）。朝鞍寺・朝闇寺の転音だが、中国の「長安」が対比され、意識されていたことは疑いない。その「長安」は、秦の都だ（長沼賢海『邪馬台と大宰府』参照）。

〈補論二〉

福岡県瀬高町藤の尾（女山の麓《ふもと》）から、「斎王……」と刻された、方形の石が出土した（松本清張編『邪馬台国の謎を探る』平凡社刊、参照）。〈ただし、年代等不明〉

〈補論三〉

正確には、次のような論理進行である。

①阿蘇山の記載は、裴世清の一行の報告にもとづくもの、と考えられる。

②その記載内容からすると、〝倭人からの聞き書き〟でなく、中国人の実地検証の結果をふくんでいる。

③それ故、裴世清の一行は、実地（阿蘇山）に足を運んだ、と考えざるをえない。

④従って、「秦王国」は「竹斯国――阿蘇山」間である可能性が高い。

## 本稿後記

この論文「古代船は九州王朝をめざす」は、一九七五年、野性号（Ⅰ）が記念すべき最初の実験航海を終えた直後に書かれた。その後、フィリピンから九州南岸（鹿児島）へ向った野性号（Ⅱ）の、生気あふれる航海が一九七七年に試みられ、そして今回の野性号（Ⅲ）。伊豆半島の下田港より出発してカリフォルニア、メキシコを経て南米西岸部（グアヤキル〈エクアドル〉→リマ〈ペルー〉→アリカ〈チリ〉）への一〇、〇〇〇海里を一路進みつづけている。この五月八日、下田港で六人の男たち（藤本和延・津村力・二宮俊雄・佐々木昭・池田岳史・佐藤仁）の出発を見送ったとき、このコースの古代倭人渡航を、第一書『「邪馬台国」はなかった』以来、「海賊」（『邪馬壹国の論理』）・『倭人も太平洋を渡った』（創世記刊／八幡書店復刻）と世に提示しつづけてきたわたしにとって、誰人にも劣らぬ深い感慨があった。そして角川春樹氏が〝戦国の武将〟のような不敵な面魂をもって「失敗すれば、何回でもやり直します」と言い、「神よ、加護を垂れたまえ」の一言で出発の挨拶を結ばれたとき、それはわたしの中の奥深いところへとひびいてきた。

× × ×

今、この稿をふりかえると、二、三の点に気づく。それについて簡明に書こう。

(一)この稿をめぐって白崎昭一郎氏とわたしの間で応答があった（「東アジアの古代文化」白崎「二つの九州王朝説」5号、古田「九州王朝の論理性」6号、白崎「邪馬臺国論争は終っていない」8号、古田「邪馬壹国論争（上・下）」12・13号）。幾多の点で貴重な御教示をえたけれども、この稿の基本をなす『隋書』俀国伝の対象は、近畿天皇家ではない」との研究思想については、結局、有効な批判点は提示されえなかったように思われる。それはともあれ、長文の批判を寄せられた、氏の御厚意に深謝したい。

(二)俀国伝中の「竹斯国より以東は、皆、俀に附庸す」の一文について再検しよう。この稿では「以～」の文形論を種々くりひろげたけれども、論煩瑣《はんさ》にしてかえってことの本質、論の焦点を見失っていたのではないか。今回ふりかえってその感を深くした。

なぜならこの稿でも対比したように、倭人伝の「女王国より以北、特に一大率を置いて検察せしむ。諸国、之を畏憚す」の一文と比べてみると、「女王国」に相当する一点が「竹斯国」となっている（倭人伝でも、「諸国」は、当然「女王国に附庸する」存在だ）。従って「女王国」と同じく、「竹斯国」が中心国だ。この中心判断こそ重要、かつ問題の核心を突くものだった（「以北」「以東」などの、語句そのものの包含範囲の議論は、むしろ末節であり、あくまで文脈全体から判断すべきものだったのである）。

㈢「秦王国」について、論点の新たな一進展を見つつあるが、別述したい。

㈣わたしはこの六月十四日（一九八〇）、仙台なる東北大学にまねかれ、そこで「日本書紀の史料批判」という講演を行なった（文学部内の日本文芸研究会、第三十二回大会の公開講演）。

そこで、一方の『隋書』俀国伝でのべられているものは確かに多利思北孤《たりしほこ》の「遣隋使」であるけれども、他方の『日本書紀』の推古紀にのべられている小野妹子等の派遣は、そこにくりかえし明記されている通り、「大唐」に対する「遣唐使」であって、決していわゆる「聖徳太子の遣隋使」などではありえないこと等、今年になって発見された詳細な新論証を、若き日、故村岡典嗣先生に教えをうけた、この仙台の故地で、学界に対して発表する幸いをえたのであった。

この講演の内容（論文）は本書の発刊とほぼ時を同じうして「文芸研究」第九五集（東北大学文学部、一九八〇年九月末刊）に掲載される（講演そのものも、東京の「古田武彦と古代史を語る会」の高田かつ子さんによって活字化される予定）。それによってこの稿の研究思想が改めて詳密に再確認されるであろう。

〈一九八〇年八月十六日。大文字の夜に稿了、洛西にて〉

# あとがきにかえて

この数年間、日本の古代史学界は「邪馬台国」問題から〝目をそむけて〟きつづけたように見える。けれども、学問そのものは一歩も停滞しなかった。

それどころか、研究史上、一つの画期をなす論文が出現した。谷本茂氏の「中国最古の天文算術書『周髀算経《しゅうひさんけい》』之事」(「数理科学」一九七八年三月)がこれである。

『周髀算経』は、周代に生れ、後漢末(二〇六〜二二〇)に成立した本だ。冒頭は周公と商高(殷人)との対話にはじまる。このようなスタイルは、通例(後代の啓蒙主義史観からは)〝周公に仮託した後代の偽作〟と見なされることが多い。ところが、そこに語られた星の運行は、まさに紀元前一一二二(前後一〇〇)年頃のものであることが判明したのである(能田忠亮『周髀算経の研究』)。文字通り殷末・周初の、周公の頃だ。さらに、後に増拡された記事の部分には、春秋末から戦国初にかけて出現した、星の運行が記されている。すなわち、この記事の、この時期に成立したことが認められるのである(同右)。

以上によって、この『周髀算経』が周初から周の中・後期にかけて〝生育〟していった、という性格の内容をもつことが明らかとなった。そして同時に、注記を加えて編成された時期もまた、これを確定できるのである。なぜなら、編者たる趙君卿(漢)によって付せられた注は、もっとも新しいものとして「二〇六」成立の引用書をふくんでいる。従ってこれ以後の成立だ。また編者は「漢」の人物であるから、「二二〇（漢の滅亡）」以前に属する。すなわち上限「二〇六」、下限「二二〇」の間、十四年間のうちに、この書は編成されたのである。この後漢末十四年間は、まさに『三国志』の第一巻の時期、つまり曹操の活躍していた、そのさ中である。

さて、若き自然科学研究者、谷本氏の発見は、この『周髀算経』の中で用いられている里単位が計算によって確認できる、という一点にあった。それは「一里＝約七六〜七メートル」だった。これはわたしがかつて『「邪馬台国」はなかった』でしめした魏晋（西晋）朝短里（一里＝約七五メートル。精しくは「七五〜九〇メートル」の間で、七五メートルに近い、とした）と驚くべき一致をしめしたのである。氏はこの両者の一致を「単なる偶然の一致としてすませることは出来ない」と結ばれた。

思えば、わたしにとって氏との邂逅《かいこう》は、楽しき思い出にみたされている。当時京大の工学部の学生であった氏は、わたしに一葉の書便をもたらされた。その中で、わたしの本に着目したのは、一に「学問としての方法」にあることを、懇切にのべておられたのである。

爾来、氏はわたしの家にしばしば訪れられ、わたしもこの若き探究者に最近の発見を告げることを楽しみとするようになった。そのある日（一九七五年）、氏は〝『周髀算経』が「短里」で書かれている〟という、自己の発見を告げられたのであった。わたしの家の夕食の席でしめされた一片の計算用紙、それが今もわたしの手もとになつかしく保存されている。

その後、東京に行かれた氏は、右の発見を次々と発表された。まず「東アジアの古代文化」文献の会、次いで右の「数理科学」である。

この論文によってもたらされたもの、その第一は白鳥庫吉以来、最近の山尾幸久・松本清張氏等に至る、「倭人伝里数値誇張説」の否定である。なぜなら魏使や帯方郡官僚などの「誇張」というような

〝恣意〟の結果なら、〝全く別々の二書（『周髀算経』と『三国志』）において、同一の里単位が現われる〟そのようなことはありえないからである。

従って〝『三国志』において「短里」が使われている〟この事実は動かしがたい。いかに古代史学界がこの発見に〝無関心〟をよそおいつづけようと、結局、事実は頑固にして動かしがたい、のである。

その第二は、倭人伝の「一万二千余里」（帯方郡治→女王国）が「短里」という実定値で書かれている、とすれば、あの「邪馬台国」近畿説がもはや成り立ちえないことは、自明だ。なぜなら従来の近畿説は、この里程記事を誇張として「無視」ないし「軽視」するところに成り立っていたからである。

さらに、「誇張」等の名に乗じて、「部分里程」の総和が「全里程」（一万二千余里）にならぬまま放置して、その上に立論してきた、従来のすべての「邪馬台国」論者も、今や鼎《かなえ》の軽重を問われるに至ったのである。

その第三は、卑弥呼の墓だ。「径百余歩」と書かれた、その長さは、「一里＝三百歩」（『周髀算経』等）であるから、「三〇〜三五メートル」の円冢（＝塚）となる。従って「一五〇〜二〇〇メートル」の前方後円墳（たとえば箸墓）などにあててきた、従来の知見は当然否定されざるをえない。

このように、「短里」問題を契機として、邪馬一国研究史は画期をむかえた。後代、忘るべからざる必須文献となるであろう、この谷本論文を、氏の御快諾をえてここに収載させていただくことを喜びとする。現代の若き探究者が独創的に、未来の広大な研究の基礎を築いた、これこそその明らかな証跡となるものであろうから。

# 初出一覧

＊編者注：文庫の編集にあたり、収録の論文は、一部加正した（文庫とは当初の角川文庫）

「倭国紀行」（『読売新聞』西日本版、一九七九年十一月十二日〜十二月二十五日）
「わたしの学問研究の方法について」（「季刊邪馬台国」三・四号、一九八〇年一月・四月）
「邪馬壹国の論理性――『邪馬台国』論者の反応について――」（「伝統と現代『邪馬台国』特集」二十六号、一九七四年三月）
「『謎の四世紀』の史料批判」（「歴史と人物」一九七六年五月号）
「古代史の虚像――その骨組みを問う――」（「文化評論」二二七、一九八〇年二月号）
「邪馬壹国の証明」（「文化評論」二二八、一九八〇年四月号）
「古代史を妖惑した鏡」（「歴史と人物」一九七九年八月号・「毎日新聞」一九八〇年五月十六日）
「九州王朝の史料批判――藪田嘉一郎氏に答える――」（「歴史と人物」一九七五年十二月号）
「邪馬壹国と冢」（「歴史と人物」一九七六年九月号）
「古代船は九州王朝をめざす」
〝飛鳥の海流〟（「野性時代」一九七五年九月号）
〝古代船は九州王朝をめざす〟（「野性時代」一九七五年十月臨時増刊号）

解説にかえて

# 魏志倭人伝と短里――『周髀算経《しゅうひさんけい》』の里単位――

歴史書の中に現われる度量衡《どりょうこう》のいろいろな単位が、現在のメートル法で表わして正確にどのくらいかを調べることは、ただ昔の単位の実態を知るという知的興味に留まらず、歴史書に記述された内容を定量的に把握し、史料の真実性の批判検討を通して歴史の実相に迫るという意味からも、重要なことである。小泉《こいずみ》袈裟勝《けさかつ》氏の一連の著作（『度量衡の歴史』『歴史の中の単位』など）からも知られるように、東洋の度量衡単位の変遷に関して、先学の研究により多くのことが解明されてきたとはいえ、いまだ明らかでない点も残されている。

特に、「里《り》」という単位は不思議である。「一里塚」などという場合の日本の一里は、三十六町で約四キロメートルである。同じ「里」でも、現代中国においては五百メートルである。歴代中国の里単位は、時代によって多少の変化はあるものの、一里は約四百ないし五百メートル程度であり大差はないとされていた（詳細は『角川漢和中辞典』付録「中国度量衡の単位とその変遷」などを参照のこと）。日本の度量衡単位は中国のものとそれ程ひどい違いは無いのが普通であるのに、この里だけは一桁異っているのである。いつどうしてこんなに違ってしまったのか、その由来はあまりはっきりしていない。

ところが、中国においても、通常知られている里とは大幅に異る短い里が存在していたことが分かってきた。『周髀算経』という中国古代の天文算術書の中に現われる「一里」は約七十六ないし七十七メートル程度である（拙著「中国最古の天文算術書『周髀算経』之事」『数理科学』一九七八年三月号）。

有名な「魏志倭人伝」の中の里は、通常の里単位認識では到底理解できない。これを、誇大値の類とせず、従来知られていた里とは異る「短い里」として理解されたのが、安本美典氏、野津清氏、古田武彦氏などであった。特に、古田氏は、『「邪馬台国」はなかった』その他の著作で「魏晋（西晋）朝短里」という概念を提出された。それによれば、一（短）里は約七十五ないし九十メートルであり、しかも七十五メートルに近い数値であるという。『周髀算経』の里と古田氏の提示された短里とは、数値がきわめて近く、単なる偶然の一致とみなすことはできないであろう。

「短里」の存在が明らかになってきたので、『三国志』に留まらず、他の古代文献の史料批判に対しても影響を及ぼすことが予想される。『三国志』に関しては「全面短里」か「部分短里」かの論争がある。また、既に古田氏が指摘されたごとく、『華陽国志』『戦国策』『文選』などの史料中にも短里ではないかと思われる里数値が現われている。今後の史料研究によって短里の実態が更に明らかにされることを期待したい。

私は学生時代に加藤平左ヱ門氏の『日本数学史』を読んでいて『周髀算経』という書物を知った。その時、古田氏の提示されていた短里の事が頭に残っていたので、注意を引かれて計算してみたのである。従来の説から一寸千里の法をみれば、古代人の愚しさに映るであろうが、その内容を真面目に検討することにより短里と巡り合うことができたと言えるであろう。私にとってこのささやかな経験は、古田氏が力説される「史料批判の重要性」を実感するに充分であった。

史料批判を慎重に行なうということは、従来の定説に依拠して史料を見る（読む）のではなく、その史料自らの語るところを真剣に検討し、その結果を従来の定説と実証的に比較検討するという手続きである。これは史料に基づく歴史研究の常識であろう。しかし、古代史研究の分野においては、この常識が充分吟味されているようには思えない。そういった意味で、あの稲荷山鉄剣銘文の一件では大いなる失望を抱いた。

「史料批判とはその根底において、その史料をあつかう自己自身への批判でなければならぬ」と言い切る古田氏は、その立場で実践的に古代史料に取り組み、前人未踏の日本古代史像を得つつある。『「邪馬台国」はなかった』以降の一連の氏の著作の結論は、旧説に馴染んできた人々には、非常識とも奇をてらうものとも映るかも知れない。それ故、個々の論点について種々の議論が起こるのも当然であろう。旧説にとらわれず、自由な立場からの実りある論争を期待したい。

的確な批判を経た史料に依拠する立場からのみ、古田氏の所論を真に乗り越え、古代史研究を発展させることが可能であるように思われる。

『周髀算経』は周の時代（西周はBC一〇五〇年〜BC七七一年）に行なわれた天文観測の方法を記載する中国最古の天文算術書であるといわれている。

中国の古代の算術書は、いわゆる算経十書として版本が伝わっており、その中でも、『周髀算経』『九章算術』『海島算経』などは漢から三国時代（二〜三世紀）にかけて整理され、教科書として使用されていた模様であるから、中国古代の算術知識を知る上で興味深いと言えよう。

『周髀算経』という書物の成立時期は、だいたい三世紀初め頃と思われる。初めて注釈した趙君卿《ちょうくんけい》という人が、「漢」の趙君卿と記しており、その注に引用されている書物のなかで後漢の劉洪《りゅうこう》の作といわれる『乾象歴《けんしょうれき》』（二〇六年頃）が最も新しいことから、趙君卿が注釈整理したのは、二〇六年から二二〇年（後漢末）の間の時期ということが分かる。『漢書』芸文志には『周髀算経』の名は見られないので、前漢以前には現存のような形では知られていなかったようである。『周髀算経』の本文は、周時代のことから後漢時代の暦にまで言及している。明らかに同一時代に同一人の手に依って成立したとは思われない文面があり、多くの部分で趙君卿自ら、これらは周髀の本文にあらずと注記しているのである。

そして、天文学の立場から『周髀算経』の詳細な史料批判を行なわれた能田忠亮氏（『周髀算経の研究』）によれば、天文学的にみて、ＢＣ十二世紀前後百年ばかりの間においてのみ観測しえる天象や、春秋時代中期以降戦国時代初期の間（ＢＣ六世紀～ＢＣ五世紀）に起源をもつとみられる内容のものがある反面、後世後漢時代の知識も多分に含まれているという。

要するに、『周髀算経』の成立に関しては、この書に見える概念や方法の起源は相当古く、周時代以来伝承されてきた種々の天文算術知識を集成して、後漢末頃に、最初の注釈者趙君卿により現存のような形に整理されたとみて大過ないであろう。

『周骸算経』上下二巻の中には、諸説を寄せ集めたため、上巻と下巻とで首尾一貫しない記述も幾つか見られる。たとえば、上巻では地は平坦だと考えているのに対して、下巻では、天は笠《かさ》に似ており地は裏返したタライ（盥）の形をしているという有名な蓋天《がいてん》説が登場する。ここには、漢時代の渾天《こんてん》説と蓋天説との論争が一部反映しているとみることができよう。『周髀算経』の全貌は、近々全訳が刊行されるとのことであるから、興味ある読者はそちらを参考にされたい（科学の名著シリーズ『中国天文学・数学集』朝日出版社刊）。また、天文観測事例については前掲の能田氏の詳細な専門的研究がある。

ここでは、里単位に関連して、『周髀算経』の中の天文観測（測量術）の基本的方法についてのみ述べることにする。

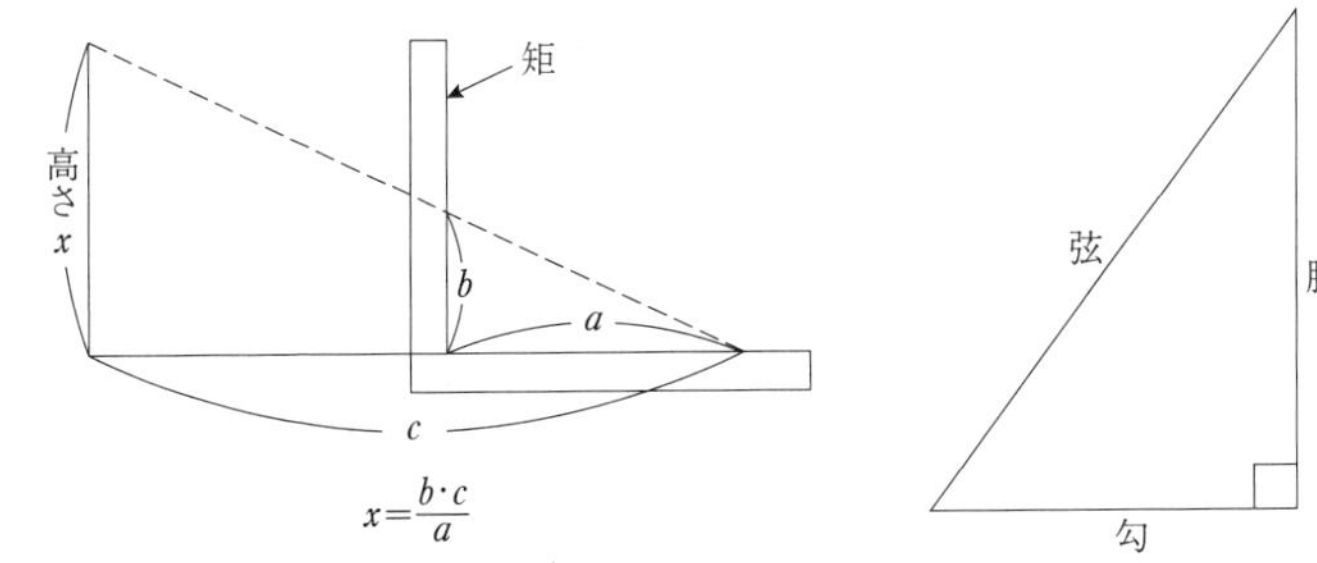


$$x=\frac{b\cdot c}{a}$$

（用矩の法の一例）

図1

『周髀算経』は、周公（周の武王の弟）と商高（当時の賢大夫）の問答から始まる。ここでは天文観測の方法の基礎が、勾股弦《こうこげん》の法、用《よう》矩《く》の法として述べられており、内容的には原始的な三角測量の原理と簡単なピタゴラスの定理の応用である。

直角三角形の直角を挟む二辺を勾（句とも記す）、股といい、斜辺を弦と呼ぶ。三対四対五の率は、「自然の率」として非常に古くから知られていたようである。なお、本書では、二辺が既知の場合に他の一辺を開平により求める一般的なピタゴラスの定理の応用も見られる。用矩の法とは、直角三角形の相似関係により、距離・高さ・深さなどを求める方法で、原始的な三角測量法ということができよう。「矩」とは、その正確な形状は分からないが、さしがねの様な形をした測量具である（図1参照）。

書名の「周髀」の由来であるが、髀は八尺の棒のことで、周代に天子がこれを地面に垂直に立てて股とし、日影を勾として、各種の測量を行なったことに基づき、周髀と言われるようになったとある。

周公と商高の問答に続いて、栄方と陳子の問答がある。栄方・陳子は周公の後代の人ではあるが、いつ頃の人かは定かでない。この部分では、測量の公理であるところの「一寸千里の法」が説明され、先述の勾股弦の法、用矩の法を実際に応用して、天地の大きさが具

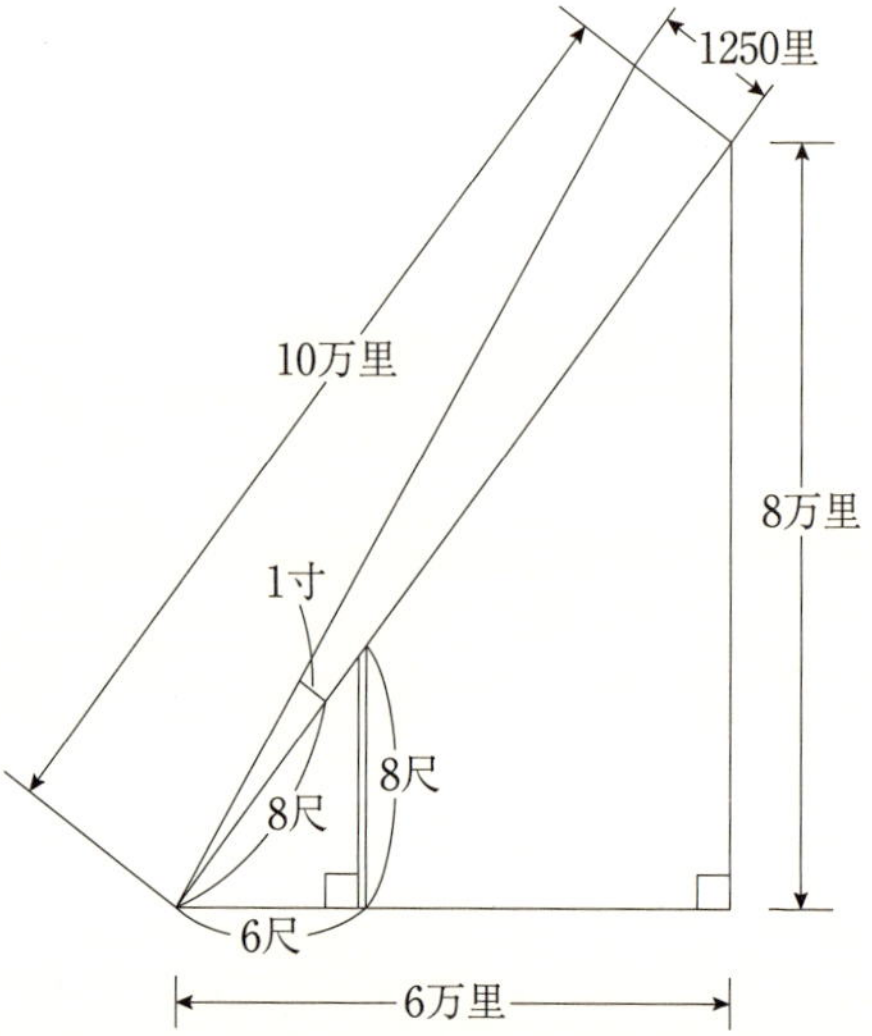


図2

体的に求められている。

周の地で夏至の日（南中時）に、地面に垂直に立てた八尺の周髀の影の長さは一尺六寸である。南に千里の地においては影は一尺五寸、北に千里の地においては影は一尺七寸である。よって、八尺の股（周髀）に対する勾（影）の差一寸は、地上の距離にして千里に当たる。これが「一寸千里の法」である。現代の我々の知識からすれば何とも幼稚極まりないし、その方法の誤りも明らかであるが、ともかく、古代の中国人は、この一寸千里の法により天地の大きさを具体的に知ろうとしたのである。

夏至の日には、八尺の周髀の影は一尺六寸であり、冬至の日には、影は一丈三尺五寸である（一丈＝十尺、一尺＝十寸）。よって、夏至の日に太陽は観測地より南一万六千里の地の真上にあり、冬至の日には、太陽は南十三万五千里の地の真上にあることになる。影の長さは南中時に測定し、地面は平坦であると考えている訳である。

夏至以後、影は段々長くなり、丁度六尺となる時がある。この時、穴の直径一寸長さ八尺の竹筒をとって太陽を見れば、その穴と太陽がほぼ一致する。よって太陽の直径は、八尺先にある一寸の穴径の率から求められる。今、股八尺勾六尺であるから弦は十尺である。したがって一寸千里の法により、観測

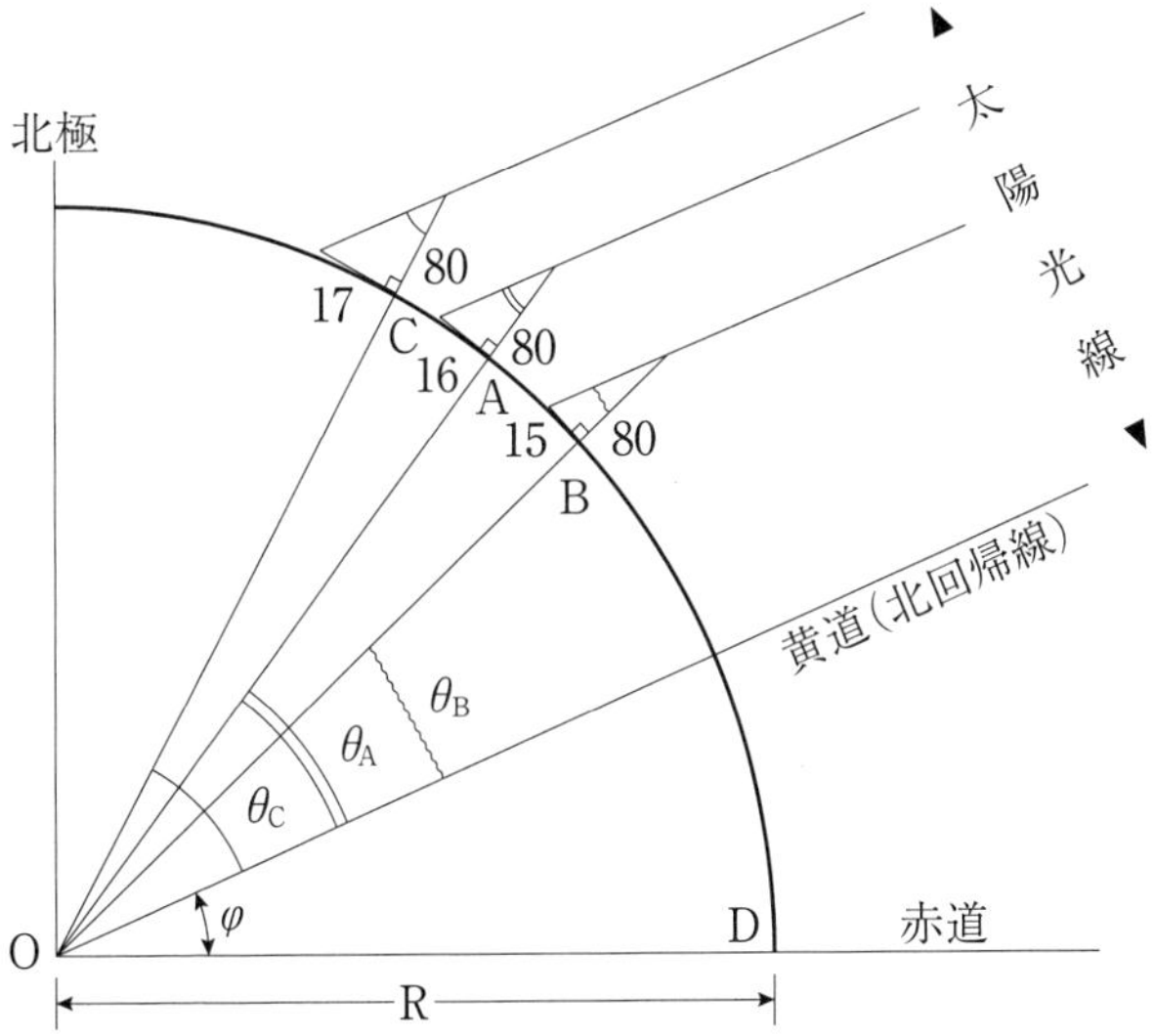


$$\theta_A = \tan^{-1}\frac{16}{80} = 0.1974(\mathrm{rad}) = 11.3^\circ$$

$$\theta_B = \tan^{-1}\frac{15}{80} = 0.1853(\mathrm{rad}) = 10.6^\circ$$

$$\theta_C = \tan^{-1}\frac{17}{80} = 0.2094(\mathrm{rad}) = 12.0^\circ$$

北回帰線の緯度$\varphi$は時代によって大差ないとみなせるので（約23.5°～24°）

A点の緯度（∠AOD）$= \theta_A + \varphi \fallingdotseq 11.3^\circ + 23.5^\circ = 34.8^\circ$

即ち測定地点は約北緯35度付近であり，地理的にみて妥当である。一方地球の極半径を$R$(約6,357km）として，

$$\overset{\frown}{AB} = R \times \angle AOB = R \times (\theta_A - \theta_B)$$
$$\fallingdotseq 6{,}357\mathrm{km} \times (0.1974 - 0.1853) = 76.9\mathrm{km}$$
$$\overset{\frown}{AC} = R \times \angle AOC = R \times (\theta_C - \theta_A)$$
$$\fallingdotseq 6{,}357\mathrm{km} \times (0.2094 - 0.1974) = 76.3\mathrm{km}$$

$\overset{\frown}{AB}$，$\overset{\frown}{AC}$は1,000里であるから，１里は約76～77mとなる。

図３

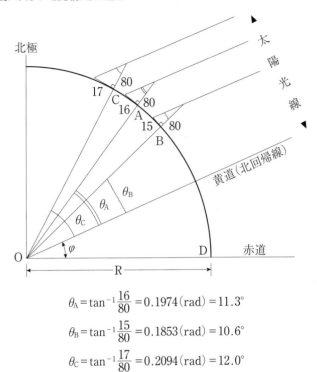

地から太陽の真下の地まで六万里、太陽の高さは八万里、観測地から斜めに十万里のかなたに太陽がある。太陽の直径は、十万里に八十分の一の率を乗ずることにより、千二百五十里と求められる（図2参照）。

八尺の周髀を立てて北極（北極星――現在の北極星とは異り帝星であろう）を望むと、その勾は一丈三寸となる。よって周の地から北へ十万三千里行くと北極の真下に至る。

以上の例のように、昼は太陽を、夜は星を利用して天地の大きさ及び方位を求めており、最終的に、地上で太陽の光の届く範囲は直径八十一万里（約六万二千キロメートル）であると記している。

『周髀算経』の天文観測の数値は、実測値と机上の計算値が混在してはいるが、いずれにしても、一寸千里の法を公理的命題として、一貫して同じ里単位が使われている。幸いにも、一寸千里の法の根拠が挙げられていることにより、我々は一里が何メートルであるか正確に知ることができる。

南北に各々千里離れた三地点で夏至の日の影の長さが分かっているのであるから、三角法の簡単な計算により（図3参照）、観測地点は北緯約三十五度であり、一里は約七十六ないし七十七メートルと知ることができる。勿論観測の誤差などを考えれば、有効数字としては慎重に処理しなければならないにしても、従来知られていた約四百～五百メートルの里とは明らかに異る里単位である点を確認することが重要である。

# 『邪馬一国の証明』復刻版解説

エレガントライフ株式会社代表取締役・日本科学史学会会員　谷本　茂

本書は古田武彦氏の著作の中でも特異な編集経緯と稀なる運命を辿った一冊である。古代史の第一書『「邪馬台国」はなかった』以降に各種の新聞や雑誌に発表された論考の中から、一九七四〜八〇年の主要なものが選ばれ、角川文庫オリジナル編集の論文集として、一九八〇年十月二十日に刊行された。単行本での発行はなく最初から文庫形式での発売であったためか、しばらくして入手困難な状況に陥り、とても残念な状態が続いていた。

この珠玉の論文集が元の形を残して、架蔵されるに相応しい判型と編集作業により復刊されたことは、古田氏の研究方法と学問的姿勢を知るうえで、大きな意義を持つものといえよう。

私と本書との縁起も、古田氏御夫妻との邂逅とともに、また楽しい思い出にみたされている。古田氏の古代史初期三部作が角川文庫に収録された後に、「次に角川文庫からオリジナル編集の論文集を出していただく予定なのですが、『周髀算経』の里単位について解説していただけませんか。」と依頼があったとき、私は翌年からのカリフォルニアでの二年間就労に向け準備している最中で、急いで拙い「解説にかえて」を送稿し、汗顔の至りだったことが今では懐かしく思い出される。

今、改めて本書を読み返してみると、その後に古田氏が詳しく考察することになる主要な論点が、簡潔な形でしかも本質的な深い洞察を伴って提示さているのがよく分かる。まさに古田氏の歴史学の豊富なアイデアの源泉が惜しみなく展示され、読者は具体的に氏の研究方法と論証過程ならびにそれらの結果をまとめて見渡すことができるのである。

本書の中に現われる主要なテーマの概要を抜き出してみれば、次のようになる。

・「女王の都する所」の国名問題（邪馬壹国か邪馬臺国か？）
・「韓国陸行」説をめぐる諸論点
・「短里」をめぐる諸論点（邪馬壹国の所在地の探索における行程の理解の仕方）
・卑弥呼の年齢をめぐって（「長大」とは何歳くらいなのか？）
・卑弥呼の墓（冢）の大きさをめぐって（「径百余歩」の実態とは？）
・「関東に大王あり」との説（稲荷山古墳出土鉄剣をめぐる諸問題、ヤマト王権一元史観による強引な鉄剣銘文の解釈への批判）
・「九州王朝」論の基幹問題（卑弥呼・壹與〜倭の五王〜隋書の俀国の統治系統の問題）
・自己の学問研究の方法について
・漢字文献（史書）の文字の異同に関する原著と書写本と版本の関係について
・「倭の五王はヤマト王権の天皇ではない」（特に、倭王武は雄略天皇ではない）
・いわゆる推古朝の「遣隋使」問題（『日本書紀』の記載は一貫して「遣唐使」である事実）
・銅鏡研究の諸問題、特に、舶載鏡（大陸製造の鏡）と仿製鏡（日本列島内製造の鏡）に関する富岡謙蔵氏の「四原則」への批判

・三角縁神獣鏡の諸問題、特に中国から一面も出土していない事実の解釈問題
・古代船実験の批評（実験考古学の意義について）

など、粗く抽出しても、十指に余るほど、豊かな源泉が湧き出していることが確認できる。

特に、最後に挙げた古代船実験とは、一九七五年に角川春樹氏が主宰した古代模擬船「野性号」による対馬海峡の横断航海実験であるが、人力による渡海は挫折し現代のエンジン船により曳航されて帰還するという結果に終わっている。当時のマスコミが「失敗」と報道する中で、古田氏は、実験が主宰者側の期待とは異なる結果に終わったことの真の原因を追究し、まったく別の視点から「今回の古代（推定）船実験の最大の成功」を評価したのである。これらの視点は、現在も盛んに企画されている古代模擬船による渡海実験について依然として重要な示唆となる考え方といえる。


私が関与した「短里」の問題について、少しばかり「後日談」を記すことにする。中国の古代文献の中に広く看取できる「短里」（一（短）里＝八十メートル弱）および「短歩」（三百歩＝一里より、一（短）歩＝二十六センチメートル弱）を実在した距離計量単位とみなす立場を「短里仮説」と称する。この仮説は、現在の東アジア度量衡史研究では公には認められていない。この「短里」が陳寿『三国志』に採用された里単位であり、それは中央政府公認のものであったとするのが、古田氏の「魏・西晋朝短里」説である。日本の古代史学界で賛同する研究者は現在きわめて少数である。逆に在野では、この説を積極的に援用して文献解析を進めている研究者が少なくない。

本書の元版の刊行後、私は『季刊 邪馬台国』（安本美典氏責任編集の雑誌）の編集部の依頼により、そ

の雑誌の三十五号（一九八八年五月刊・春号）に「『周髀算経』の里単位について」という稿を寄せた。日本科学史学会で発表した内容に加筆したもので、橋本敬造氏（『科学の名著2 中国天文学・数学集』所収「周髀算経」訳注、一九八〇年、朝日出版社刊）の拙論へのコメントに対する誤解を解消することと、篠原俊次氏（『五條古代文化』〔五條古代文化研究会〕や『計量史研究』〔日本計量史学会〕の諸論文の「計測誤差」論を検討すること、を目指した論考であった。それらの目標を十分に達成できたわけではないが、それまでの私の「短里」研究の中間報告として、少しは計量史研究における意義を有するものであろうと信じている。

そして、古田氏との共著の形で、「東アジアの古代文献を「短里」で読む」の稿を、『古代史の「ゆがみ」を正す――「短里」でよみがえる古典』（一九九四年、新泉社刊）に収録していただき、東アジアの文献の多くに「短里」が出現する徴証を報告した。特に、『山海経』や『魏略』西戎伝の里単位の検討は従来まったく着手されていなかった分野であった。また、「計量単位が大幅に変化すれば、日常生活に多大な不都合が発生するので、里単位の五～六倍の変動など有り得る事ではない」との常識論から「短里仮説」を批判する論者に対して、阿部愿の古い論文「里程考」（『史学雑誌』十三の二、一九〇二年）を援用して、日本における里単位の変遷に関して、改めて律令時代の「小里」（約六百メートル前後）から江戸時代の「大里」（約四キロメートル）に約六倍の変動がある事実を明らかにした。また、一九九四年以前の「短里」関連文献を巻末に付載して関心ある人達へのガイドとした。この論考の中のテーマは多岐にわたっていたが、未だに、真摯な批判を賜った論者（特に篠原俊次氏）に十分な学問的応答が出来ていない部分もあり、また、自己の指摘・発案した事項を深化出来ずにいる部分も少なくない。しかし、古田氏との対談とも相俟って、『古代史の「ゆがみ」を正す』は、私の「短里」研究の一つの到達点とみなしうる著作となっているので、ぜひ、多くの方からの批評・批判を賜りたいと思う。
嬉しい出来事として、徐朝龍氏の『三星堆・中国古代文明の謎　史実としての『山海経』』（あじあブックス・一九九八年、大修館書店刊）の中で、拙論が引用され、「短里仮説」を好意的に紹介していただき、古代史研究の基本的手段として検討されるべき説とまで評価していただいた。今後の古代史研究の中で東アジアの文献研究者、考古学者が「短里仮説」を真剣に検討してくださることを切に願っている。

古田武彦氏が二〇一五年に逝去されて後、私はほとんど参加していなかった各種の古代史関係の研究会に、時折ではあるが出席するようになった。また、多元史観の考え方を少しでも一般の方々に知っていただきたいと、カルチャー教室で毎月定期的に複数の講座を担当してきた。研究会の会員や講座の受講生に多元史観に基づく説を分かりやすく発表・説明する技術はなかなか上達しないが、内外の文献や考古学資料を探索するたびに、本書に鮮明に示されている古田氏の基本的視点が確かな指針として感じられるのである。

歴史の実相を知りたいと願っている人々にとって、創見に満ちた本書の文献解析や考古学出土分布図の解釈は、古代史研究の大きな地殻変動をもたらした。納得のゆかない従来説に対して科学的根拠のある新しい観点から自らの理解・意見・新説を唱える際の心構えと勇気を若い歴史研究者・探究者に与えてくれる実践記録としても、元版上梓から四十年近く経つ本書の価値は依然として輝いている。それどころか、古田氏の多元史観を軽視・無視する現在の日本古代史学界への的確な批判の書として、今後とも不朽の光を放ち続けるものと思われる。

（二〇一八年師走浄書了）

《著者紹介》

古田武彦（ふるた・たけひこ）

1926年　福島県生まれ。

旧制広島高校を経て，東北大学法文学部日本思想史科において村岡典嗣に学ぶ。

長野県松本深志高校教諭，神戸森高校講師，神戸市立湊川高校，京都市立洛陽高校教諭を経て，
1980年　龍谷大学講師。

1984～96年　昭和薬科大学教授。

2015年　歿。

著　作　『「邪馬台国」はなかった――解読された倭人伝の謎』朝日新聞社，1971年（朝日文庫，1992年）。

『失われた九州王朝――天皇家以前の古代史』朝日新聞社，1973年（朝日文庫，1993年）。

『盗まれた神話――記・紀の秘密』朝日新聞社，1975年（朝日文庫，1993年）。

『古田武彦著作集　親鸞・思想史研究編』全３巻，明石書店，2002年。

『俾弥呼――鬼道に事え，見る有る者少なし』ミネルヴァ書房，2011年。

『真実に悔いなし――親鸞から俾弥呼へ 日本史の謎を解読して』ミネルヴァ書房，2013年。

シリーズ「古田武彦・歴史への探究」ミネルヴァ書房，2013年～，ほか多数。

古田武彦・古代史コレクション㉖
邪馬一国の証明

2019年６月10日　初版第１刷発行　〈検印省略〉

定価はカバーに
表示しています

著　者　古　田　武　彦
発行者　杉　田　啓　三
印刷者　江　戸　孝　典

発行所　株式会社　ミネルヴァ書房

607-8494 京都市山科区日ノ岡堤谷町１
電話代表（075）581-5191
振替口座 01020-0-8076


共同印刷工業・新生製本

ISBN978-4-623-08586-6
Printed in Japan

# 人名索引


あ　行

青山公亮　49
青山治郎　49
赤松俊秀　44, 45, 49
阿倍仲麻呂　12
天照大神　3, 4
新井白石　5, 54, 57, 61, 148
壱与（壹与）　23, 25, 35, 36, 113, 257
稲葉岩吉　68
井上孝夫　1
井上光貞　11, 13, 49, 62, 65, 138, 139, 142, 165, 240
井上嘉亀　251
今井久順　13
上田正昭　165
梅原末治　175
梅原真隆　73, 74
江上波夫　62
榎一雄　62, 78, 87, 152, 165, 214, 244
応神天皇　225
王沈　82
大沢忍　50
大野晋　65, 142
太安万侶　48
大庭脩　102, 105-109
岡田甫　41
小川貫弌　49
奥野正男　183, 184
尾崎雄二郎　51, 69, 188
小野妹子　131, 280

か　行

鏡味完二　123
霍去病　34
郝経　241
角林文雄　101, 115
覚峰　180
笠原一男　49
角川春樹　279
毋丘倹　26, 86, 155, 160
桓帝（後漢）　9
岸俊男　13, 140
北畠親房　54
魏徴　135, 136, 263, 269
鶏弥　130
弓遵　106
金錫亨　261
久保泉　101
景行天皇　63
興　137
項羽　158
公孫淵　86, 108, 160
高堂隆　97, 199, 200
後藤義乗　72
小林行雄　133, 172, 179
コペルニクス　79
小山修三　89, 163, 164

さ　行

佐伯有清　62, 69, 80
佐藤鉄平　157
讃　137, 138, 225
慈円　71, 151
篠田正浩　25
篠原俊次　158
島田暁　171
周公　141

筍勗　21
蕭子顕　113, 257
性真　73, 74
聖徳太子（厩戸皇子）　129–131, 136, 190
諸葛孔明　161, 229
舒明天皇　131
白井繁太郎　180
白崎昭一郎　71, 75, 153, 157, 159–164, 279
白鳥庫吉　62, 81, 163, 225, 229, 282
神功皇后　23
神武天皇　5
沈約　256
親鸞　40–45, 49–51, 55, 60, 66, 71, 74–77, 151
推古天皇　130, 131, 135, 136, 190, 215, 225
垂仁天皇　64
末永雅雄　171
菅野拓　158
菅政友　78
崇神天皇　64
鈴木武樹　116
済　137
成王（周）　141
曹爽　21
曹操　161
曹丕（文帝）　7
孫権　161

た　行

太宗（唐）　135, 136
高木彬光　211
高田かつ子　280
田中耕太郎　73
田中卓　62
谷本茂　82, 163, 281, 282, 285–297
多利思北（比）孤　37, 92, 130, 132, 133, 136, 145, 187, 190, 215, 225, 261, 268, 277, 280
張華　21
趙君卿　281
張元済　77, 221
張魯　160
珍　137
陳寿　7, 18, 21, 31, 50, 81, 86, 126, 141, 161, 200, 211, 230, 234, 238, 239, 245, 253
辻善之助　49
津田左右吉　3, 6
鄭度　160
天武天皇　48
舎人親王　23
杜甫　187
富岡謙蔵　170, 177, 182
富永朝堂　6
鳥越憲三郎　190

な　行

内藤湖南　62, 63, 65, 68, 69, 72
直木孝次郎　151, 165, 195, 216
中小路駿逸　37, 92
長沼賢海　278
難波収　82, 163
ニギハヤヒ　5
西俣康　32
野呂邦暢　12

は　行

裴松之　97, 100, 194, 199, 200, 211
裴世清　215, 258, 269, 274, 275, 278
橋本文男　20
橋本増吉　62
馬瑞臨　212
服部之総　44
范顗　21
范曄　10, 59, 100, 211
日出づる処の天子　129
稗田阿礼　48
卑弥呼（俾弥呼）　6–11, 20–32, 35, 36, 63, 78, 87, 88, 102, 111, 113, 114, 126, 132,

138, 141, 145, 147-150, 152, 163, 179, 182, 189, 226, 229, 255-258, 277, 283
姫野誠二 66
平田篤胤 4
広津和郎 73
武 126, 137-140, 256, 257
武王（周） 141
福山敏男 173
藤枝晃 77
藤沢偉作 229
藤島達朗 50
藤田海竜 49
プラトン 46
文穎 158
法然 55
木華 252
星野恒 62
堀本勝雄 171
堀本幸雄 172

## ま 行

前田忠亮 281
牧健二 242-244
正木ひろし 42
松下見林 53, 54, 57, 60, 61, 69, 134, 135, 137, 138, 148
松野純孝 49
松本清張 48, 91, 116, 151, 163, 190, 228, 278, 282
丸山晋司 178
三木太郎 71
宮崎康平 62
村岡典嗣 45-48, 52
明帝（魏） 21, 25, 28, 86, 97, 108, 160, 199, 200
本居宣長 3-6, 46, 57, 58, 71, 78
森浩一 34, 91, 143, 171, 172, 180, 228, 230
諸橋轍次 196

## や 行

安本美典 71, 72, 74, 75, 78, 83, 87, 89, 131, 152-154, 158, 159, 163-165
藪田嘉一郎 153, 181, 189, 190, 195, 197, 202-205, 207, 209, 210, 214, 215, 219, 228, 230, 231
山尾幸久 81, 109, 153, 155, 163, 164, 229, 282
山田宗睦 12
山田孝雄 47
倭姫命 63
結城令聞 49
雄略天皇 11, 14, 30, 64, 139, 140, 142
煬帝（隋） 130

## ら 行

李延寿 205, 206
利歌弥多弗利 130
李進熙 91
劉熙 254
劉昕 108
劉昫 128
劉璋 160
劉備 160, 161
霊帝（後漢） 9
蓮如 50, 55, 60
盧弼 241

## わ 行

和歌森太郎 190
倭の五王 34, 111, 114, 137, 138, 143, 145, 150, 225, 255, 256, 258

# 事項索引


あ　行

『阿闍梨覚峰の伝』（白井繁太郎）　180
天麻氏留神社　3
『異称日本伝』（松下見林）　53, 60, 69, 134, 148
和泉黄金塚古墳　171, 172, 178
磯城宮　13, 14, 16, 143
一大率　23, 267
以北略載の論理　245
『失われた九州王朝』（古田武彦）　26, 35, 59, 60, 100, 101, 107, 109, 121, 127, 146, 174, 179, 181, 189, 196, 214, 215, 222, 223, 233, 255, 268, 275
『于禄字書』　204, 211, 223
『大いなる邪馬台国』（鳥越憲三郎）　190
大岩山鏡　186, 187
「音当て」中心主義　60-65

か　行

『外国之事調書』（新井白石）　61, 148
海東鏡　183
「海賦」　251
鏡　88
『隠された邪馬台国』（佐藤鉄平）　157
甕棺　167, 168
画文帯神獣鏡　172, 176, 177, 179-181
『華陽国志』　158
『翰苑』　115, 118, 124, 221
——「倭国伝」　127
瀚海　233, 247
漢鏡（前漢鏡・後漢鏡）　167, 182, 227
韓国全水行説　18, 235, 245, 246, 250, 251, 260, 277
韓国全陸行説（韓国陸行説）　18, 235, 239, 240
『漢三国六朝紀念鏡図説』（梅原末治）　175
『漢書』　103, 159
——「項籍伝」　158
——「地理志」　59, 213
——「西域伝」　272
「韓伝・倭人伝」短里説　83
『関東に大王あり』（古田武彦）　3, 16, 30, 37, 64, 92, 143
記・紀神話　6, 33
『魏志倭人伝』（山尾幸久）　81, 109, 153
『魏志倭人伝』（和田清・石原道博編訳）　49
騎馬民族　224, 225
九州王朝　37, 190, 215, 225, 268, 274, 277
『教行信証』（親鸞）　49, 50, 75, 76, 152
金印　28, 29, 59, 103
近畿天皇家　15, 190, 215, 224, 225, 279
——一元主義　37
『愚管抄』（慈円）　151
『旧唐書』　37, 128, 215
熊襲偽僭説　57
『芸文類聚』　127
遣隋使　280
遣唐使　280
航海実験　234, 235, 246, 248, 278
皇国史観　129, 135, 148
『広志』　115, 119, 121, 122, 124-127
——「倭国伝」　126
行路記事　17, 19, 132, 147, 148, 258, 259, 265
『後漢書』　36, 54, 55, 57, 58, 60, 61, 100, 118, 150, 193, 205, 206, 211-213, 216, 221

――「倭伝」 9, 53, 59, 210, 211
『後漢書志』郡国志 158
『古鏡』(小林行雄) 172, 179
『五経正義』 47
『五経文字』 204, 223
『ここに古代王朝ありき』(古田武彦) 7, 20, 25, 29, 34, 128, 146, 150, 171, 173, 182, 227
『古事記』 3, 4, 14, 22, 33, 48, 58, 69, 70, 90, 112, 132, 137, 138, 142, 151, 177, 181, 255
――「応神記」 177
――「神武巻」 5
――「推古記」 130
『古事記伝』(本居宣長) 4, 57, 58
『古代史疑』(松本清張) 48
『古代史への道』(佐伯有清) 80
『古代朝日関係史』(金錫亨) 261
『古墳』(森浩一) 172, 180
『古墳の旅』(森浩一) 34, 143
『古墳の発掘』(森浩一) 171
五郎山古墳 33

## さ 行

埼玉稲荷山鉄剣銘文 11, 12, 14, 15, 30, 35, 63, 140–143
三角縁神獣鏡 181, 182, 186
『三国志』 7, 11, 17–21, 27, 37, 50, 51, 54–59, 61, 66–69, 71, 75–78, 80, 82, 83, 92, 96, 99, 100, 102, 104–107, 109, 111, 113, 116, 126, 138, 141, 145, 151–153, 157–159, 162–164, 181, 191–194, 196, 197, 205, 206, 211, 214–216, 220–222, 229–231, 257, 266, 282, 283
――「魏志毋丘倹伝」 86, 157
――「魏志」(「魏書」) 82, 105, 199, 212, 220
――「魏志韓伝」 162
――「魏志東夷伝」 30, 83, 155, 156, 187
――「魏志夫余伝」 26
――「魏志文帝紀」 7
――「魏志明帝紀」 86, 160
――「魏志挹婁伝」 86, 157
――「魏志倭人伝」 7, 10, 11, 16, 17, 19, 21, 22, 24, 26–28, 53, 60, 70, 77, 79, 81, 87, 92, 100, 102, 111, 113, 116, 117, 121, 124, 133, 141, 147, 150, 154, 156, 157, 162, 164, 189, 198, 210, 211, 229–231, 233, 242, 245, 251, 252, 255, 258, 260, 265, 283
――「蜀志諸葛亮伝」 229
――全面短里説 87
『三国史記』 7, 8, 10
『三国志裴注』 211
『三国志標点本』 191
『三国志補注』 51, 68, 191, 220
恣意心証主義 73
『史記』 159
――「項羽本紀」 158
斯鬼宮 12, 64, 142
持衰 253
七支刀 173, 176
島廻り半周読法 19
而文鏡 183
『周髀算経』 82, 83, 163, 281–283, 285–297
『周髀算経の研究』(前田忠亮) 281
『周礼』 16, 141, 142
『春秋左氏伝』 195, 197
紹熙本(二十四史百衲本) 27, 51, 68, 70, 77, 100, 103, 190, 193, 216, 221
紹興本 77, 190, 193, 216
『尚書』 29–31, 35
白鳥(庫吉)・内藤(湖南)論争 52
『親魏倭王』(大庭脩) 102
『晋書』陳寿伝 21
『神皇正統記』(北畠親房) 54, 151
『親鸞思想』(古田武彦) 45, 67, 74, 77, 193
『親鸞聖人血脈文集』 73, 77

『親鸞聖人血脈文集の研究』（梅原真隆）
73
『親鸞聖人全集』 49
『親鸞ノート』（服部之総） 44
『水経注』 125
『隋書』 37, 68, 69, 100, 132, 143, 147, 150, 151, 187, 189, 193, 201-206, 208, 213, 215, 216, 221, 223, 225, 260, 262, 263, 265-268, 273
——「経籍志」 199, 211, 231
——「俀国伝」 2, 92, 130, 133, 135, 136, 139, 145, 203, 207, 210, 215, 223, 258, 261, 265, 268, 275, 277, 279, 280
——「帝紀」 207
——「煬帝紀」 210, 214
——「四夷蛮伝」 262, 265, 266, 269
——「流求国伝」 117
——「礼儀志」 199
隅田八満宮人物画像鏡 35
住吉神社 14
石人 34, 143
石人山古墳 16
石馬 34, 91, 143
戦後史学 90, 129
『千字文』 177
『陝西省出土銅鏡』 185
『宋書』 91, 111, 112, 125, 137, 143, 145, 147, 206, 215, 255-257
——「夷蛮伝」 138
——「倭国伝」 256
装飾（壁画）古墳 32, 133, 172
『装飾古墳』（小林行雄） 133


## た 行

『大宋重修広韻』 201, 203, 204, 223
『太平御覧』 69, 70, 100, 127, 150, 151, 193, 213, 221
『大無量寿経』 122
高祖神社 14
『立岩遺蹟』 186
立岩鏡（立岩出土鏡） 183, 184
『歎異抄』 43, 50, 66, 67, 192
『歎異抄の語学的解釈』（姫野誠二） 66
短里 85, 153-158, 162, 163, 214, 229, 230, 245, 282, 283, 285-297
『中国古尺集説』（藪田嘉一郎） 215
冢 87, 229, 230
長里 155
津田史学 33, 90
『通典』 100
鉄鏃 25, 88
天皇家中心主義 135, 144, 147, 148
銅鏡 167-188, 227
等距離処理法 73
銅鏃 90
銅鐸 22-24, 89, 90
富岡四原則 170, 176, 180
鳥船塚古墳 32


## な 行

「謎の四世紀」 111, 256
『南史』 205, 206, 216
『南斉書』 113, 114, 126, 145, 206, 255, 257
——「倭国伝」 112
錦（絹） 25, 26, 33, 88
二倍年暦 10
『日本旧記』 33, 121, 123
『日本古代史の謎』（古田武彦ほか） 245
『日本国家の起源』（井上光貞） 139
『日本書紀』 4, 15, 16, 22, 23, 54, 58, 69, 70, 109, 112, 130, 132, 134-138, 142, 151, 177, 181, 207, 212, 255
——「安閑紀」 15
——「景行紀」 121, 123
——「神功（皇后）紀」 23, 108
——「神代巻」 3
——「神武巻」 5
——「推古紀」 215, 275, 280

『日本の原始国家』（牧健二） 242
『日本の地名』（鏡味完二） 123
『日本の歴史Ｉ』（井上光貞） 49, 51
『盗まれた神話』（古田武彦） 5, 15, 121, 123, 181, 215, 233, 255

は　行

舶載 168, 169, 180, 182
半周読法 249
『東アジアの中の邪馬臺国』（白崎昭一郎） 157
『扶桑略記』 151
『風土記』 58
部分里程 87, 283
『文献通孝』 192, 193, 212
放射線読法 152, 244
仿製 168-170
『北史』 68, 100, 193, 205, 206, 216, 221
矛 24

ま　行

『末燈抄』 55
『まぼろしの邪馬台国』（宮崎康平） 62
『万葉集』 2, 58, 183
室見川の銘版 29
『文選』 252

や　行

『邪馬壹国の論理』（古田武彦） 7, 73, 77, 86, 101, 109, 116, 153, 158, 172, 214, 215, 227, 253, 258, 277, 279
『邪馬一国への道標』（古田武彦） 10, 31
『邪馬台と大宰府』（長沼賢海） 278
『邪馬臺国の常識』（松本清張編） 119, 210, 277
『邪馬台国の謎を探る』（松本清張編） 278
『邪馬台国の秘密』（高木彬光） 211
『「邪馬台国」はなかった』（古田武彦） 11, 18, 27, 30, 31, 54, 67, 74, 75, 89, 107, 122, 141, 152, 153, 181, 189, 190, 197, 210, 214, 233, 235, 240, 241, 246, 247, 272, 279, 282
『邪馬台国への道』（安本美典） 74, 164
「邪馬台国」
　――九州説 78, 147, 148, 182, 225, 227, 228, 256
　――九州「山門」説 61
　――近畿説 78, 87, 89-91, 147, 148, 179, 227, 228, 256, 283
　――東遷説 256, 257
　――博多湾岸説 18
　――大和説 114
　――論争 22
弓矢 24

ら　行

里単位 153, 154, 163, 229
『梁書』 68, 69, 100, 150, 151, 193, 206, 213, 216, 257
　――「武帝紀」 139
『論語』 177

わ　行

倭王武の上表文 112, 138
倭国の大乱 9, 10
『和讃』（親鸞） 151
倭人伝里数値誇張説 81, 83, 282
『倭人も太平洋を渡った』（古田武彦ほか） 279
『わたしひとりの親鸞』（古田武彦） 60, 77

# 地名索引

## あ 行

阿蘇山　133, 135, 215, 268, 269, 272-276, 278
壱岐　3, 5
一支国　132
一大国　149, 239, 249
伊都国　23, 26, 27, 78, 124, 125, 237, 239
糸島　32
烏丸　106

## か 行

春日　12
韓地　155
魏　36, 105, 106, 158, 171, 196, 226
百済　138, 174
狗邪韓国　18, 81, 239, 245, 250
高句麗　84, 86, 138, 155, 156
狗奴国　243

## さ 行

新羅　8
秦王国　132, 215, 258, 261, 264-266, 275, 276, 278
隋　135, 207
斉　→南斉
西晋　36, 87, 196

## た 行

対海国　149, 239, 249
俀国　136, 189, 190, 201, 205-207, 210, 216, 258-262, 264, 272-274
俀奴国　206
帯方郡治　17, 18, 81, 149, 245
筑紫　1-3, 126
竹斯国　2, 132, 133, 215, 266, 268, 275-280
筑前中域　25, 32, 80
対馬　5, 249, 265
都斯麻国　132
唐　135
投馬国　237, 239
東沃沮　155, 156

## な 行

奴国　239
南斉（斉）　126, 257
日本国　215

## は 行

博多湾岸　24-26, 32, 149, 150, 165, 187, 227, 258, 276, 277
不弥国　20, 21, 26, 149, 239

## ま 行

末盧国　26, 239
御笠　12

## や 行

邪馬壹国（邪馬一国）　36, 37, 59, 67, 68, 70-72, 75, 76, 78, 95, 96, 98, 100, 115, 148, 149, 151, 152, 165, 189, 191-195, 210, 220-222, 231, 237, 238, 244, 283
邪馬嘉国　115-117, 125
邪馬臺国（邪馬台国）　22-24, 26, 40, 49, 52, 54, 57-60, 62, 63, 67-70, 72, 74, 78-80, 87, 89-91, 95, 98, 100, 114, 118, 145, 147, 148, 150, 164, 165, 179, 189, 191-195, 210, 213, 220-222, 224-226, 228, 230,

231, 256, 283
百女国　120-126
挹婁　156

ら・わ　行

劉宋　34, 137, 143, 194
倭（倭国）　1-3, 8, 14, 15, 28, 111, 112, 115, 118, 124, 126, 127, 149, 150, 189, 190, 201, 205-207, 210, 215, 216, 223, 238, 243, 255
濊　156